心

心想事成

金剛經

심상사성 금강경

心想事成
金剛經

마음먹은 대로 일이 이루어진다

성공학으로 읽는 금강경

우승택 지음

불교시대사
1% 나눔의 기름

▌서문

저는 시골의 이름 없는 한 중입니다. 남에게 크게 존경받을 만한 법력도 없고, 공부를 많이 하지도 않았습니다. 다만 부처님께 공양 올릴 시간이 되면 공양을 올리고, 저를 찾아오는 사람에게 차 한 잔 따라주고, 뜰에 풀이 무성하면 가끔 풀을 뽑는 일로 소일합니다.

저는 특별히 좋아하는 사람도 미워하는 사람도 없습니다. 이 책을 쓴 우승택 지점장도 각별히 알고 지내는 사람은 아닙니다. 수년 전 우연히 제가 머물고 있는 절에 찾아와 안면을 트고 이야기를 나누는 사람일 뿐입니다. 그런데 우 지점장은 제가 편했는지 시간이 나면 차도 한 잔 얻어 마시고 이야기를 나누곤 했습니다. 어떨 때는 무슨 고민이 있는 것 같기도 하다는 느낌을 받기도 했습니다. 그렇다고 특별히 해줄 말도 없고 해서 《금강경》을 한 권 주면서 틈이 나는 대로 읽어보라고 했습니다.

그리고 몇 년이 지난 후 우 지점장이 《금강경》을 읽고 자신의 고민을 말끔히 해결했다면서 다른 사람의 고민거리도 덜어주기 위해 책을 썼다고 교정쇄를 가지고 찾아왔습니다. 우 지점장의 얼굴을 보니 확실히 그전과는 달리 밝고 당당했습니다. 아, 이 사람이 새로운 사람이 되었구나 하고 느낄 수 있었습니다. 교정쇄를 읽으면서 이를 다시 확인할 수 있었습니다. 저와 견해가 다른 곳도 더러 있는

데 이는 경을 보는 눈이 각자 다르므로 당연한 일이고, 적어도 부처님의 가르침을 왜곡하지 않았다는 확신이 들어 이 글을 씁니다.

불자든 아니든 이 책을 읽으면 반드시 큰 공덕이 있을 것입니다. 우 지점장처럼 새로운 사람으로 거듭 태어날 수 있을 것입니다. 한 사람이 새사람이 되면 그것으로 끝나지 않습니다. 그 한 사람이 씨앗이 되어 백 명이 되고 백 명이 만 명이 되고, 만 명이 백만 명이 되고 결국에는 무량 중생이 모두 새사람이 될 수 있습니다. 유연(有緣) 무연(無緣) 모든 분들이 이 책을 읽고 성공하기를 바랍니다.

무량사 지오 합장

■ 책을 쓰며

　제가 지혜의 경전이라 불리는《금강경》을 접한 것은 10여 년 전입니다. 머리 쓰는 직업을 가진 사람은 꼭 읽어야 한다며 시골의 조그마한 절의 스님께서《금강경》을 주셨습니다. 틈틈이 읽기는 했지만《금강경》의 가르침을 이해하기는 생각만큼 쉽지 않았습니다. 읽다 그만두기를 반복하다가 본격적으로《금강경》을 탐구하게 된 것은 약 4년 전, 저 자신이 처한 환경 변화 때문입니다.

　저는 급변하는 금융환경의 추세에 따라 자산관리 영업을 담당하는 지점장으로 4년간 근무하면서 지난 10여 년의 증권회사 경력을 송두리째 바꾸어야 하는 입장에 처하게 되었습니다. 제가 당면한 가장 큰 고민은 과거 증권회사 지점장으로서는 야구처럼 타율이 3할만 되어도 곧 열 번의 투자 중에 세 번만 성공해도 잘한다는 소리를 들을 수 있었지만, 자산관리 영업은 투수처럼 승률이 9할은 되어야 한다는 사실이었습니다. 타자에서 투수로 전환했다고 해도 과거의 내 행적으로 볼 때 3할 타율도 버거운 형편에, 승률 9할이라면 그것은 신(神)의 영역이 아닐까 생각하기도 했습니다.

　그러나 그것이 아무리 신의 영역이라고 하더라도 고객의 자산을 관리하는 매니저로서 그냥 주저앉을 수는 없었습니다. 일종의 오기가 발동했습니다. 이 기회에 나 자신을 철저하게 돌아보아 분석해

보고, 단점을 보완하고 장점을 키우고, 그 신의 영역이라는 것에 도전해보기로 했습니다. 그때부터 마음 다스리는 분야의 최고봉이고, 최고의 마케팅 전문가로도 알려져 있는 부처님과 예수님의 가르침을 탐구하기 시작했습니다. 여러 서적을 탐독하다가 잠시 놓고 있었던 《금강경》을 다시 공부하기 시작했습니다. 여전히 어렵기는 했지만 마음이 차분해지면서 저 자신을 객관적으로 돌아볼 수 있었습니다. 그러던 어느 날 문득 제가 만난 여러 고객들로부터 들은 그분들의 성공 여정과 《금강경》에서 가르치는 해탈이라는 성공 여정이 조금도 다르지 않음을 깨달았습니다. 《금강경》이라는 거대한 산을 오르는 등산로 하나를 발견하게 된 것입니다. 그때부터 전혀 새로운 각도로 《금강경》을 이해할 수 있었습니다. 제가 보기에 《금강경》은 세속의 안목으로 본다면 최고의 '성공학' '제왕학' 교재입니다. 스님도 아니고 전문적인 불교학자도 아닌 제가 《금강경》에 관한 책을 쓴 이유도 바로 여기에 있습니다.

《금강경》이 가르치는 제일 원리는 물질세계와 정신세계, 이 세상에 존재하는 모든 것을 '있는 그대로 보는 것', 《금강경》의 표현으로 하면 여여(如如)하게 보는 것입니다. 저는 이 원리에 따라 초등학교 6학년인 딸아이에게 하루에 1시간씩 시험삼아 영어를 가르쳐 보았습니다. 《화엄경》을 공부하며 원효 대사의 사무애변(四無礙辯: 4가지 걸림이 없는 경계) 중 사무애변(辭無礙辯: 여러 가지 언어에 능통하여 자유자재로 언어를 구사하는 경계)에서 궁금했던 영어 공부 방법을 《금강경》으로 풀어본 것입니다. 결과는 대성공이었습니다. 1주일 만에 영어문법책을 마치고, 고3 수능 영어를 공부할 정도가 되었습니다. 물론 수능시험에 만점을 받을 수 있다는 등의 이야기가 아닙니다. 한마디로 말하면 원리만 알면 모든 것이 재미있고 두려움이 없어지며, 도전 자체를 즐기게 된다는 것입니다. 경제상황을 보는 눈과 제 마음을 깨우치려 하던 《금강경》 공부가 영어도사라는 전혀 엉뚱한 곳으로 도(道)가 트인 것입니다.

그리고 대학시절 GMAT(미국 경영대학원 입학시험)를 공부할 때도 미국의 수학책은 쉬운데 한국 수학책은 왜 이렇게 어려울까 생각했었는데, 그것 역시 원효 대사의 수론(數論)과 《화엄경》의 지혜가 이《금강경》을 통해 조금씩 보이면서 수학도 고등학교 과정까지 약 10일이면 아주 쉽게 가르칠 수 있을 정도가 되었습니다. 이러한 경험을 통해 저는 모든 움직이지 않는 고정된 것은 원리만 알면 매우 쉽다는 사실과 주식분석 중의 한 방법인 가치투자 방식 또한 아주 간단한 원리에 근거한다는 것을 알게 되었습니다. 삼성 이건희 회장의 "방정식의 개념 없이 일하려고 하지 마라."라는 말의 의미도 원효 대사의 여여(如如)한 논리로 풀어볼 수 있었습니다. 영어는 그 후 제 고객 자제들(고1, 고2 학생)을 대상으로 몇 번 더 가르쳐 보았는데, 정확히 5일이면 학생들을 즐겁게 할 수 있었습니다. 그 이상은 필요하지 않다고 생각하지만 혹시 궁금해하는 분들을 위해 영어는《금강경》의 제5분(分)인 '이치대로 실상 그대로 보라'라는 〈여리실견분(如理實見分)〉에서, 수학은 제18분(分)인 '일체를 하나로 보라'라는 뜻의 〈일체동관분(一體同觀分)〉에서 조금 자세히 정리해 보겠습니다.

그러나 저에게는 고정된 것의 원리를 아는 것이 문제가 아니라 항상 움직이는 것의 원리를 한눈에 아는 것이 중요했습니다. 모든 경제활동, 주식시장은 항상 변하기 때문입니다. 저는 《금강경》에서 그 해답을 찾았습니다. 《금강경》은 눈을 밝게 하는 경전입니다. 제가 알고 있는 고객 중에는 《금강경》에 나오는 천안(天眼), 혜안(慧眼), 법안(法眼) 등을 가진 분들이 많이 계십니다. 그분들은 숫자로 나타낼 수 없는 것을 숫자로 표현하실 수 있는 분들입니다. 다시 말해 '이 주식은 적정주가 20만원 짜리다'등을 애널리스트(증권분석 전문가), 이코노미스트(경제전문가)들의 구구한 숫자놀음을 거치지 않고, 모든 사물을 직접적으로 여여(如如)하게 보시는 분들입니다. 이분들의 지혜는 GE회장 Jack Welch의 6시그마(δ) 이론과 원효 대사의 수론(數論)에서 그 단초를 찾을 수 있었습니다. GE의 6시그마 이론도 숫자로 표시할 수 없는 것을 숫자화하여 그 경영성과를 분석하는 것인데 원효 대사는 그것을 이미 1300년 전에 다 아신 것입니다. 저도 이 이론에 따라 주식시장을 공부 중에 있습니다. 자본시장의 핵심인 주식시장을 여여하게 보는 분들의 이야기는 '법에 따라 받아 지녀라'라는 의미의 제13분 〈여법수지분(如法受持分)〉에서 그 원리만 정리해 보겠습니다. 아직 완성하지 못했으나 한두 달 후면 그 결실을 볼 수 있습니다. 이렇게 제게 배움의 길을 주신 고객분들의 공통점은 원리를 정확히 알아 모든 것이 두렵지 않고 재미가 생기면서 마음에 열을 낸 사람들, 곧 '열심히'라는 단어가 몸에 배인 분들입니다. 저는 그것을 철저하게 배워 내 것으로 만들어 다른 고객들도 행복하게 해드리고 싶어서 이 책을 쓴 것입니다.

이 책을 쓰면서 위대한 《금강경》의 가르침을 건강부회식으로 지나치게 세속적인 성공과 결부시키는 것은 아닌가 생각되어 망설이기도 했습니다. 그러나 《금강경》의 주요 내용이 '다시 새로운 사람으로 태어나겠다'는 마음을 내는 발심(發心)의 단계와 '지금껏 가지고 있던 어리석은 마음을 항복 받고, 다른 사람을 위해 살겠다'는 보시의 마음을 실행한 후, 그리고 나서 부처님이 제시하시는 비전(vision)이라고 할 수 있는 깨달음과 복덕(福德)의 얻음, 그리고 흔들리는 마음을 단단하게 여미는 맑은 신심(信心)과 수행과정을 유지한다면 자연스레 해탈의 길로 향한다는 《금강경》의 흐름을 저 혼자만 알고 있을 수 없다는 생각이 들었습니다. 그래서 다시 용기를 내었습니다. 먼저 제가 최근 4년간 자산관리 영업을 하면서 만났던 많은 고객들에게서 그분들의 성공요인이라고 느꼈던 부분을 《금강경》 공부의 벤치마크로 삼고, 그분들의 성공요인을 면밀히 조사하였습니다.

그분들은 사업가·재벌·정치인·연예인·스포츠맨·음식점 경영주·신발가게 사장 등 다양한 분야에 종사하지만 그분들이 성공한 공통적 요소를 《금강경》의 가르침에서 발견할 수 있었습니다. 그분들의 공통점은 목표의 명확함과 열정, 열심이라고 생각합니다. 《금강경》의 수행과정도 열정이 없으면 불가능합니다. 그 열정은 앞에서 제가 말씀드린 대로 자기가 목표로 하는 대상을 여여(如如)하게 보아 그 진리를 알고 나면 재미있게 되고, 재미가 있으면 집중력이 생기고, 집중력이 생기면 꾸준함이 생기고 결국은 성공할 수밖에 없는 《금강경》의 구도과정과 너무나 흡사합니다. 저 자신도 영어가 그렇게 재미있는 줄 몰랐고, 수학이 이처럼 재미있다는 것도 나이 44세가 되어서 알았습니다. 지금은 주식시장과 자본시장이 저에

겐 너무 재미있습니다. 좋은 회사의 주식을 고를 수 있는 스톡 피킹(Stock Picking) 능력이 필수인 자산관리인(Wealth Manager)의 세계에서, 사실을 사실대로 보는 맑은 눈이 없으면 절대 성공하기 어렵습니다.

《금강경》은 저를 다시 태어나게 한 경전입니다. '새로이 태어난다'는 말은 《금강경》에서 의법출생(依法出生)이라고 하는데 이는 우리 모두에게 매우 중요합니다. 혼자서도 할 수 있는 것들, 예를 들면 영어·수학 등의 공부와 예금·주식·부동산 투자 행위의 경우에는 누구나 새로운 깨달음이 좋은 것이라는 것을 알 수 있지만, '크거나 작은 사람들이 모여서 사는 우리들의 생활은 혼자서 영위하는 삶이 아닌데 나 혼자 새로이 바뀐다고 무슨 힘이 될까' 하고 생각하시는 분도 있겠고, '너와 나, 그리고 우리와 그들이라는 이분법의 세계 속에 살 수밖에 없는 중생 입장에서 무엇을 어떻게 하란 말인가' 하고 생각할 수도 있습니다. 그러나 '일체를 하나로 보아야 한다(一體同觀)'는 《금강경》의 요체가 경영학의 주요부분인 조직심리학·조직론의 이론과 그대로 통하듯이 이분법의 세계도 그 실상을 알고 보면 하나로 관통됩니다. 그 하나된 힘이 어떤 것인가는 가정에서나 군대에서나 여론에서나 월드컵에서 우리가 보았던 것처럼 팀웍이라는 힘(power)을 생각할 수 있을 것입니다. 저는 성공한 저의 고객들에게서 그것을 보았고, 《금강경》을 통해 검증해 본 것입니다.

하나된 힘은 모든 사람이 최선을 다했을 경우에만 생깁니다. 골프의 승부처는 힘 조절과 방향 조절이라고 합니다. 황제는 어디를 가도 황제입니다. 골프의 황제 잭 니클라우스는 골프에 대해 이렇게 이야기했습니다. "무조건 자신의 최대 거리가 되도록 골프채를 휘둘러라!" 자신의 최대한도(Maximum)를 모르는 사람은 결코 자신의 원하는 방향을 잡을 수 없습니다. 그렇습니다. 자신의 최대한도를 가보지도 않은 채 '속도 조절' 혹은 '분수 지키기'를 하지 마십시오. 자신의 극한을 안 자만이 페이스 조절이 의미가 있는 것이지 자신의 최대능력도 모른 채 페이스 조절만 하려고 하면 결코 원하는 방향으로 나아갈 수 없습니다. 저의 해설이 설사 미흡할지라도 여러분의 최대한도까지 《금강경》을 공부하시기 바랍니다.

마지막으로 어두운 눈으로 만났던 저의 고객 분들에게 이 자리를 빌어 참회하고, 더 나은 내일에는 밝은 눈으로 최선을 다할 것을 약속드립니다. 저의 진정한 소원은 제가 아는 모든 사람과 고객들을 부자로 만들어 그 부자들과 함께 한국에 와 있는 40만 아시아 근로자를 위한 단체를 만들어 그들의 문화, 그들의 종교, 그들의 다양성을 존중하고 귀히 여겨 10년 후, 20년 후 그들의 가족, 친지, 이웃이 400만, 4000만이 되어 한국에 유학 오고 관광 와서 우리 나라를 아시아의 모범적인 부자나라로 만드는 것입니다.

미흡한 제 책을 보름 이상 철자까지 고쳐가며 교정을 보아주신 가톨릭 신부님과 스님께 진심으로 감사드리며 '심상사성(心想事成)'을 믿는 동지들을 규합해서 여러 사람을 행복하게 만드는 데 앞장서겠습니다.

우승택 합장

■ 이 책의 구성에 관해

　종교를 막론하고《금강경》은 많은 분들이 읽는 경전입니다. 그러나《금강경》은 불교에서도 최고의 엘리트들을 위한 교재이며 큰 뜻을 품은 자만을 위한 교재입니다. 이러한 사실을 모른 채《금강경》에 '손에서 놓지 말고 독송하라(受持讀頌)'는 구절이 많고《금강경》읽으면 복 받는다는 말을 듣고, 뜻도 모른 채 열심히 독송하는 분들이 많이 계십니다. 그러나 그 뜻을 알고 스스로 기뻐하며 수지독송하는 것과는 현격한 차이가 있습니다.

　《금강경》을 많은 사람이 읽기는 하지만 그 뜻이 명확히 머리에 들어오지 않아 실천하기가 참 어려운 경전이라는 이야기를 들은 적도 있습니다. 그래서 저는 일반인도 알기 쉬운《금강경》해설서를 한 번 써보고 싶다는 발심(發心)을 하고, 몇 가지 원칙을 세웠습니다.

　1.《금강경》을 해설하신 많은 스님들의 견해를 함부로 반박하지 않고 그 뜻을 취한다.

　2. 한문원전에 충실하되 수지독송하기 쉽게 문장부호(? ! , : 등)를 명기한다.

　3. 짐짓 무시하기 쉬운 한문의 허사 (영어의 전치사, 우리말의 조사)

를 설명한다.

4. 문단 구성을 분(分) 안에서 다시 나누어 고등학교 국어책처럼 이해하기 쉽게 한다.

5. 불교용어 해설을 함부로 하지 않는다.

6. 세속의 황태자였던 소명(昭明) 태자가 붙인 분(分) 이름으로 그 뜻을 일반인들에게 전한다.

문장부호는 중국 삼민서국의 《신역 금강경》과 도올 김용옥 선생님의 《금강경 강해》를 참고하였으며, 허사는 제게 평소 많은 가르침을 주시는 스님의 도움을 받았습니다. 그리고 분〔分: 분은 '나눈다'는 뜻이니 요즘말로 장(章)에 해당함.〕이름의 해설은 그 스님의 평소말씀에다 세속의 비지니스에서 얻은 제 스스로의 경험을 덧붙여 보았습니다.

한문본 《금강경》의 원전은 여러 판본이 있으나 세계문화유산에 빛나는 《고려대장경》 수록본을 기본으로 하였습니다. 그리고 《금강경》을 수지독송할 수 있도록 원문을 책 뒷부분에 모아두겠습니다.

《금강경》은 부처님께서 보리수 아래에서 깨달음을 얻으신 후 40여 년 만에 설하신 경전이라고 들었습니다. 그리고 《금강경》을 32부분으로 나누어 각 부분마다 작은 제목을 붙인 사람은 양나라 황제의 아들인 소명 태자입니다. 소명 태자는 우리와 같은 세속인이고 왕이 되기 위해 제왕학 수업을 받던 사람이었습니다. 곧 세속인으로 성공하기 위한 그 무엇을 이 《금강경》에서 발견하고 그것을 나누고 작은 제목을 붙인 사람입니다.

분(分) 이름을 잘 보면《금강경》이 세속에서도 얼마나 실용적인 책이 될 수 있는지 알 수 있습니다. 저의 해설은 제가 고객들을 만나고 그분들의 돈을 관리하면서 느낀 제 생각의 범주 내에서 연관시켜 본 것입니다. 제 해설에 얽매이지 마시고, 여러분 각자의 직업과 생활에 비추어 재구성하시기 바랍니다. 이 책은 여러분을 자기 분야에서 최고로 만들어 드릴 수 있는 제왕학 교재입니다. 그러나 이를 바탕으로 실제로 응용하는 것은 여러분의 몫입니다.

1분에서 16분까지는 준비과정이고, 17분은 총정리에 해당합니다. 17분에서 준비자세를 다시 확인합니다. 저는 17분까지는 분(分) 이름의 해설보다 내용에 중점을 두었습니다. 18분부터는 복습의 의미가 많다거나 2부라고 하시는 분들도 있기에 분 이름의 해설에 더욱 주안점을 두었습니다. 18분부터 본격적인 제왕학의 실천사항으로 들어갑니다.

여러분의 건투를 빕니다.

차례

21

1

법회가 열리게 된 이유

(法會因由分)

이 분(分)만 잘 알아도 세속에서 성공하는 것은 그리 어려운 일이 아니다. 《금강경》은 처음에 부처님이 음식을 걸식하시면서 밥을 주는 사람으로 하여금 착한 마음을 내게 하시고, 식사 시간에는 식사를 하시고, 밖에 다녀오셔서는 손발을 씻으시고, 옷도 반듯이 개어 놓으시는 이야기로 시작한다.

좋은 마음을 내고 정리정돈을 잘하는 것은 어떤 일을 하든지 근본이 된다. 부처가 되고자 하건, 영웅이 되고자 하건, 부자가 되고자 하건, 몸과 환경의 정리정돈은 필수 사항이다. 이것은 예외가 없는 모든 성공한 사람들의 공통점이다.

'법회가 열리게 된 이유'라 이름 붙인 이 분(分)은, 소명 태자가 보기에 부처님이 걸식을 하시면서 사람들로 하여금 베푸는 마음을 갖게 하면서 이 경전이 시작되었다는 의미로 생각된다. 이 부분은 부처님의 수행비서였던 아난 존자가 한 말로 《금강경》의 서론에 해당한다.

나는 이렇게 들었노라. 언제인가 한때 부처님이 사위국 기수급고독
원에 대비구 1,250인과 더불어 계시었다.

　그때 세존께서는 식사시간이 되어, 옷을 입으시고, 바루 그릇을 지
니시고, 사위대성으로 들어가셔서, 걸식 곧 탁발을 그 성안에서 차례
차례 하시고서, 다시 본래의 기수급고독원으로 돌아오셔서, 식사를
마치시고, 옷을 거두시고, 발을 씻으신 다음, 자리를 펴고 자리에 앉
으셨다.

　如是我聞. 一時, 佛在舍衛國祇樹給孤獨園, 與大比丘
衆千二百五十人俱. 爾時, 世尊食時, 著衣持鉢, 入舍衛
大城乞食. 於其城中, 次第乞已, 還至本處. 飯食訖, 收衣
鉢. 洗足已, 敷座而坐.

※ 與: 더불어 여 / 飯食: 식사하다. '사'로 읽음. / 訖: 마칠 글 / 敷: 펼 부

강설

　《금강경》이 재미있는 이유가 다 여기에 들어 있습니다. 도대체 부
처님이 밥 빌어 잡수신 얘기가 왜 성스러운 경전의 첫머리에 나오
는 것일까요? 부처님은 자신이 직접 탁발을 나가지 않으셔도 제자
들이 밥을 가져다 드릴 것인데, 왜 직접 나서야만 하셨을까요? 정장
을 차려 입으시고 나가신 걸 보면 우리가 모르는 깊은 뜻이 있을지

도 모릅니다. 그리고 식사를 마치시고 옷을 개어 제자리에 놓으시고 발도 씻으시고 본인의 자리이신 법좌에 앉으십니다.

부처님께서 이렇게 행동하신 까닭을 알면 《금강경》의 가르침을 이해했다고 할 수 있습니다. 제가 일단 실마리를 잡아보겠습니다. 사실 말이 좋아 걸식이고 탁발이지 모르는 사람에게는 거지가 밥 구걸하는 것입니다. 부처님이 직접 걸식하신 것은 모든 사람이 남에게 자기가 가진 것을 주었을 때의 그 기쁨을 갖게 하시기 위해서입니다. 또 형평성을 위해 부자와 가난한 사람을 구별하지 않고 차례 차례로 걸식하셨습니다. 그러면 또다시, 부처님은 왜 그렇게 하셨을까? 부처님께서 《금강경》을 설하신 까닭도 바로 그 뜻을 깨우쳐 주기 위해서입니다. 이 책을 쭉 따라가다 보면 알 수 있을 것입니다.

할 식사 예절은 모든 가르침에 우선한다

식사 시간의 정장은 유럽 사회에서는 기본입니다. 영국에서 하숙할 때 이태리 여학생이 저를 미워했었는데, 그 이유는 두 가지라고 환송장에서 제게 설명을 해준 적이 있습니다. 그 이유가 저로서는 조금 황당한 것이었는데 그것은 밥 먹을 때 정장 안 하는 것과 밥 먹을 때 고개 숙이는 것이었습니다. 국과 밥에 익숙한 저로서는 어쩔 수 없었지만 그때는 한국이라는 나라를 그들이 알지도 못했을 때여서 할 말도 없었습니다. 여하간 눈과 그릇이 마주보는 것은 오직 동물들뿐이라며 스파게티를 포크로 말아서 먹는 이유가 고개를 숙이지 않기 위해서라고 한 수 가르쳐 준다며 제게 무안을 주었던 기억이 납니다.

할 성공의 첫걸음은 기본기 갖추기

그런데 한 가지만은 이상합니다. 우리는 발 씻고 밥 먹는데 부처님은 식사하시고 발을 씻으셨습니다. 제 생각에 우리는 먼지가 많은 나라라서 그런지 밖이 집보다 더럽다는 생각에서 들어오자마자 손발을 씻는데, 부처님은 불구부정(不垢不淨)이라 그러셨는지 식사를 마치시고 옷도 개어 놓으시고 발을 씻으셨습니다. 그런데 뒷부분을 보면 강의를 앞두시고 손발을 씻으셨다는 것을 알 수 있습니다.

저도 남 앞에서 말할 기회가 많은데 그렇게 내 몸을 먼저 돌아보고 깨끗한 몸과 마음으로 준비한 적이 있었던가? 잘 알지도 못하면서 고객 앞에서 직원들 앞에서 오만을 떨던 제 모습이 부끄러워지는 대목입니다. 양복 입고 넥타이 매고 출근하는 많은 샐러리맨들은 양복을 '전투복', 넥타이를 '개 목걸이'라고 하여 자기비하를 하곤 합니다. 우리 그러지 맙시다. 양복은 고객에 대한 예복이며, 자신의 월급의 대가로 지불하는 지적 자산의 설법 혹은 강연의 수혜자들에 대한 예복이지 전투복이 아닙니다.

이번 분(分)은 성공하고 싶은 자, 그 성공이 부·명예·승진·합격 그 무엇이든지 간에 바라는 것이 있는 자들의 마음가짐을 이야기하고 있습니다.

사실 성공한 분들을 보면 그들도 별다른 것이 없습니다. 단지 해야 할 일과 할 수 있는 일에 게으르지 않은 사람들입니다. 좋은 부모 밑에서 태어났다거나, 명문학교를 나왔다거나, 결혼을 잘했다거나 하는 것들을 그들의 성공요인으로 볼 수도 있지만, 그리고 그것이 많은 부분 사실이기도 하지만, 그것을 주된 요인으로 보는 것은 약

26

80퍼센트는 틀렸다고 보면 됩니다.

그들은 일상생활에서의 충실함과 맑은 눈, 그리고 선택과 집중이라는 기본적인 자원의 효율성을 남보다 먼저 체득했을 뿐 별다른 것이 없습니다. 《금강경》의 첫머리가 이렇듯 시시하게 시작되는 듯한 것은 사실 사소한 것, 이른바 기본기 갖추기에 인생의 승부가 달려 있다는 것을 깨우치기 위한 것이라고 보면 됩니다.

■ 알고 갑시다

기수급고독원

죽림정사에 이어서 두 번째로 세워진 사원. 기원정사(祇園精舍)라고도 부른다. 앞의 기수(祇樹)는 제타(Jeta) 태자가 소유하고 있던 동산이라는 뜻이고, 뒤의 급고독(給孤獨)은 아나타핀디카라는 말을 번역한 것으로 가난하고 외로운 사람을 도와준다는 뜻이며 수닷타(Suddatta) 장자의 별명이다. 이 기수급고독원을 짓기까지는 재미있는 일화가 있다.

마가다국에서 부처님의 설법을 들었던 급고독 장자가 코살라국의 사위성에 부처님을 모시고 설법을 듣고 싶어서 정사를 지어서 바치고자 했다. 제타 태자가 소유한 숲이 정사 터로 가장 마음에 들어서 태자에게 동산을 양도할 것을 부탁했는데, 태자는 이를 거절하였다. 계속해서 팔라고 간청하자 태자는 동산의 바닥 전체를 금화로 덮으면 팔겠다고 했다. 장자가 재산을 처분하여 동산에 금화를 깔기 시작하자, 놀란 태자가 장자의 열의에 감동하여 이유를 물었다. 장자가 연유를 밝히자 크게 신심이 생긴 태자는 무상으로 동산을 기증했다. 급고독 장자는 그 땅에 부

처님과 그 제자들을 위한 정사를 세워서 기증하였다. 그래서 부처님은
태자의 이름과 장자의 별명을 따서 기수급고독원이라고 이름을 붙였다.

2

수보리가 일어나 법문을 청하다

(善現起請分)

본격적인 《금강경》의 시작이다. 《금강경》에서 부처님은 "내가 다 알아서 해줄 터이니 너는 이것만 잘 해라"고 하시는데, 그것은 다름 아닌 응운하주(應云何住)와 운하항복기심(云何降伏其心)이라는 테마이다. 드디어 제왕학의 시작이기도 하다. 이제 우리는 삶의 자세, 세상을 사는 지혜, 성공적인 인생을 사는 지혜를 듣게 된다.

그런데 이 분(分)의 이름은 '선현이 일어나 법을 청하다' '선현이 일어나 물었다'이다. 수보리의 깨달음을 향한 욕심이 표현되는 순간이다. 이 욕심을 불교에서는 발심(發心)이라고 하며, 발심은 《금강경》의 처음과 끝이라고 봐도 무방할 정도로 아주 중요한 개념이다. 사람들은 흔히 재능이 기회를 창조하는 것이라고 말한다. 그러나 뜨겁고 강렬한 욕심은 기회뿐 아니라 재능까지도 창조한다. 소명 태자의 분(分) 작명은 이렇듯 소박하면서도 항상 멋있다.

그때 장로 수보리가 대중들 가운데에 있다가 즉시 자리에서 일어나 가사를 한 쪽으로 걸쳐 오른쪽 어깨를 드러내고 오른 무릎을 땅에 대고서 합장하여 공손히 인사드린 후에 부처님께 말씀드렸다.

"희유합니다, 세존이시여. 여래께서는 모든 보살들을 잘 보호해 주시고 또 잘 부촉하여 주셨습니다. 세존이시여, 만일 선남자 선여인이 최고의 올바른 깨달음(아녹다라삼먁삼보리)의 마음을 내려고 한다면 어떻게 머물러야 하며 어떻게 그 마음을 항복 받아야 합니까?"

부처님께서 말씀하셨다.

"선재 선재라. 수보리야! 네가 지금 말한 바와 같다. 여래는 보살들을 잘 보호하고 잘 부촉하고 있느니라. 너는 이제 자세히 들으라. 마땅히 너를 위해 설명하리라. 선남자 선여인이 아녹다라삼먁삼보리의 마음을 내려면 마땅히 이와 같이 머무르고 이와 같이 그 마음을 항복 받아야 하느니라."

"그러겠습니다, 세존이시여. 즐겨 듣기를 원하옵나이다."

時, 長老須菩提在大衆中, 卽從座起, 偏袒右肩, 右膝著地, 合掌恭敬而白佛言:"希有世尊! 如來善護念諸菩薩, 善付囑諸菩薩. 世尊! 善男子·善女人, 發阿耨多羅三藐三菩提心, 應云何住? 云何降伏其心?"佛言:"善哉! 善哉! 須菩提! 如汝所說, 如來善護念諸菩薩, 善付囑諸菩薩. 汝今諦聽! 當爲汝說. 善男子·善女人, 發阿耨多羅三藐三菩提心, 應如是住, 如是降伏其心.""唯然,世尊! 願樂欲聞."

※ 卽: 곧, 바로. / 從: '~로부터(영어의 from)'라고 해석하며 해석하지 않을 수
  도 있다. / 偏袒右肩: 스님들이 가사를 오른쪽 어깨가 드러나도록 걸치는 것.

강설

  드디어 수보리 도사의 등장입니다. 그런데 이분은 나머지 1,250
명의 반장으로서 자기가 모르는 것뿐만 아니라 일반적으로 궁금하
던 것, 즉 뒤에서 수군거리던 것들을 다 묻기 시작하는데, 그 자세가
너무나 진지합니다.

  편단우견(偏袒右肩), 우슬착지(右膝著地)는 옷매무새를 가다듬
고 서양 중세 영화에서 작위를 수여할 때나, 그리고 〈로미오와 줄리
엣〉 등 사랑영화에서 프로포즈할 때의 자세처럼 오른쪽 무릎을 땅
에 꿇고 거기다가 합장하고 절을 하는 것을 말합니다. 여기에서 상
의를 한 쪽으로 걸쳐서 오른쪽 어깨를 드러내는 것은 날씨가 더운
인도의 예법입니다. 우리 나라 스님들이 오른쪽 어깨가 드러나도록
가사를 수하는 것은 이 인도의 예법에서 비롯된 것입니다. 합장은
어느 종교에서나 합니다. 사람 마음은 모두 같은가 봅니다. 간절함,
절실함을 의미합니다. 우리도 어렸을 때 엄마한테 혼나면 양슬착지
(兩膝著地)하고 두 손을 합장하고서는 싹싹 비비지 않았던가요?

  이렇게 최상의 예의를 갖추어 공경하는 마음을 표시한 후에 수보
리가 간절한 마음을 담아 부처님께 여쭙니다. 항상 우리를 잘 보호

31

해 주시고, 생각해 주시고, 잘 되라고 부촉하시고, 칭찬하고 격려하셨는데, 정말 우리가 그 보살핌이나 칭찬대로 하려면 어떻게 해야 합니까?《금강경》의 주요 테마인 발심(發心) 곧 아뇩다라삼먁삼보리심(阿耨多羅三藐三菩提心)을 내기 위해서 어떻게 해야 하느냐고 묻는 것입니다

아뇩다라삼먁삼보리는 산스크리트어인데 무상정등정각(無上正等正覺)이라는 의미입니다. 아는 무(無), 뇩다라는 상(上), 삼은 정(正), 먁은 같을 등(等), 또 삼은 정(正), 보리는 깨달을 각(覺)입니다. 곧 더 이상의 것도 없고, 같을 수도 없는, 최상 최고의 깨달음이라는 의미입니다. 이렇게 외국어를 끌어다 자기 말로 옮기는 방식을 음사(音寫)라고 합니다. 소리를 복사하여 옮긴 것입니다. 어쨌든 아뇩다라삼먁삼보리는 불교에서 지향하는 최고의 목표입니다. 그런데 그것을 얻기 위해서 우리는 마음을 어디에 두어야 하며 어떻게 그 마음을 항복시키느냐고 묻습니다.

여기서 아뇩다라삼먁삼보리 대신 마지막 분(分)에서는 발보살심이라고도 쓰는데, 발(發)과 심(心) 사이에 영웅, 보스, 재벌, 출세, 성공 등 자신을 가꾸어 여러 사람에게 그 덕을 베풀 수 있는 모든 단어를 넣을 수 있다면 여러분은 이《금강경》을 읽을 자격이 있다고 생각합니다.

'희유하다'는 말은 아주 드물다는 의미입니다. '호념한다'는 말은 보호한다는 의미이고 '부촉'이라 함은 어떤 사명을 부여하고 위촉함을 의미합니다.

'선재 선재'는 '착하구나, 착하구나' 하는 뜻입니다. 상대방의 말

에 동의하면서 함께 기뻐하는 표현입니다. 부처님은 이렇게 항상 칭찬하십니다.

수보리 존자가 수행자의 자세, 삶의 자세, 세상을 사는 지혜, 성공적인 인생을 사는 지혜를 물었는데 부처님이 착하다고 하시며, 여금제청(汝今諦聽)— '너 이제 잘 들어라' 하시고, 당위여설(當爲汝說)— '마땅히 너를 위해 설명해주리라' 하시니 그 기쁨이 얼마나 크겠습니까? 당연히 원요욕문(願樂欲聞)입니다. 수보리의 대답에 바랄 욕(欲)과 즐길 요(樂)라는 글자가 나옵니다. 얼마나 반가웠고 환희심이 났겠습니까?

사실 부처님은 참 자상하십니다. 후대 중국에서 선종이 크게 일어나면서 불가에서는 무엇을 물으면 벽력같이 소리질러 버리는 '할(喝)'과 몽둥이로 그냥 두들겨패는 '방(棒)'이 널리 유행하였습니다. 지금도《만행 – 하버드에서 화계사까지》를 쓴 현각 스님의 스승인 숭산 스님의 문중에선 책상을 탁탁 치면서 말없음으로 말의 자리를 대신합니다. 그러나 부처님은 아닙니다. 무엇이든지 아름다운 비유로 풀어서 설명해주십니다.

그리고 수보리의 성공적인 삶을 위한 방법이 무엇이냐는 질문에 드디어《금강경》의 최고 화두, 아니 불교의 최고 화두인 마음 심(心)이 등장합니다. 수보리는 어떻게 마음을 두고, 어떻게 마음을 항복 받느냐고 두 가지를 묻는데 부처님은 하나만 대답하십니다. 부처님은 마땅히 이렇게 마음을 항복시켜야 한다고 한 가지만 답하십니다. 그 대신 응운하주(應云何住) 곧 '마음을 어디에다 두는가'에 대한 질문은 답을 안 하시는데, 그것은 답이 없기 때문이며 마음을 어디에다 두어서도 안 된다는 것이 이《금강경》전편에 걸쳐서 나오기 때문이라고 생각합니다.

할 '마음의 항복', 가진 것 모두 버리고 새로이 배우는 자세!

저는 항복기심(降伏其心)이라는 부처님의 대답! 곧 마음을 항복 받는다는 것에 대한 명확한 개념이 머리에 들어 있지 않았습니다. 그러던 어느 날, 1994년 수학자이면서 노벨경제학상을 받은 '존 내쉬'를 주인공으로 한 〈뷰티플 마인드(Beautiful Mind)〉라는 영화를 보고 마음의 항복이라는 것을 알 수 있었습니다. 저는《금강경》뿐만 아니라 담배를 끊는다거나, 주식을 산다거나 하는 모든 행위에 마음의 항복이라는 것은 매우 중요한 개념이라고 생각합니다. 그 영화에 방법이 잘 나와 있습니다. 여러분도 그 영화를 보시면 어린아이의 머리를 쓰다듬으며 작별인사를 하는 '존 내쉬'의 모습을 눈여겨보시길 바랍니다.

아뇩다라삼먁삼보리는 우리들 세속의 기준으로 보면 최고의 성공을 의미합니다. 최고의 성공을 위해서는 마음을 항상 집중시킬 줄 알아야 합니다. 그리고 항상 배우려는 자세의 중요함! 어쩌면 소명 태자가 이 분(分)의 이름을 핵심 주제어인 마음 심(心)자가 들어가지 않은 그저 선현기청(善現起請) 곧 '수보리가 일어나 청하다'라고 지은 것은 제왕학을 배우는, 제왕이 되고자 하는 사람들의 기본 자세를 더 중요시하지 않았나 싶습니다.

가진 것 다 버리고 새로이 배우려는 자세! 그것이 항복기심입니다. 이제 우리는 우리의 소망을 정하고, 발심 한 번 확실하게 다진 다음, 우리가 우리 것이라고 무슨 보물이나 되는 것처럼 가지고 있던 것 모두 버리고 보살의 행로, 곧 성공적인 삶의 행로를 따라가 보도록 합시다.

■ 알고 갑시다

편단우견·합장

본문에서도 잠깐 설명했지만, 편단우견 곧 오른쪽 어깨를 드러내고 왼쪽 어깨를 덮는 것은 스님들이 가장 존경하는 대상에게 취하는 최고의 예법이다. 평시에는 양쪽 어깨 모두를 가리고 있다가, 존경하는 대상을 만나게 되면 오른 어깨의 가사는 벗고 왼 어깨로만 가사를 걸친 다음 오른 무릎을 땅에 꿇고서 합장하여 예를 올린다. 우리나라에서도 스님들이 가사를 걸칠 때 왼쪽으로 걸치고, 경주 석굴암에 있는 부처님도 오른쪽 어깨를 드러내고 있는데, 모두가 같은 이유에서이다.

합장은 양손의 손가락을 가지런히 하고 손바닥 부분을 조금 볼록하게 합친 후에 가슴 앞에 세우는 인사법이다. 인도 사람들은 오른손은 신성한 손이고 왼손은 부정한 손이라고 믿는데, 양손을 합치면 인간 내면의 신성하고 부정한 양면이 합쳐져서 인간의 진실한 모습을 있는 그대로 드러낸다고 믿는다. 따라서 합장은 자신의 모습을 있는 그대로 솔직하게 드러내서 보여주는 것으로, 상대방에 대한 호의와 공경을 표현하는 방식이 된다.

그러므로 수보리 존자가 오른쪽 어깨가 드러나도록 왼쪽 어깨로
만 가사를 걸치고, 오른쪽 무릎을 땅바닥에 꿇은 다음 합장하고 인
사를 드린다는 것은 부처님에 대한 최상의 공경을 드러내는 것이
된다.

3
대승의 바른 가르침

(大乘正宗分)

'대승의 가장 바르고 최고의 가르침'이라는 뜻이다. 대승에는 소승과 달리 다른 사람과 더불어 깨달음을 성취하겠다는 의미가 포함되어 있다. 다른 사람과 같이 무엇을 한다는 것, 그리고 그 중의 리더가 된다는 것은 다른 사람을 위해 살겠다고 약속한 사람이 된다는 의미이다. 불교에서는 그런 사람을 보살이라고 하고, 그 중에서도 최고의 보살들을 보살마하살이라고 한다. 이러한 위대한 자들이 항상 마음에 받아 지녀야 할 금강석과도 같이 소중한 최고의 가르침이 《금강경》이라고 소명 태자는 말했다.

나는 항상 궁금했다. 소명 태자는 《금강경》에서 무엇을 보았는가?

《로마인 이야기》를 쓴 시오노 나나미는 마키아벨리가 피렌체에서 무엇을 보고 《군주론》을 썼는지 궁금했는지 몰라도, 나는 내 자신이 무엇이 잘못 되었기에 《금강경》을 보고도 길을 찾지 못하는가가 항상 궁금했다. 그러나 이제 와서 보니, 나는 지금껏 길 위에서 길을 묻고 있었다.

부처님께서 수보리에게 말씀하셨다.

"모든 보살마하살은 마땅히 이와 같이 그 마음을 항복시켜야 하느니라. 존재하는 바 일체의 중생 무리들 곧 알로서 태어나는 존재이거나(卵生), 태로서 태어나는 존재이거나(胎生), 습기에서 태어나는 존재이거나(濕生), 그 모습이 다른 모양으로 변해서 태어나는 존재이거나(化生), 그 형상이 있는 존재이거나(有色), 형상이 없는 존재이거나(無色), 생각이 있는 존재이거나(有想), 생각이 없는 존재이거나(無想), 생각이 있는 것도 아니고 없는 것도 아닌 존재이거나(非有想非無想), 나는 그들 모두로 하여금 번뇌의 남음이 없는 열반에 들게 하여 멸도에 들게 하리라. 이렇게 무량무수무변한 중생들을 다 멸도에 들게 했다고 하더라도 실제로 멸도를 얻은 중생은 하나도 없느니라. 어째서 그러한가? 만일에 보살이 '나다'라고 하는 아상(我相)이나 '사람이다'라고 하는 인상(人相)이나 '나도 중생에 불과하다'고 하는 중생상(衆生相)이나 '나도 한 생명 밖에 없다'고 하는 수자상(壽者相)이 있으면 이미 보살이 아니기 때문이니라.

佛告須菩提: "諸菩薩摩訶薩, 應如是降伏其心: 所有一切衆生之類, 若卵生·若胎生·若濕生·若化生·若有色·若無色·若有想·若無想·若非有想非無想, 我皆令入無餘涅槃而滅度之. 如是滅度無量無數無邊衆生, 實無衆生得滅度者. 何以故? 須菩提! 若菩薩有我相·人相·衆生相·壽者相, 卽非菩薩."

※ 皆: '모두' '전부'라는 뜻. / 令: '하여금'. 구의 첫머리에 쓰일 때는 '가령 ~한다면'으로 해석. 형용사일 때는 '좋은', '훌륭한'의 뜻. / 入: 들어가다 / 而: 순접 또는 역접을 나타내는 접속어로 사용. 여기에서는 역접의 의미이다. / 何以故: '어째서 그러한가?'라는 의미. 何는 의문사, '以故'는 보통 앞의 문장에 이어서 원인을 설명하는 문장을 이끌어오는데, '~ 까닭은'과 같이 해석한다. / 滅度: 번뇌가 멸한 부처님의 길.

강설

여기서 부처님은 마음을 항복 받는 방법을 '좋은 일을 하되 생색 내지 말라'는 한마디로 정의하십니다. 그리고 그 좋은 일의 대상도 사람뿐만 아니라 일체 중생들에게 다 확대시키고 계십니다. 부처님은 일체 중생을 아홉 가지로 분류하여 말씀하셨는데, 그 속뜻이 아주 재미있는 것이 있어 여기에 옮깁니다.

할 우리가 더불어 살고 있는 사람들의 모습이 이러하다

난생: 새, 파충류 등 알로 태어나는 동물. 주로 머리가 나쁘며, 뼈 속이 비어 있거나 아예 없고 껍데기만 딱딱함. 한마디로 속없고 덜렁덜렁하고 가벼운 사람들이 난생의 특질을 가짐.

태생: 포유류 등 태로서 태어나는 동물. 생각이 많고 잠재 의식 속에 꿍꿍이가 많음. 응큼하고, 자기 잇속을 생각하는 사람, 동물 등이 태생의 특징을 가지고 있음.

습생: 물에서 태어나는 동물. 밴댕이처럼 속이 좁고, 항상 징징대고 음침하고 우울한 사람들이 습생의 특징을 보이는 경향 있음.

화생: 곤충 곧 누에나 매미처럼 변해서 태어나는 동물. 불나방처

럼 생각이 왔다 갔다 해서 남의 말에 잘 빠져 들어가는 습성을 가진 사람.

유색·무색: 형태가 있는 존재(동식물, 바위 등)와 형태가 없는 존재(귀신·영가 등).

유상·무상: 마음속에 바라는 것이 있는 존재, 곧 인식작용이 있는 것(유상). 마음속에 바라는 것이 없는 존재, 곧 인식작용이 없는 것(무상).

비유상비무상: 어떤 바람이 있는 것도 아니고 없는 것도 아닌 존재. 곧 인식작용이 있는 것도 없는 것도 아닌 존재.

아홉 가지(九類) 중생의 특징을 잘 보셨습니까? 이런 갖가지 특질을 가진 여러분과 제가, 이런 갖가지 특질을 가진 사람들과 더불어 살아가야 하며, 이런 사람들과 같은 버스를 타고 갑니다. 이들을 올바른 길로 이끌겠노라고 맹세하신 분들, 그분들이 보살이십니다. 그분들이 바로 부처님이 찾으시는 보살이고 세속의 영웅이고, 부처님은 여러분과 제가 그들처럼 살아야 한다고 말씀하십니다. 여러분 황당하지 않으세요? 소위 구류 중생의 범주에 속하는 위에 있는 속된 말로 저런 골 때리는 사람들을 제도해야 영웅이 된다니…… 그러나 어찌합니까? 그것이 답입니다. 그런 황당한 중생 중엔 우리 어머니, 아버지, 자식, 친구, 그리고 자신도 다 들어 있는데…….

'이꼴 저꼴 다 보기 싫어서 외딴 곳에서 혼자 살고 싶은 사람은 이 대승이라는 대형버스에서 내리십시오. 이곳은 여러 사람들과 더불어 같이 성불하겠다는 대승들만이 있는 자리입니다'라고 소명 태자는 분(分) 이름을 그렇게 지어 놓았습니다.

보스·리더의 조건: 좋은 일 하고 시치미 떼라

부처님은 계속해서 말씀하십니다.

"내가 그들 모두로 하여금 번뇌의 남김이 없는 열반, 곧 무여 열반에 들게 하고, 그 중생들을 모두 멸도를 이루게 하고, 이와 같이 무량무수무변한 중생이 다 멸도에 들었다고 하더라도, 실제로 나로 인해 멸도를 얻은 중생은 하나도 없느니라."

이 부분은 정말로 중요합니다. 철저히 깨달아 마음속에 심어야 합니다. 사람은 배신당하는 것을 제일 두려워합니다. 그런데 배신이 무엇일까요? 배신이라 함은 자기 자신이 누군가에게 무엇을 베푼 다음, 자기 스스로 베푼 것이라고 생각하고 거기에 대한 보상이 꼭 오리라고 생각하는 믿음이 깨졌을 때 갖게 되는 것입니다. 그런데 부처님은 나는 아무것도 한 것이 없다고, 일체중생을 멸도 곧 성불에 이르게 하고 일체 중생을 제왕으로 만들어 주고도 난 아무것도 한 것이 없다고 시치미를 딱 떼십니다.

우리는 어떻습니까? 걸핏하면 배신감 느낀다거나, 나한테 그럴 수 있어? 나중에 좋은 일 있겠지 등 제비가 박씨 가져오길 기다리는 놀부처럼 우리의 모습은 너무나 초라하지 않습니까? 우리 생색내지 맙시다.

이것은 예수님도 말씀하셨습니다.

"오른 손이 한 일을 왼 손이 모르게 하라!"

부처님의 시치미 떼기 작전은 《금강경》에 계속 나오는데, 지금은 처음이므로 그 이유를 부처님은 다음과 같이 자세히 설명하십니다. 여기서 확실히 이해하지 않으면 아닐 비(非)로 계속 나오는 뒷부분에서 헷갈리므로 명확히 이해해야 합니다.《금강경》에 자주 등장하는 '아닐 비(非)'에 관해서는 제18분 〈일체동관분(一體同觀分)〉 해설에서 정확히 이해시켜 드릴 것입니다. 제17분까지는 모르는 것이 오히려 약이 될 것이라고 생각하기 때문입니다.

"어째서 그러한가? 보살이 아상·인상·중생상·수자상이 있으면 그것은 보살이 아니니라."

여기서 부처님은 단호한 모습을 보이십니다. 실질적으로《법화경》을 보면 청중들 중에 누구누구는 내가 말해도 모르니까 돌아가라고 하시며 학생들 곧 배우겠다고 온 사람들을 돌려보냅니다. 여기서도 그러한 모습이 보이는데 이 제왕학 시간의 수강 자격을 제한하신 것입니다. 보살이 아닌 사람은 이 자리에서 내리라고. 그 수강 자격이라는 것은 다름 아닌 아뇩다라삼먁삼보리를 발심한 사람인가 아닌가입니다. 발심한 사람들이란 큰 마음 곧 큰 뜻을 품은 사람들을 일컬으며 그런 사람만이 보살이라는 것입니다. 이 보살을 리더, 보스 등으로 해석해도 무방합니다.

할 성공한 이들의 요건

그러면 보살의 구체적 자격요건은 무엇이며 성공적인 삶을 영위할 수 있는 자들의 자격요건은 무엇일까요?《화엄경》에 나오는 것으로 내가 존경하는 스님의 해설을 보면 다음과 같습니다.

① 무아상(無我相): 아상이 없을 것. '내가 누군데' 하는 우월 의식이 없어야 함.

② 무인상(無人相): 인상이 없을 것. '나는 너희들과는 다른 사람

인데' 하는 차별의식이 없어야 함.

③ 무중생상(無衆生相): 중생상이 없을 것. '나도 중생에 불과한
데' 하는 열등의식이 없어야 함.

④ 무수자상(無壽者相): 수자상이 없을 것. '어차피 한 목숨 끝나
면 그만인데' 하는 한계의식이 없어야 함.

다시 말해 잘났건 못났건 나를 앞세우는 마음, 그러한 것을 '상
(相)'이라고 하며, 그런 생색이나 내려고 하면, 큰 일을 할 수 없다는
것입니다. 나를 앞세우는 마음이 있는 사람이 보살이 될 수 있을까
요? 보살은 최고의 영웅입니다. 세간에서는 대통령, 장관, 회장, 사
장, 그리고 1명 이상의 모든 조직에서는 영웅들이 그 길을 가고 있
습니다. 내가 대통령인데 하는 마음으로 상(相)을 내세우던 우리 나
라 많은 대통령의 실패들, 직원들보다 자기 실속 먼저 차리는 기업
가들, 공장장들, 지점장들, 국장들, 과장들……. 그들의 종착지는 묻
지 않아도 알 수 있을 것입니다.

저는 회사에서 감급이라는 징계를 받은 적이 있습니다. 그것은
저를 새롭게 태어나게 했습니다. 그러나 그때 당시에는 분함을 참
은 상태의 새로운 탄생이었지, 진실하게 무엇을 본 것은 아니었습
니다. 그러나 저는 이제 불교에서 그 무엇을 보았습니다. 심지어 징
계는 고통 속에 하늘이 내게 보내 준 선물이었다고 생각할 정도가
되었습니다. 그 이유는 다름이 아니라 구류 중생 속에서도 제 모습
을 발견하고, 보살 속에서도 제 모습을 보았기 때문입니다. 끊임없
이 수행할 것입니다. 천리를 가는 자는 뒤를 돌아보지 않는 법입니

다. 저는 여러분이 모두 보살이 되어 구류중생에 속하는 부하 직원들, 고객들, 식구들, 심지어 상사들까지 남김없이 제도하는 영웅과 제왕의 길을 가시기를 간절히 기원합니다.

할 구차함이 없는 다이렉트의 직관 세계를 살자

불교가 중세 이후 그 세력이 약화되어 산으로 가고, 서양 사람들에게 멸시받은 것은 그럴 만한 이유가 있습니다. 서양 사회가 헤겔의 변증법처럼 끊임없는 갈등, 대립을 전쟁·타협·설득 등의 법을 통해 정(正), 반(反), 합(合)의 세계를 창출하는 아날로그 세계를 가는 동안, 동양 사회의 유교 그리고 특히 불교는 중간의 논리적 갈등 없이 그 실체를 향해 다이렉트로 들어가는 디지털 세계를 지향하고 있었으므로 귀족의 종교, 먹물들의 종교가 되고, 절대 다수를 차지하는 생활하기 바쁜 일반대중은 무조건 염불하고 빌기만 하는 기복 종교로 갈 수밖에 없었던 것입니다. 그것은 지난 세기까지의 불교의 일반적 모습이기도 했습니다.

그러나 이제 디지털의 IT시대가 왔습니다. 구차한 설명이 필요 없는 선(禪)의 세계, 말이 필요 없는 다이렉트의 직지인심(直指人心)의 세계가 온 것입니다. 불교와 수학의 발생지인 인도가 IT강국이 된 것은 전혀 우연이 아닙니다. 말보다 주먹이 앞서고 논리보다는 가슴을 치는 스타일의 한국이 IT강국이 된 것도 우연히 아닙니다. 딱 잘라서 혹은 한마디로 등의 어법을 쓰길 좋아하고 구차함을 싫어하고 논리에 취약한 한국인의 스타일처럼 소명 태자도 이 분(分)의 이름을 한마디로 적었습니다. 이 분(分)의 이름은 대승정종입니다. 소명 태자는 이 분(分)의 이름을 '가장 바르고 으뜸인 가르침'이라고 하였습니다. 구차함이 없는 다이렉트의 세계를 한마디로 '무슨 일을 하되 상(相)을 세우지 말라'는 단 한마디로 요약한 것입니다. 더 이상의 말은 구차해집니다.

■ 알고 갑시다

열반

열반(涅槃)은 산스크리트어 니르바나(nirvāṇa)를 음사한 말이다. '불어서 끈다'는 의미인데, 타오르는 번뇌의 불길을 꺼버리고 깨달음의 지혜를 완성한 경지를 말한다. 이것은 생사의 경계를 넘어선 깨달음의 세계이며 불교의 궁극적인 목적이기도 하다.

반열반(般涅槃)의 반(般)은 산스크리트어 파리(pari)의 음역으로 '완전히'라는 뜻이다. 대반(大般)열반이라고도 하는데, 흔히 부처님이 쿠시나가라의 사라나무 아래에서 입적하신 것을 가리킨다. 반열반은 완전한 열반을 가리키는 것으로, 육신까지 버림으로써 생로병사의 고통에서 완전히 벗어났다는 의미를 가지고 있다.

열반을 다시 무여열반과 유여열반으로 나누기도 한다. 무여(無餘)는 남은 것이 없다는 뜻이고, 유여(有餘)는 남은 것이 있다는 뜻이다. 이 세상에서 깨달음을 이른다고 해도 육체가 남아 있는 동안은 육체로 인한 속박을 여전히 받게 된다. 그러므로 육체가 남아 있는 동안은 아직 완전한 깨달음을 얻은 것이 아니며, 깨달은 자라고 해도 육체마저 완전히 버렸을 때에야 완전한 깨달음을 얻는다고 생각하였다. 따라서 석가모니 부처님조차도 열반을 얻었지만 육신을 가지고 있는 한에서는 생로병사의 고통을 받을 수밖에 없었고, 완전한 열반은 입멸에 이르러서야 얻었다고 하는 생각이 여기에 포함되어 있다. 곧 남은 것이 있다 없다고 할 때의 남은 것은 육체의 속박을 말하는 것이다. 이같은 생각은 스스로 '깨달은 자'라고 하는 과잉된 자신감에 근거한 교만함을 미연에 방지하려는 불교도의 겸허함에서 비롯되었다고 보기도 한다.

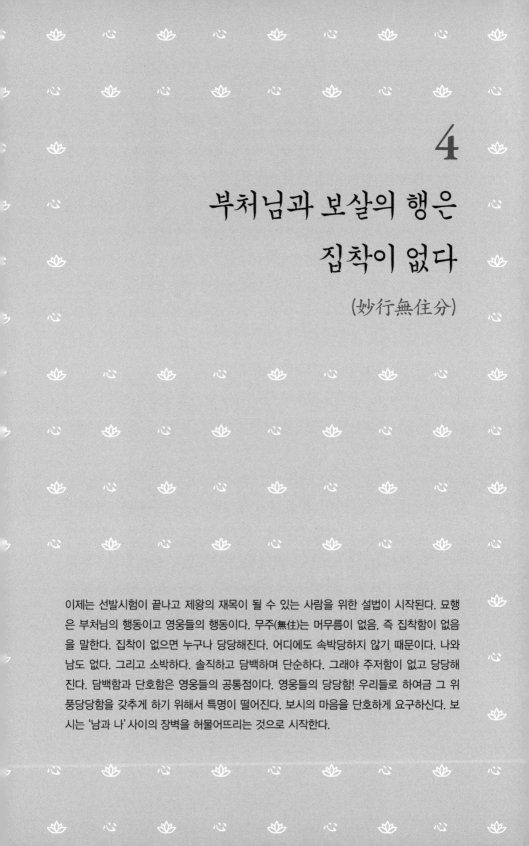

4

부처님과 보살의 행은
집착이 없다

(妙行無住分)

이제는 선발시험이 끝나고 제왕의 재목이 될 수 있는 사람을 위한 설법이 시작된다. 묘행
은 부처님의 행동이고 영웅들의 행동이다. 무주(無住)는 머무름이 없음, 즉 집착함이 없음
을 말한다. 집착이 없으면 누구나 당당해진다. 어디에도 속박당하지 않기 때문이다. 나와
남도 없다. 그리고 소박하다. 솔직하고 담백하며 단순하다. 그래야 주저함이 없고 당당해
진다. 담백함과 단호함은 영웅들의 공통점이다. 영웅들의 당당함! 우리들로 하여금 그 위
풍당당함을 갖추게 하기 위해서 특명이 떨어진다. 보시의 마음을 단호하게 요구하신다. 보
시는 '남과 나' 사이의 장벽을 허물어뜨리는 것으로 시작한다.

또한 수보리야, 보살은 법에 의하여 응당히 머무름이 없이 보시를 행하여야 하느니라. 소위 형상에 머물러 보시하지 말 것이며, 성·향·미·촉·법에도 머물러 보시하지 말 것이니라. 수보리야 보살은 마땅히 이와 같은 보시를 하기에 어떤 상에도 머무르지 않느니라. 어째서 그러한고? 만일 보살이 상에 머무르지 않고 보시하면 그 복덕은 생각할 수도 없이 크느니라. 수보리야, 동방 허공의 끝을 생각으로 헤아릴 수 있겠느냐? 혹은 남서북방 그리고 그 사유(四維)와 상하 허공을 생각으로 헤아릴 수 있겠느냐?"

"그럴 수 없습니다. 세존이시여."

"수보리야, 보살이 상에 머무르지 않는 보시를 하면 그 복덕 또한 그렇게 끝이 없느니라. 수보리야, 보살은 단지 가르친 대로만 행하여야 할 것이니라."

"復次, 須菩提! 菩薩於法應無所住, 行於布施. 所謂不住色布施, 不住聲·香·味·觸·法布施. 須菩提! 菩薩應如是布施, 不住於相. 何以故? 若菩薩不住相布施, 其福德不可思量. 須菩提! 於意云何? 東方虛空可思量不?"
"不也, 世尊!" "須菩提! 南西北方, 四維上下, 虛空可思量不?" "不也, 世尊!" "須菩提! 菩薩無住相布施, 福德亦復如是不可思量. 須菩提! 菩薩但應如所敎住."

※ 於: '~에서', '~까지', '~에 의거하여 보면', '~에 대하여' 등의 뜻. 여기에서

는 '~에 의거하여 보면'의 뜻으로 쓰였다. / ~不?: 부사로서 의문을 나타내고, 긍정과 부정이 서로 교차하는 형식을 구성한다. '~이 아닌가?' '~이 없는가?'로 해석한다. / ~也: '~이다'의 뜻.

강설

드디어 보시라는 말이 나왔습니다. 보시는 절에 돈 갖다 드리는 것만을 의미하지는 않습니다. 재물뿐만 아니라 형상이 없는 마음, 기도, 축원, 조상 천도 등 나 아닌 남을 위하는 것은 모두 보시입니다. 따뜻한 말 한마디, 부드러운 미소 또한 엄청난 보시입니다. 보시는 '나'와 '남' 사이의 장벽을 없애고 하나가 됨을 의미합니다. 무엇을 바라거나 마음을 두고 하는 것이 아니고 그냥 묘한 행동이 튀어나와야 한다는 것이 이 분(分)의 이름인데, 불교가 이렇듯 행동적인 종교라는 것을 선언하신 만큼 부처님의 단호하심이 보이는 대목이기도 합니다. 그 단호함은 마지막 구절인 "단지 가르친 대로만 행하여야 할 것이니라(但應如所敎住)."에서 알 수 있습니다. 부처님이 우리 어머니나 선생님, 직장 상사처럼 너희들은 단지 내가 가르친 대로만 마음을 두라고 단언하는 대목입니다.

처음부터 다시 보면 "응무소주 행어보시(應無所住 行於布施)라." 곧 마음에 무엇을 바라지 말고 보시—좋은 일(절대 돈 내라는 뜻이 아님)—하라는 것이고, 색(물질)이나 이름 얻기를 바라거나, 이름이 향기처럼 마구 퍼지길 바라거나, 칭찬 듣는 맛에 자꾸 한다거나, 어떤 짜릿한 감촉을 얻기 위해 한다거나, 세상의 법대로 좋은 일 해야 된다는 이유 때문에 보시하지 말라는 것입니다. 어떤 상(相)에 마음을 두지 말고 하라는 것입니다. 달리 표현하면 '그냥 하라'는 것입니다. 그러면 그 복이 무량합니다. 얼마나 무량한가 하면 동서남북 그리고 사유(동남·동서·서남·서북)와 상하 곧 생각할 수 없는 무량한 복덕이 사방도 아닌 십방(불교에서는 시방이라고 읽는다)에 꽉 찬다는 뜻입니다. 무주상보시 곧 계산이 가미되지 않은, 그냥 하는 모든 좋은 일의 복(福)은 생각조차 할 수 없이 크다고 부처님은 말씀하시는 것입니다. 그러면서 수보리 존자에게 단지 가르친 대로 하라고 단언하십니다.

할 최고의 보시는 이런 것

저는 이 대목에서 내가 아는 최고의 보시를 이야기하지 않을 수 없습니다

슈나우더라는 강아지를 5년간 키운 선배가 있었는데, 그 집에는 고2와 중3 짜리 사내녀석들만 둘이 있었습니다. 다들 생활에 바쁘고 그 아이들도 공부에 바쁘기는 마찬가지였으나 슈나우더가 중풍에 걸리자 온 집안에 비상이 걸렸습니다. 혹시 엄마 아빠가 강아지를 내다버릴까봐 사내녀석 둘 모두 학교가 파하자마자 귀가하는 식의 끊임없는 신경전이 지속되었습니다. 그러기를 2년여 중풍에 걸린 강아지를 더 이상 살리는 것이 더 큰 고통이 되리라는 것을 눈빛으로 안 식구들은 개를 안락사시키기로 결정했습니다. 그 강아지는 한 삶을 그렇게 마무리하고 갔고, 식구들은 49일간 강아지를 위해 천도재를 지냈습니다. 48일째 되는 날, 그 학생들 어머니 꿈에 하늘나라의 모습이 보였다고 합니다.

저는 그 강아지 이야기가 나오기 전까지 그 집 부부에게 불교 강의를 하고 있었습니다. 불교를 조금 안다고 상(相)을 세우고 있었던 것입니다. 그러나 강아지 천도재에 저는 아무 할 말이 없어졌습니다. 도대체 안다는 것이 무엇이란 말입니까? 아마 그 가족이 흥부전의 제비처럼 박씨라도 물어다 줄 것을 기대하고 그런 것은 아닐 것입니다. 그냥 그렇지 않으면 안될 것 같아서 하다 보니 2년이었고, 마무리를 잘하고 싶어 준비한 것이 49재였다고 합니다. '응무소주 행어보시(應無所住 行於布施)'에 이것보다 더 좋은 예를 저는 아직 찾지 못했습니다. 부처님 말씀대로 무량한 복덕이 그들에게 있기를 바랍니다. '돈 없어서 보시 못한다' '스님들 싸우는 것 보기 싫어서 보시 안 한다'는 핑계꾼들은 보시가 뭔지 모르는 중생일 따름입니다.

너와 내가 하나됨. 회사와 내가 하나가 되고 국가와 내가 하나가 되고 무엇이든지 하나만 되면 엄청난 힘을 낼 수 있습니다. 이 하나됨을 불교에서 몰개성주의나 전체주의로 몰아가지는 않습니다. 불교는 절대자유를 추구하고 속박을 거부하는 종교입니다. 그러기에 너와 나 사이의 장벽을 없애고 사랑을 심음으로써 자연스러운 우주 공동체를 지향하는 것입니다.

거기에는 갈등도 투쟁도 없습니다. 안 주려고 숨기고, 달라고 투쟁하지도 않습니다. 무엇이든지 달라는 마음은 부족함을 나타내는 것이며, 안 주려는 마음은 너와 나의 장벽을 높이 쌓는 것입니다. '무엇이든 주어라. 그러면 너는 얻을 것이니라.'《금강경》이 처음에 부처님의 걸식부터 시작하는 이유는 이렇듯 주는 마음을 키워주기 위해서입니다. 그것이 보시입니다. 무엇을 바라고 주는 것은 소인의 행동이지 영웅들의 행동은 아닙니다.

다시 말하지만《금강경》은 한 편의 드라마와 같습니다. 바람이 없는 보시를 하는 것은 운명을 바꿀 수 있는 첫 단추를 꿰는 것입니다. 곧 주변정리를 잘해 환경을 안정시키고(제1분), 자신의 마음을 항복시키고(제2분), 나를 내세우고 싶어하는 상(相)을 없앤 다음(제3분), 남과 나의 장벽을 헐기 위해 바람이 없는 무주상보시를 행하라(제4분). 여기까지가 이《금강경》의 서론이라고 할 수 있습니다. 이제부터 부처님은 이상의 내용을 차근차근 설명하시는데, 그 내용이 16분까지이며 본론이라고 할 수 있습니다.

5

이치대로 실상 그대로 보라

(如理實見分)

오페라에 아리아가 있듯이 《금강경》에는 사구게(四句偈)가 있다. 그 사구게(四句偈)가 처음 등장하는 분(分)이다.

그런데 우리의 마음이 도대체 어떻기에 항복 받아야 한다는 표현이 쓰였을까? 도대체 아무런 문제없이 잘만 굴러가는데 뭐가 문제란 말인가? 그 대답이 이 분(分)에 있다. 소명태자는 "이치대로 실상 그대로 보라"고 이름 붙였다.

우리는 책을 봐도 자신의 마음에 드는 부분만 기억한다. 같은 영화를 봐도 기억에 남는 장면은 사람마다 다르다. 멋진 사람을 보았다고 누군가에게 이야기하면 그 멋진 사람은 훌륭한 사람, 잘 생긴 사람, 좋은 옷을 입은 사람, 말 잘하는 사람, 남에게 친절한 사람, 돈 잘 쓰는 사람 등등 자기 시각대로만 '멋지다'는 말을 해석한다. 그런 것이 모두 상(相)이라는 것이다. 우리가 보는 것은 왜곡되어 있고 허상을 보는 것이니, 그 마음을 항복 받고 상을 없애라는 것이다.

그러나 이것은 말처럼 쉽지 않다. 그래서 부처님은 한자 '비(非)'의 세계를 그대 앞에 펼쳐 보이시며 제왕학 강의를 시작하신다.

"수보리야, 네 뜻에 어떠하뇨? 너는 몸의 형상으로 나 여래를 볼 수 있느냐?"

"그렇지 아니합니다. 세존이시여, 형상으로는 여래를 볼 수 없나이다. 왜 그런고 하면, 여래가 말하는 바 몸의 형상이라는 것은 마음으로 볼 수 있는 형상이지 눈에 보이는 형상이 아닙니다."

부처님께서 수보리에게 이르셨다.

"무릇 모든 형상 있는 것은 본디 다 허망한 것이니라. 만일 모든 상이 눈에 보이는 그대로가 아님을 본다면, 즉시 여래를 볼 것이니라."

"須菩提! 於意云何? 可以身相見如來不?" "不也, 世尊! 不可以身相得見如來. 何以故? 如來所說身相, 即非身相." 佛 告須菩提: "凡所有相, 皆是虛妄. 若見諸相非相, 即則見如來."

※ 可以~ '~할 수 있다'와 같이 가능이나 허가의 의미를 지니고, 해석할 필요는 없다. / 則: 여기에서는 即과 같이 '곧, 즉시, 바로'의 뜻으로 사용되었다. 조건과 결과를 나타낼 때에도 사용되는데, 이때는 결과의 구절 앞에 위치하며 '그러면 ~ 곧'으로 해석되기도 한다.

강설

여리실견(如理實見)을 쉽게 표현하면, 자기 욕심대로 보지 말고—결혼할 때 주로 쓰는 말이지만, 눈에 무언가 씌여서 보지 말고, 있는 그대로 보라는 말입니다. 정말 너무 당연한 얘기입니다.

진실을 볼 수 있는 지혜를 가져야 합니다. 진정한 마음의 눈으로, 껍데기에 속박당해온 마음을 항복 받고, 누구에게 무엇을 받고 싶어하는 욕심에서 벗어나 너와 내가 없는 열린 눈으로, 이치대로, 있는 그대로 볼 줄 아는 지혜를 가져야 한다고 부처님은 말씀하십니다. 그렇지 않으면 부처를 보아도 껍데기만 보고 그 실상을 볼 수 없을 것이라고 단언하셨습니다.

할 가장 큰 죄는 무식

제가 1999년 한국의 부자들을 회사의 고객으로 만드는 일을 처음 시작했을 때, 저는 부자들의 공통점을 욕심, 의심, 호기심이라고 정의했습니다. 그리고는 그들을 상대로 많은 일을 벌였습니다. 물론 지금은 다시 큰 꿈을 갖게 하는 투자도 있었지만, 지난 3년간 거품이 빠지는 기간 동안 저는 그분들에게 많은 고통을 드리고 말았습니다. 어두운 눈으로 사람들을 보고 금융시장을 보고, 또 저 스스로 그들을 흉내내었으니……. 저도 고객들도 참으로 힘든 기간이었습니다. 지금 와서 생각하면 그들의 공통점은 어찌 보면 하나였습니다.

열심(熱心)! 무엇을 원하건 마음에 불을 낸 사람들! 그들이 한국의 부자이며, 전세계의 성공한 사람들입니다. 그 불이 화롯불인지 모닥불인지 성화인지 등의 차이만 있을 뿐입니다. 저는 제 고객들만큼 열심히 일하거나 노력했다고 생각하지 않습니다. 그것은 게으름이라기보다 벤치마킹 대상인 고객들을 바라보는 '사람 보는 눈'

과 '상황 보는 눈'의 무식함이었다고 솔직히 고백합니다.

무식은 죄입니다. 욕심을 소신으로 가장하여 남의 앞자리에 서려고 하는 것 또한 마찬가지입니다. 그렇습니다. 리더는 눈이 맑아야합니다. 똑똑함은 나중 문제입니다.

할 자기가 뿌리고 자기가 거둔다

불교는 무섭습니다! 아무도 강요하지 않습니다. 그러나 그 책임은 각자의 몫입니다. 지름길을 가르쳐 주기는 하지만 그 길을 걷는 것은 각자의 몫입니다. 모든 일이 자기 스스로 짓고 그 결과를 받습니다(自作自受). 애당초 구원은 생각지도 말라는 것입니다. 부처님의 팔만대장경에는 허다히 많은 구원의 방법이 있지만, 부처님께서 구원해 주신다는 말은 없습니다. 단지 부처님 제자들 중에 부처님법을 실행하는 과정에서 나는 다른 사람을 도우며 살겠다고 서원하고 발심한 다음, 부처님의 가르침을 행동으로 보여 주는 분들이 계신데, 그분들은 그 자체를 즐기는 사람이니(Thank you 했는데 It's my pleasure라는 등 정말 즐거워서 그 일을 하는 사람이라는 것이다) 그 사람한테 가라고 하시며 당신은 길잡이 역할만 하시는 것입니다. 그분들을 일컬어 보살이라고 합니다. 지금 부처님은 그 보살이 되고자하는 사람들에게 제왕학 곧 부처학을 설하시는 것입니다.

할 보이지 않는 것을 보는 것이 지혜

참된 실상을 보는 방법을 펼쳐 놓은 것이 《금강경》의 유명한 아리아입니다. 곧 '범소유상 개시허망 약견제상비상 즉견여래(凡所有相 皆是虛妄 若見諸相非相 則見如來)'라는 구절입니다.

56

사구게라는 말은 4개의 구절로 이루어진 게송이라는 뜻인데, 앞으로 계속 등장하는 구절이니 여기서 알고 넘어가야 합니다. 그리고 이 사구게는 앞으로도 계속 다른 형태로 나오는데《금강경》에는 이 사구게 아리아가 4개 있습니다.

이 첫번째 아리아에서는 '범소유상 개시허망'이라는 단어에 빠지면 아날로그 불교도요, '약견제상비상 즉견여래' 다시 말해 눈에 보이는 상이 실상이 아님을 보아 즉각 여래를 보는 사람은 디지털 불교도라는 선언입니다. 그런데 아스피린이 불교도와 기독교도들을 구별하지 않고 똑같은 약효를 보이는 것처럼《금강경》의 이 아리아도 같은 이치입니다. 예수님을 보는 사람도 이렇게 보는 것이요, 마호메트를 보는 사람도 이렇게 그 실상을 본다면 그분들을 뵐 수 있을 것입니다.

할 눈 밝은 스님들의 5일 만의 영어완성법

불교(佛敎)의 세계 특히 선(禪)의 세계는 '구차함'을 싫어합니다. 비즈니스의 세계도 '구구한 설명'을 싫어합니다. 이 양(兩) 세계의 공통점은 의사소통시 형용사와 부사를 거의 사용하지 않는다는 점입니다. 이제 그 현장으로 갑니다.

부처님 초기경전인 팔리어 경전을 공부하기 위해 영어공부를 하시는 지오 스님과 대학에 진학해 불교철학을 공부하려 하시는 지선 스님에게 향엄 스님이 영어강의를 시작하십니다. 스님 세 분이 다 기세트를 앞에 두시고, 차를 들고 계시고, 벽에는 달마 그림이 있고, 한 스님이 죽비를 등 뒤에 두고 계십니다. 상 위에는 주전자, 찻잔,

차를 뜰 때 사용하는 대나무 숟가락, 녹차가 가득 들어 있는 대나무 통, 그리고 스님들의 찻잔 속에 우려진 찻잎을 덜어 내는 빈 접시가 있습니다.

향엄 스님이 말씀하십니다.

"지금부터 내가 너희들에게 영어를 가르쳐 주겠다. 사실 우리가 미국 승려라면 영어라는 것이 간단하다네. 우리 승려들이야 안이비설신의(眼耳鼻舌身意)라는 여섯 가지 도둑놈의 행로를 찾으면 되는 것 아닌가. 다시 말해 눈으로 보고(see, look, watch), 귀로 듣고(hear), 코로 냄새 맡고(smell), 혀로 맛보고(eat and taste), 몸으로 행동하고 (do), 마음으로 생각하는 것(think)이 우리가 일생 동안 하는 모든 것 아닌가?

옛날 조사(祖師) 스님들은 우리들의 행동을 여덟 가지 행(行)·주(住)·좌(坐)·와(臥)·어(語)·묵(默)·동(動)·정(靜)이라고 하셨으니 가고 오고(come and go), 머무르고 유지하고(stay), 앉고(sit), 눕고(lie), 말하고(speak, tell say), 침묵을 지키고(calem), 행동하며(do), 가만히 있는 것(be) 다 그것일세.

어떤가? 부처님과 조사 스님들의 공통점은 여하간 우리는 움직인다(move)는 것이고, 이것을 영어로 동사라고 한다네. 자네들, 부처님이 가섭 존자에게 말없이 꽃을 들어 보이신 이유를 아는가? 그것은 말과 글로 전달하는 것은 항상 문제가 있고, 마음에서 마음으로 전하는 것이 가장 정확하기 때문이며, 그것은 아무에게나 할 수 있는 일이 아니기에 비인부전(非人不傳)이라고도 하네.

영어도 자신이 그런 결정적인 문제가 있다는 것을 알고 그 동사의 보전을 위해 많은 노력을 했는데, 그 부실한 동사를 도와주기 위해 '조동사(can, could, shall, should, may, might, will, would, must, need)'를 만들고, 입장을 바꿔서 역지사지(易之思之)의 심정으로도 해보자 하여 '수동태'라는 것도 만들고, 그리고도 부족하니 동사 앞에 to를 붙여 어디로 튈지 모르는 동사를 잡아 보겠다고 만든 것이 'to부정사'이고, 동사를 명사처럼 써 보는 것이 '동명사'라는 것이며, 이 동명사와 수동태로부터 일부를 떼어서 사용하는 것이 '분사'라는 것인데, 사람의 행동을 말로 표현하기 위한 그 노력은 알고 보면 아무 것도 아닌 것인데 눈물나는 과정으로 그려볼 수도 있는 것이라네.

앞으로 자네들이 공부할 책에서도 이런 것이 60%는 차지할 것이나 가르치는 데는 30분이면 충분하지.

그런데 살다보면 행동을 하나만 하는 것이 아니라 2, 3가지를 한꺼번에 할 수도 있고, 그러다 보니 '접속사'와 '관계사'가 요하고, 옛날 생각을 하거나, 앞으로 이런 일을 하면 어떨까 싶어서, 다시 말해 자신의 행동을 스스로 생각해보는 과정에서 '시제' '가정법'이라는 것도 만들게 되는데, 이러한 모든 것을 공부하고 대학시험을 보고자 하면 3일이면 충분하지만, 고등학교를 졸업하고 미국 가서 30년을 살아도 혹은 한국에서 태어나 사춘기를 보낸 사람이 그 이후에 아무리 영어를 잘한다고 해도 외국 사람과 의사소통을 원활히 못해 외교문제가 생긴다거나, 미국의 어린이와는 이야기를 더 할 수 없는 이유가 있는데 그것이 무엇인고?(是甚麼?, 이뭣꼬?)라는 것이 나의 화두(話頭)였다네.

그러나 모든 공안(公案: 화두)가 그렇듯이 아주 간단한 것인데, 그것이 우리들이 그렇게 찾고 싶어하는 마음의 향로를 결정하는 '전

치사'라는 아주 그 이름이 잘못 붙여진 녀석이 장난을 치기 때문이
었다네.

팔만사천 대장경을 다 공부해도 남는 것은 마음 '심(心)'자 한 놈
의 장난인데, 요놈의 마음이 장난치는 방향을 서양도사들은 약 50
가지로 분류해 놓았는데, 요놈들은《반야심경》의 알 수도 없고, 얻
을 수도 없고, 얻을 바의 그 무엇도 없는 놈들이니, 그저 친하게 잘
지내고 여여(如如)하게 보아 그 쓰임새를 생각의 머무름이 없이 잘
알고 쓰고 사용하기만 하면 되는 것이라네.

그리고는 우리 부처님의 여섯 가지와 선사들의 여덟 가지처럼 서
양 사람들의 생각에도 열네 가지의 동사들이 있는데 우리의 행(行)
과 동(動)이 서로가 겹치는 것처럼 그들도 '갖다'와 '가지다'가 겹치
므로 열세 가지라고 할 수 있지. 중노릇 제대로 하려면 '안이비설신
의'라는 여섯 가지 도둑놈과 '행주좌와어묵동정'이라는 여덟 가지
행동거지를 알고 행하여야 하듯이 영어도 여섯 가지 도둑놈과 여덟
가지 행동거지만 알면 아무 문제가 없는 것이라네.

서양 중들은 여섯 가지 도둑놈이라는 대신에 세상을 창조한 신과
인간 사이의 문제라고 보아 그 관계를 푸는데 get, have, take, make,
give, do라는 여섯 가지로 말하고, 여덟 가지 행동거지는 인간과 인
간과의 관계 혹은 인간과 물질과의 관계는 keep, break, call, come,
go, put, bring, turn으로 다 설명이 되는 것이라네.

이것은 내일 가르치기로 하고 먼저 오늘은 그 장난치는 놈들이
어디로 가서 노는 것인지 한번 볼까? 우리 직업이 마음잡는 것 아닌
가? 잡으려면 어디서 잡을 것인지 알아야 하니까 말일세.

이런 것을 영어에서는 그 결과만 보고 요놈들이 명사 앞에서 놀고 있다고 하여, 명사 앞에 있는 '전치사'라고 하였나 본데, 결론은 사실이지만 그러다 보니 사실을 사실대로 못 보는 문제가 생기고, 정확히 알 수 없게 되는 것이라네. 마음의 행로를 보듯이 고놈들을 따라가기만 하면 되는 것이라네. 산에 간다고 범을 잡나? 발자국을 따라 가야 쉽게 잡지. 어디 한번 그 발자국들을 따라와 보게.

지금부터 나의 행동을 잘 보아두게나. 이 대나무 통에서 찻잎들을 꺼내 자네들 찻잔 속으로 나누어 주겠네. 이 찻잎의 입장에서 보면, 대나무 통에서 나와 자네들 찻잔 속으로 들어간 것인데, 이 대나무 통에서 나오는 것을 from이라 하고 자네들 찻잔 속으로 들어가는 것을 into라고 한다네. 그리고 주전자를 높이 들어 잔보다 주전자가 높이 있는 것을 above라고 하고 below에 있는 자네들 잔에 물을 따르겠네. 그러나 이 물은 up, 즉 위에서 down 아래로 떨어지고 있는 것이라네.

그리고 찻물이 우러날 때까지 탁자 위를 한번 보세. 이렇듯, 찻잔과 찻잔들이 상 위에 모여 있는 것을 together라고 하고 자네들과 내가 함께 있는 것을 with라고 하네. 우리들 모두 찻잔을 가지고 있는데 그것 역시 with라고 한다네. 우리 셋이 이 방에서 이렇게 모여 있는 것도 together라고 하지.

그리고 주전자 속의 물과 주전자와의 관계는 of의 관계였고, 주전자에서 떨어져 나오는 순간 off의 관계가 되는 것이라네. 찻잔 속에 물은 in의 상태로 찻잔 속에 있어야 하고 이 찻잔들은 within 상태로 이 탁자 밖으로 나가면 안 되겠지. 어떻게 동작이 움직이는 방향을 아시겠는가?

　자, 이제 차들을 들게나. 찻잔을 입으로 가져갈 때, 차는 입이라는 목적지를 향하여 to 혹은 toward의 방향으로 움직이고 있는 것이며, 찻잔이 드디어 자네들의 입술이라는 그 한 지점인 at을 향해 움직인 것이라네. 그리고는 그 잔이 자네들 입에서 멀어져 가지. 그렇게 멀어져 가는 것을 away라고 하고 이렇게 속에 남아 있는 찻잎 찌꺼기는 내 입 안에 있었으므로 in의 상태에 있던 놈을 입 밖으로 뱉어버리는 것을 out이라고 하지.

　다 들었는가? 차 맛들이 어떤가? 한 잔씩 더 들게나. 누가 먼저 잔을 주실는가?

　지금 내게 지선 스님 잔이 먼저 왔으니 지선 스님 찻잔은 지오 스님 찻잔에 비해 ahead이고 지오 스님 찻잔은 지선 스님의 뒤를 이어 따라온 그 다음 잔이므로 along이라 하지. 다시 탁자 위를 보게나. 우리가 차 찌꺼들을 모아두는 이 빈 접시는 우리 세 명의 찻잔 사이에 있는 것이고, 이러한 공간의 사이를 between이라 한다네. 이 접시를 탁자 밑으로 옮기고 나니 그 밑이 under가 되고, 접시가 있던 자리에 내 등 뒤 즉 behind에 있던 죽비를 올려 두겠네. 즉, 아까는 접시가 있었는데 그 접시는 before에 있던 것이고, 이 죽비는 나중에 나타났으니 after라고 하지."

　이러한 식의 수업이 3시간 정도 진행됩니다. 이치 그대로, 있는 그대로, 그대로 그렇게 보는 것이 여여하게 보는 것이고 그것을 여리실견(如理實見) 곧 '이치 그대로 그 실상을 보아라'라고 하는 것입니다.

리스닝과 단어·숙어는 제9분인 〈일상무상분(一相無相分)〉의 제 고객 중 영어도사에 관한 이야기에 나오는 '밑 빠진 독에 물 붓기 작전'으로 하면 1개월은 걸립니다. 그러나 일 개월이 문제가 아니라 5일 후에 영어가 별 것 아니었구나를 파악한 아이들의 공부자세가 억지로 하는 것이 아니라 재미있어서 하는 것이므로 아무런 문제도 되지 않는다는 것이 저의 임상실험 결과였습니다.

상(相)이라는 말과 같은 색(色)을 주제로 26분 〈법신비상분〉에 나오는 또 하나의 《금강경》 사구게를 미리 소개합니다. 부처님이 이르시기를, "만약 형상으로써 나를 보려고 하거나(若以色見我), 음성으로써 나를 구하려고 한다면(以音聲求我) 그것은 그릇된 자들이 가는 길이니(是人行邪道), 결코 나를 보지 못할 것이다(不能見如來)."라는 아리아인데 지금 영어에 비유하면 이렇습니다.

영어를 영어책과 테이프만으로 배울 수밖에 없었던 우리는 약이 색견아(영어책), 이음성구아(영어 테이프), 시인행사도(과외비, 학원비), 불능견여래(영어 자폐증 환자)의 길에 있던 것입니다. 너무도 억울한 세월이었습니다.

■ 알고 갑시다

사구게
게송은 경전 구조의 한 부분으로 교리나 부처님의 공덕을 찬탄하는데 쓰이는 운문체의 부분으로, 게송 중에서도 경전의 중요한 내용을 요약하여 핵심적으로 나타내 보인 게송을 사구게(四句偈)라고 한다.《금강경》에는 모두 4개의 사구게가 나온다. 경에서도 이 사구게의 공덕과 중요함을 되풀이해서 강조하고 있다. 특히 두 번째의 사구게는 6조 혜능 대사가 이것을 듣고 깨달았다고 해서 유명한 게송이다.

① 범소유상 개시허망 약견제상비상 즉견여래

　凡所有相 皆是虛妄 若見諸相非相 卽見如來(제5 여리실견분)

② 불응주색생심 불응주성향미촉법생심 응무소주 이생기심

　不應住色生心 不應住聲香味觸法生心 應無所住 而生其心(제10 장엄정토분)

③ 약이색견아 이음성구아 시인행사도 불능견여래

　若以色見我 以音聲求我 是人行邪道 不能見如來(제26 법신비상분)

④ 일체유위법 여몽환포영 여로역여전 응작여시관

　一切有爲法 如夢幻泡影 如露亦如電 應作如是觀(제32 응화비진분)

6

바른 믿음은 참으로 드물고 귀하다

(正信希有分)

나를 내세우고 싶은 욕망의 마음을 항복 받고, 온갖 좋은 일하고, 내가 누군데 하는 상(相)을 다 없애고, 생색 절대로 내지 말고, 그리고는 겉모습에 휘둘리거나 껍데기에 속지 말고 실상을 보라는 것이다. 이것은 부처님 말씀에 대한 믿음이 없이는 불가능하다. 쉬운 일이 아니다. 그렇지만 부처님의 말씀이 절대로 옳으니 단지 가르친 대로만 하라고 하신다.

그러나 이런 말씀에 바른 믿음을 내는 것이 아무나 할 수 있을 것인가? 너무나 드문 희유한 일일 것이다.

《금강경》의 발심(發心) 단계에 이어 신심(信心), 그것도 바른 신심의 중요성이 시작되는 분(分)이다. 바른 믿음은 즐거움을 갖고 꾸준함을 필요로 하는 곳에는 어디에서든 꼭 필요하다. 고통 없이는 영광도 없다. 10년 장좌불와 끝에 도의 물맛을 보고, 10년 피아노 연습 후에 피아노 곡조의 참맛을 안다. 연습만이 대가를 만드는 법이다. 누가 시켜서도 아니고, 어떤 복덕을 기대해서도 아니다. 그저 즐거워서 가는 길에도 그 시작은 바른 믿음을 갖는 것이 필요하다

수보리가 부처님에게 사뢰어 말씀드렸다.

"세존이시여, 사뭇 어떤 중생들이 이와 같은 말씀과 《금강경》의 한 구절을 듣고 진실한 믿음을 낼 수 있겠습니까?"

부처님께서 말하셨다.

"그런 소리 말아라! 여래가 열반한 후 후오백(後五百) 세에 계를 지키며 복을 닦는 자가 있어 이러한 가르침 한 구절에 능히 신심을 내어 이 신심으로써 과실을 얻게 될 것이니 마땅히 알라. 이 사람은 한두 혹은 삼·사·오불에 걸쳐 선근을 심은 것이 아니라 무량한 수천만의 부처님 계시던 곳에서부터 선근을 심은 것이니 이 구절을 듣고 일념으로 바른 믿음을 낼 것이다. 수보리야, 여래는 다 알고 다 보나니, 이러한 여러 중생들이 이와 같은 무량한 복덕을 성취할 것이니라."

須菩提白佛言: "世尊! 頗有衆生, 得聞如是言說章句, 生實信不?" 佛告須菩提: "莫作是說. 如來滅後, 後五百 歲, 有持戒修福者, 於此章句, 能生信心, 以此爲實. 當知 是人, 不於一佛·二佛·三·四·五佛而種善根, 已於無量 千萬佛所, 種諸善根, 聞是章句, 乃至一念生淨信者. 須 菩提! 如來悉知悉見. 是諸衆生, 得如是無量福德."

※ 莫: '~하지 말라' '~해서는 안 된다'는 의미. '莫不'과 같이 붙어서 사용될 때 는 이중부정이 되어 긍정을 표현하기도 한다. / 於: 여기에서는 '~에서'의 뜻.

여기는 재미있는 글자가 많은데, 먼저 '백불언(白佛言)'의 백(白)
은 '사뢰다' '아뢰다'의 뜻입니다. 어렸을 때 벽에다 '낙서금지 주인
백' '접근하면 발포함' '무슨 무슨 부대장 백' 등의 그 백입니다. 이
백은 희다는 백(白)과 어우러져 옛날에 청혼할 때 흰 개를 말없이
보낸다든지, 그러면 척 알아듣고 그에 맞는 대답으로 어린 소나무
그림을 그려서 보낸다든지(어린 게 까불지 말고 좀더 커서 오라는 뜻),
전세계의 고대문화에서 많이 보는 희생제에 쓰이는 양·말·소 등을
흰 동물로 쓰는 것 등에서 보이는 것처럼, 간절한 바람을 나타낼 때
많이 쓰입니다. 곧 사뢰다, 아뢰다 등의 정중한 의미를 갖고 있습니
다. 조선왕조를 세운 이성계의 조상이 후손을 왕을 만들고 싶어, 백
두산 산신령에게 소 백 마리를 잡아 제물을 바치겠노라고 큰 소리
친 후, 사실 소 백 마리 살 돈이 없어 흰 소 곧 백우(白牛)를 잡아 제
사를 지내 백두산 산신령이 오케이하셨다는 설화도 다 이 사뢸 백
(白) 혹은 아뢸 백(白)의 동음이의어 덕택이라고 할 수 있습니다. 또
한 파유중생의 '파(頗)'는 '퍽이나 많다' '자못' 등의 뜻입니다.

수보리는 여기서 최고의 수행자답게 다른 사람들을 위한 생각을
내어놓습니다. 도대체 부처님 말씀이 옳은 줄은 알겠는데 누가 그
걸 믿겠느냐고 의문을 제기하는 것입니다. 그러나 부처님께서는 지
금 우리가 살고 있는 시대 곧 말법 시대의 후오백 세에도 능히 계율
을 지켜 가며 복을 닦는 사람들(유지계수복자)이 있어 이《금강경》
한 구절만 듣고서도 '이차위실(以此爲實)' 곧《금강경》한 구절에 대
한 믿음을 냄으로써 실하게 된다며 그런 소리하지 말라고 한마디

하십니다. 그리고 그러한 사람들의 참된 믿음과 신심은 열매를 맺고 참된 결실이 있으리라고 대답하 니다.

그리고 그러한 유지계수복자들은 한두 분 혹은 너댓 분의 부처님을 모시며 선근을 쌓은 것이 아니라 천만 혹은 무량한 부처님의 처소에서 부처님을 섬기며 선근(善根)을 심은 사람들이며,《금강경》의 한 구절만을 듣고서도 일념으로 맑은 믿음(淨信)을 내는 정도의 뛰어난 사람들이기에 부처님께서 이 사람들을 다 알고(悉知) 다 보고(悉見) 계셔서, 이 사람들은 무량한 복덕을 받는다는 것입니다.

한마디로 전생부터 복덕이 있는 사람이면 한마디만 해도 척 알아듣고 단박에 지름길로 들어서서 실상대로 살아간다는 것입니다. 그러나 전생에 저축해 놓은 복덕이 없는 사람일지라도 이번 생에 공덕을 쌓아 여래가 가르치는 대로 마음에 일체의 의혹 없이 상(相)을 내지 말고 보시를 하면 그 또한 무량한 복덕을 받는다는 것입니다.

"왜냐하면 이러한 중생들은 아상·인상·중생상·수자상이 없으며 또한 법상도 없고 법 아닌 상도 없느니라. 왜냐하면 이 중생들이 만일 마음에 어떤 상을 취하면, 그것은 아견·인견·중생견·수자견에 집착하게 되는 것이고, 만일 법의 상을 취한다 해도 즉각 아·인·중생·수자에 탐착하게 되는 것이기 때문이니라. 왜 그런고 하면, 만일 법 아닌 상을 취해도 즉각 아·인·중생·수자에 탐착하게 되는 바, 그러한 까닭에 여래가 항상 말씀하기를 '너희 비구들은 나의 설법이라는 것도 마치 뗏목의 비유와 같이 알라'고 하셨으니, 법도 마땅히 버려야 하거늘, 하물며 법 아닌 바에 있어서랴."

"何以故? 是諸衆生, 無復我相·人相·衆生相·壽者相· 無法相·亦無非法相. 何以故? 是諸衆生, 若心取相, 即 爲著我·人·衆生·壽者. 何以故? 若取法相, 即著我·人· 衆生·壽者. 若取非法相, 即著我·人·衆生·壽者. 是故不 應取法, 不應取非法. 以是義故, 如來常說: 汝等比丘, 知 我說法, 如筏喩者. 法尚應捨, 何況非法!"

※ 若: 구절의 첫머리에 쓰일 때는 '만일' '만약에 ~한다면'과 같이 해석된다. / 以是: '~ 때문에' '~인 까닭에'로 해석하며, 是以로 순서가 바뀌어도 같은 의미로 쓰인다.

참으로 멋지고 아름다운 부처님 말씀입니다. 사실 부처님 설법이 무엇입니까? 그게 팔만대장경 아닙니까? 그걸 다 버리라는 것입니다. 강을 쉽게 건너기 위한 수단이 뗏목입니다. 부처님의 설법도 이 뗏목과 마찬가지입니다. 그래서 맞다·틀리다·있다·없다를 다 떠나서 그것에 얽매이지 말고 다 버리라고 선언하신 것입니다.

아상·인상·중생상·수자상이라는 말은 아견·인견·중생견·수자견과 같이 보면 됩니다. 곧 나라는 생각이 아상(我相)이고, 나라고 보는 견해가 아견(我見)입니다. 인상(人相)과 인견(人見)도 마찬가지입니다. 그리고 《금강경》에 등장하는 2개의 상이 더 있는데 그것이 법상(法相)과 비법상(非法相)입니다. 법상은 '내가 옳다'라는 상이며, 비법상은 '너는 틀렸다'라는 상입니다. 둘 다 분별심의 발로인 차별상입니다. 당연히 버리지 않으면 안될 상(相)들입니다.

그러면 취상(取相)이라 함은 무엇일까요? 버려야 될 상을 취하게 되면 내 마음에 장벽만을 쌓을 뿐입니다. 장벽에 둘러싸인 나는 진실도 보지 못하고 그 장벽 안의 개구리가 될 뿐입니다. 취상이라 함은 나를 앞세우고 싶은 마음의 총체적 표현이고, 결과적으로 나를 망치는 모든 삿된 견해, 생각 등을 갖는 것을 말합니다. 그러한 영양가 없는 것들을 모두 갖다 버리라고 하는 것입니다. 이러한 삿된 상(相)이나 견(見)이 있으면 아무리 좋은 부처님, 예수님 말씀도 다 허망할 뿐입니다.

할 껍데기에 속지 말라

대개 어떤 조직에서 리더가 되면, 회사로 따지면 부장이나 팀장 등이 되면, 서양 사람은 마키아벨리의 《군주론》을 읽으며 배움을 얻으려 하고 동양 사람은 《손자병법》을 통해 배움을 얻으려 합니다. 다 세속적인 순간의 이익을 취하는 요령을 배우기 위해 읽는 편이고 저 또한 그러했습니다

심지어 요즈음에는 《성경과 불경에서 하지 말라는 것만 집중적으로 하면 돈 벌 수 있다》라는 책을 쓴 사람도 있습니다. 《회사에서는 나쁜 놈만 출세한다》라는 책을 보다가 아버지한테 늘씬하게 두들겨 맞은 제 고객의 대학생 아들도 저는 압니다. 사실 저는 그런 책만을 본다고 때린 아버지도 훌륭하다고 생각하고, 그냥 맞고 있던 그 대학생 아들도 훌륭하다고 생각합니다. 세상의 헛된 상만 보면 맞을 수도 있는 이야기이지만 실상은 아니라는 것을 가르치기 위한 아버지의 사랑의 매입니다. 그리고 우리 주변에는 그런 눈앞의 이익에 눈이 어두운 사람들이 잠깐씩은 잘 되는 것처럼 보이지만 그 끝은 절대로 그렇지 않기에 부처님의 이 말씀을 많은 사람이 공감할 수 있을 것입니다.

우리는 자꾸 껍데기만을 봅니다. 그래서 세상에 거짓말 안하고 출세한 사람은 미국의 초대 대통령 죠지 워싱톤 단 1명이라는 막말을 하는 사람도 있는 것 아니겠습니까? 그러나 그런 것 역시 우리들의 왜곡된 시각으로 관찰한 것입니다. 물론 부처님은 부처님의 말씀조차 강을 건넜으면 버리고 가야 할 뗏목과 같은 것이라고 말씀하셨습니다. 심지어 역대 조사와 우리 나라 고승들도 이러한 《금강

경》 같은 책들도 알고 보면 '고름 닦는 휴지조각'에 불과하다고 말씀하셨습니다. 우리는 그 뜻을 취하여야 하는 것이지 소인배들의 희롱과 어울릴 일이 아닙니다.

　그런데 사실 이 분(分)을 내가 둘로 나누어 설명하다 보니 그렇지 부처님의 가르침조차 갖다 버리라는 이러한 말씀의 배경에는 전제조건이 있습니다. 곧 '유지계수복자(有持戒修福者)', 계를 지니고 복을 닦는 자들에 한해서 그렇다는 것입니다. 아무나 부처님 말씀을 뗏목처럼 버리라는 말이 아닙니다. 사실 이 뗏목 없으면 허망한 인생, 허망하게 살다가, 허망하게 죽을 사람이 한두 명이 아닙니다.
　얼마 전 프로야구 LG 이광환 감독이 쓴 소리를 그 구단 선수들에게 했습니다. 자율야구라고 해서 그냥 알아서 잘 하라는 것이 아니라 규율 속에서의 자율을 의미하는 것이라고 선수들에게 이야기했습니다. 똑같은 소리입니다. 계율을 지키고 복을 닦아야 합니다.

　《금강경》에 계와 복에 대한 자세한 설명이 없는 이유는 제가 알기에 이러합니다. 그것은 《금강경》의 탄생시기와 관련이 있습니다(물론 경전의 성립사를 전공하시는 전문가들은 다음의 내용을 역사적인 사실로는 인정하지 않는다는 것을 저도 알고 있습니다). 부처님이 처음 득도를 하시고 21일간 《화엄경》을 설하시니 아무도 무슨 소리인 줄 모르기에 그냥 돌아가시려고 하다가, 아니지 하고 생각을 바꾸시어, 쉽고 쉬운(?) 《아함경》을 12년 동안 설하였습니다. 그 주된 내용은 공자님, 예수님, 그리고 우리 부모님이나 대통령, 회장님, 사장님, 팀장, 지점장들이 매일 하는 세속의 일들로 가득 차 있습니다.

남녀간의 일, 사회생활의 예절, 부모 자식간의 일 등등을 설하셨습니다.

그리고 《방등경》을 8년간 설하시고 장장 21년 동안 《반야경》을 설하시는데, 《반야경》 600부 중에 《금강경》이 577권째입니다. 그러니 거의 20년이 지나서(12년+8년+20년) 곧 49년 설법 중 40년이 지나서 이야기하신 것입니다. 그것을 무시하고 부처님 뗏목이야기만 듣고 불경을 무시하는 중생들을 보면 참으로 예전의 저를 보는 것 같아서 민망할 따름입니다.

그리고 이 책의 주된 질문자가 바로 해공제일(解空第一) 수보리! 곧 공(空)사상에는 부처님 제자들 중에서도 최고 권위자이며 손오공에게 온갖 도술을 가르쳤다가 그 손오공이 천도복숭아를 훔쳐먹고 하늘나라의 기물을 파괴하는 등 온갖 사고를 치는 바람에, 결국 부처님이 나서서 뒷수습할 수밖에 없었던 그 유명한 중국소설 《서유기》의 도사님이시기도 합니다. 그 수보리 도사가 부처님한테 혼나고 엉뚱한 소리해서 부처님 속 뒤집어지는 소리가 곳곳에 나오는 경이 이 《금강경》입니다. 감히 우리 세속인 주제에 버리고 말고 할 여지도 없이 이 경전의 말씀을 금과옥조로 여기면 됩니다. 이것은 내 소리가 아니라 이 책의 편집자인 세속의 왕, 소명 태자의 말씀입니다. 지금 중국에 있는 많은 불교 유적은 대부분 소명 태자의 아버지 양무제의 공이라고 봐도 무방할 정도라고 합니다.

저도 이젠 부처님 말씀대로 올바른 믿음을 내어 봐야겠습니다. 집착하지 말고 잘난 것도 없으면서 잘난 척 하지 말고, 잘 알지도 못하면서 이리저리 왔다갔다 하는 잘난 꼴 다 버리고, 열심히 복을 닦아 맑은 눈으로 세상을 다시 보고, 금융시장을 다시 보아야겠습니다. 승률 9할이 아무나 하는 것이겠습니까?

《금강경》의 스토리 전개상 발심이 5분(分)까지 집중적으로 설해지고, 발심 이후의 단계가 강조되기 시작되면서 마음자리를 고쳐야 한다는 부처님의 설법이 시작된 것이 이 정신희유분입니다.

7

얻을 것도 없고
설할 것도 없다

(無得無說分)

말하기 좋다 하고 남의 말을 하지 말것이지
남의 말 내가 하면 남도 내 말 하는 것이
말로써 말 많으니 말 말을까 하노라.

팔만사천경을 49년간 설하신 부처님이 말씀하셨다.
"나는 한마디도 말한 바가 없느니라."
한자 '비(非)'의 아름다운 향연이 이 분(分)에도 넘실댄다.

우리는 《금강경》 전편에 걸쳐 부처님이 시치미 뚝 떼는 모습을 자주 뵙게 된다. 무주상보
시도 '시치미 떼라는 것' 외에 다름이 아니다. 49년 동안 설법만 하시고도 한마디도 한 바
가 없노라고 이야기하신 분이 부처님이다. 무지한 중생들 분별심 조장할까봐 그러셨으리
라. 삼천대천세계를 꽉 채운 보시를 하고도 시치미 뚝 떼는 것, 그렇게 자신을 내세우지
않는 것이 어려운 일이라는 것은 누구나 짐작할 수 있다. 그래도 우리는 해야 한다. 번트
도 자꾸 연습하다 보면 2루타·3루타·홈런도 나오듯이, 자꾸 하다 보면 자연스레 우리도
변할 것이다. 좀더 나은 모습으로……

"수보리야, 네 뜻이 어떠하냐? 여래가 아뇩다라삼먁삼보리를 얻은 것이냐? 여래가 설한 바의 법이 있느냐?"

수보리가 말씀드렸다.

"제가 부처님께서 말씀하신 바 그 뜻을 헤아려 보니 정한 법이 없는 것을 아뇩다라삼먁삼보리라고 이름하며, 역시 정한 법이 없는 것을 여래께서 말씀하셨습니다. 왜냐하면 여래께서 말하신 바의 법이라는 것은 모두가 취할 수도 설할 수도 없으며, 법도 아니며 법이 아닌 것도 아니기 때문입니다. 어째서 그러한가 하면, 일체의 성현들도 모두 무위법으로써 차별을 두었기 때문입니다."

"須菩提! 於意云何? 如來得阿耨多羅三藐三菩提耶? 如來有所說法耶?" 須菩提言: "如我解佛所說義, 無有定法, 名阿耨多羅三藐三菩提. 亦無有定法, 如來何說. 何以故? 如來所說法, 皆不可取·不可說, 非法·非非法. 所以者何? 一切賢聖, 皆以無爲法, 而有差別."

※ ~耶: 구절의 끝에서 반문, 추측을 나타내며, '~입니까?' '~합니까?' 등으로 해석한다. 영어의 '~isn't it?'처럼 부가의문의 형태이다.

강설

다시 아뇩다라삼먁삼보리가 나왔습니다. 아뇩다라삼먁삼보리는

76

불교에서는 '최고의 바른 깨달음'이고 속세말로 표현하면 '최고의 성공'을 의미합니다. 정치가이든, 사업가이든, 공무원이든, 법률가이든, 요리사이든, 의사이든, 선생님이든, 펀드매니저이든, 증권회사 직원이든, 그들이 최고로 지향하는 바 '최고의 성공'을 성취하는 요건은 무엇이겠습니까? 답은 오직 하나입니다. 절대로 나를 내세우지 않고 한 길을 꾸준히 파고들어 자신과 일이 하나가 되는 것입니다. 그것 외의 어떤 정해진 법도 없습니다.

이 분(分)의 제목은 무득무설(無得無說)입니다. 불교의 '무(無)'자는 그 자체가 화두(話頭)로도 쓰였습니다. 없을 무(無)와 무량할 무(無)가 같이 쓰입니다. '무한히 많은 것을 얻고, 무한히 설한 바도 많지만 천지만물에 너와 내가 없는데 무엇을 내가 얻고, 무엇을 내가 말했다는 것이냐' 하는 것입니다. 무한히 많은 것을 얻었지만 얻은 것에 집착하지 않고, 말했지만 말한 글자와 말에 얽매이지 말라는 뜻이려니 생각합니다.

이 분(分)의 제목인 무득무설의 반대는 무엇이겠습니까? 그것은 유득유설(有得有說)입니다. 얻을 바가 있으면 다툼이 생기고, 말씀하신 바가 있으면 모르는 사람끼리 옳다, 그르다의 이단논쟁이 벌어집니다. 다툼이 있으면 마음이 탁해지고, 마음이 탁해지면 우리는 아무것도 실상대로 볼 수 없습니다. 그러한 모든 시비곡직의 세상을 떠나 여여하게 있는 그대로의 상황을 보아야 하는 것입니다. 그것이 아뇩다라삼먁삼보리를 얻는 길이고 최고의 성공이 보장되는 길입니다. 소명 태자는 그래서 분(分)의 이름을 이렇게 멋지게 지었습니다. 무득무설!

그 다음이 불가취(不可取)·불가설(不可說)·비법(非法)·비비법(非非法), 곧 얻을 수도 없고, 설명할 수도 없고, '이래야 한다'는 법도, 그리고 '그러면 법이 아니다'라는 모든 생각은 마음의 네 가지 상(相)으로부터 생긴 것이지 부처님의 가르침에는 일체 없는 것이라고 합니다.

무식하고 허망한 중생들은 서로 잘 났다고 싸웁니다. 자신을 높이고 남을 낮추는 차별심을 냅니다. 자신은 다른 사람과 다르다면서 차별심을 가지고 자꾸만 시시비비의 분쟁을 일으킵니다. 그래서 부처님은 '나는 한마디도 한 적이 없느니라' 하고 시치미 딱 잡아떼시는 모습이 이 분(分)에 나옵니다. 왜 그러셨을까요? 무식하고 허망한 중생들이 서로 저 잘났다고 싸워서일까요?

일체의 성현들은 무위법(無爲法)의 깨달음을 통해 일체의 나를 앞세우는 번뇌 망상을 극복하고 일체 물질의 경계를 벗어난 존재들입니다. 나와 남의 분별이 없습니다. 어떤 상을 가지고 하는 행위, 바람·집착을 가지고 하는 행위를 불교에서는 유위법(有爲法)이라고 합니다. 유위법이란 의도가 있는 행위들을 모아서 지칭한 말인데, 대체로 시간이 지나면 없어지고 말 것들이기에 우리가 전력을 다하여 추구하기에 바람직하지 않은 일체의 행위를 말합니다. 이 유위법은《금강경》의 마지막 분(分)에서 멋진 사구게로 다시 등장하는데 일체의 목적하는 바의 행위 곧 집착이 있는 행은 물거품과 같다고 말씀하십니다. 마지막 분(分)에서 그 아름다운《금강경》아리아 사구게의 게송을 감상하시길 바랍니다. 여기에 대응되는 것이 무위법입니다. 무위법은 집착이 없는 행위,《금강경》식으로 풀면

'머무름이 없는 행위'입니다.

할 사소한 것에 얽매이지 말라

사실 저는 이 책을 쓰면서 재미있는 사실을 발견했습니다. 불교 경전을 해석한 많은 책들이 있는데, 스님들이 쓰신 많은 책들에 대해서 학자들이나 학생들의 책이나 논문에서 그 의미가 틀렸다, 한자가 틀렸다, 누구 책을 베낀 것 같다, 그는 불교신자가 아니다 등의 여러 가지 평가들이 나옵니다. 그런데 스님들의 책에는 옳다, 그르다 하는 평을 서로간에 혹은 어느 누구에게든 하고 있는 것을 저는 아직 보지 못했습니다. 처음에는 그 이유에 대해 "요즘 스님들이 공부를 안 하셔서 세속의 공부 많이 한 사람한테 당해도 한마디도 못하시는구나."라고 생각했습니다. 이것은 완전히 오해 내지는 두드려 맞아도 할 말이 없을 망상(妄想)이었습니다. 불가에서는 글자나 하찮은(?) 문맥에 대해 왈가왈부하는 것은 부처님 당시부터 금기사항이었던 것입니다. 말이 다르고 글이 달라서 사상이 달라지면 그 자체가 시비곡직이 될 수 있기에, 누가 옳다 누가 그르다 하는 평을 하면, 그 자체가 부처님의 법을 위반하는 것이기 때문입니다. 그냥 그렇게 둘 뿐입니다. 내가 아는 것도 없으면서 이렇듯 용감하게 글을 써 내려갈 수 있는 것도 부처님의 규율에는 어긋나지 않는 일이기에 가능하다고 판단했기 때문입니다.

발심, 신심에 이어 본격적인 수행 곧 기도의 단계가 시작된 것이 지금까지 이야기한 무득무설분이라고 할 수 있습니다. 발심을 하고 신심을 내고 시작을 하더라도 그 수행과정에는 많은 장애가 따르게 마련입니다. 그러한 현상을 마장(魔障)이라고도 하는데 이 마장에 걸려 삿된 도로 빠지는 것을 부처님은 항상 경계하셨습니다. 초발심이 지속되기 위해서는 끊임없는 자기 점검이 필요합니다. 어느 순간에 어느 길을 선택하는가가 시간이 지나면 중요한 승부처가 됩니다. 이런 저런 견해에 휩쓸리다 보면 초심을 잃기도 합니다. 그래서 부처님은 자신의 말과 글조차도 그 진의가 잘못 전달될까봐 걱정하십니다. 그것을 우리의 소명 태자가 무득무설이라고 분(分) 이름을 정한 것입니다.

여기까지는 《금강경》의 준비단계라고 할 수 있습니다. 이제부터 본격적으로 세속적인 의미의 제왕학 강의가 시작됩니다. 쓸데없이 잘난 척 하지 말고(상을 세우지 말고), 항상 남을 생각하는 마음으로 남과 나 사이에 장벽을 두지 말고(보시하는 마음), '내가 옳다'거나 '내 방식이 맞고 네 방식은 틀렸다'라는 등의 상을 내세워 그릇된 눈과 그릇된 견해로 허상이나 껍데기에 속지 말라는 것입니다(무득무설). 그러면 진정 새로운 모습으로 다시 태어날 것입니다. 다음 분(分)의 이름이 바로 '진리에 의해 새로 태어난다'는 의법출생분(依法出生分)입니다.

8

법에 의지해서 다시 태어나라

(依法出生分)

나는 '법에 의지해서 태어나라'는 이 분(分)의 이름이 너무도 좋다. 부모님의 자식으로 오기 이전의 나는 누구였던가? 말하기 전, 생각하기 전, 행동하기 전의 자리, 오롯한 나 하나의 원래 있던 자리! 그 자리가 우주의 자리이고 진리의 자리였을 것이다. 불성(佛性)이라고도 할 수 있다. 그러나 마음의 눈이 어두워 보고 싶은 것만 보고, 하고 싶은 것만 하고, 먹고 싶은 것만 먹으며 살아온 우리 대부분의 사람들에게는 아귀 중생이 따로 없다. 마음과 눈이 어두워 본래의 청정무구한 자성을 밝히지 못하고 있는 것이다. 그러한 사람이 나말고도 예전부터 많았는지 소명 태자는 '법에 의지해서 다시 태어나라'고 했다.

'의법출생'이라 함은 이렇듯 '법에 의지해서 마음을 내고, 출생을 해서, 사업을 하고, 중생을 제도하라'는 뜻이다. 일체 전도된 꿈과 같은 상(相)을 모두 버리고 궁극의 목표인 아뇩다라삼막삼보리를 얻기 위해, 법에 의해 다시 태어나 남에게 피해 안 주고, 남을 즐겁게 함으로써, 우리 자신도 즐거워지라는 말이다. 다시 태어나려면 지금의 나는 버려야 한다. 그래서 보시가 강조된다.

"수보리야, 네 뜻에 어떠하뇨? 만일 어떤 사람이 삼천대천세계에 가득 찬 칠보로써 보시를 한다면 그 공덕이 많겠느냐?"

수보리 말하기를,

"굉장히 많습니다. 세존이시여! 왜냐하면 이 사람이 지은 복덕은 그 복덕을 받기 위해 지은 복덕이 아니라, 복을 짓겠다는 그 마음으로 인해 지은 복덕이므로 그 복덕이 많다고 여래는 말씀하셨습니다."

"만일 또한 어떤 사람이 있어서 이 경전의 사구게 등만이라도 받아 지니고 다른 사람을 위하여 설명한다면 그 복은 더 크다 할 것이다. 어째서 그러한가? 수보리야! 일체의 모든 부처님의 아뇩다라삼먁삼보리법이 모두 이 금강경에서 나온 것이기 때문이니라. 수보리야, 소위 불법이라고 말해지는 것은 불법이 아니니라."

"須菩提! 於意云何? 若人滿三千大千世界七寶, 以用布施. 是人所得福德, 寧爲多不?" 須菩提言: "甚多. 世尊! 何以故? 是福德, 卽非福德性. 是故如來說福德多." "若復有人, 於此經中, 受持乃至四句偈等, 爲他人說, 其福勝彼. 何以故? 須菩提! 一切諸佛及諸佛阿耨多羅三藐三菩提法, 皆從此經出. 須菩提! 所謂佛法者, 卽非佛法."

※ 有人: '어떤 사람이'라는 뜻. / 寧: 의문을 나타내는 부사로 반문을 나타내고 '~이겠는가?'의 뜻. / 不: 문장 끝에 올 때는 의문을 나타내고 미정사가 되어

서 '~인가, 아닌가?'의 뜻이 된다. / 寧爲多不?: '~이 많겠는가 많지 않겠는
가?'의 뜻.

강설

여기에서 다시 등장하는 보시는 무엇일까? 돈이나 재물은 마음
을 숫자나 형태로 표시한 것에 다름 아닙니다. 고마운 사람에게 물
한 잔을 바쳐서 그 마음을 표시할 때도 그 물에 담긴 마음을 보시하
는 것이라고 생각합니다. 내가 남을 위해 주는 것은 모두 보시입니
다. 보시는 나와 남과의 장벽을 없애고 사랑하는 것에 빠지는 것을
방지하기 위해 부처님이 우리들에게 요구하는 행위인 것입니다.

할 버려야 얻는다

사랑하는 사람이 생기면 그 사람에게 빠져서 둥둥 떠다니고, 자
기가 산 주식을 사랑하면 주식을 팔아야 할 시기도 못 보고, 재물을
사랑하면 그 재물의 노예가 되고, 자리나 명예를 사랑하면 그것을
지키기 위해 나와 남을 구분하여 자신을 높이게 됩니다. 자신을 망
치는 행위인 줄을 뻔히 알면서도 고해의 바다에서는 어쩔 수 없다
느니, 목구멍이 포도청이라니 하면서 외면하고 살아가기도 합니다.
지금 부처님은 그러한 자신을 내던져 버리라고 하십니다. 그 자신
을 내던지든지 아니면 자신이 제일 사랑하는 것을 내던질 것을 요
구하고 계십니다. 그것이 보시입니다.

어찌된 탓인지 중생들은 뭐든지 한 번 마음에 가지면 미움이나,

실연이나, 마음의 상처나, 복수심이나, 억울함 등 좋지 않은 것마저도, 어찌 보면 되려 그 과정을 즐기면서 내놓으려고 하지 않습니다. 나쁜 줄 알면서도 습관상 못 내어놓는 것이 어리석은 중생 우리들입니다. 그러나 그것을 내놓는 것도 큰 보시라고 하신 분이 부처님이십니다. 내가 가진 것을 남에게 주어서 남을 즐겁게 하면 그것이 보시고, 남의 가슴에 내가 꽂아 놓은 모든 미움이나 원망을 다시 거두어 가는 것도 그와 나에게 큰 보시가 되어 이 우주법계의 부처님을 즐겁게 하는 행위가 된다고 하십니다.

그리고 그것을 작게 하는 것이 아니라 삼천대천세계를 꽉 채울 정도로 크게 하라는 것입니다. 돈을 벌고, 돈을 쓰고, 돈을 모으고, 돈을 주고 하는 것을 보면 마음의 크기에 따라 작은 사람은 작게 하고, 큰 사람은 크게 합니다. 용서를 구하고, 용서를 받고, 용서를 하는 것도 큰 사람은 화끈하고 확실하게 합니다. 이 모든 것이 그 사람의 마음의 쓰임새, 마음의 크기에 달려 있습니다. 큰마음에는 복이 저절로 옵니다. 이러한 보시의 결과로 저절로 굴러오는 복덕이 비복덕성(非福德性)이라고 부처님은 말씀하십니다. 비복덕성은 '복을 지으면서 그 복을 받을 마음도 없이 지은 복덕'을 말합니다. 곧 계산된 선행이 아니라 무의식적인 선행을 말하는 것입니다.

보시나 선행에는 우주의 법칙, '작용과 반작용의 법칙'이 작용합니다. 큰 것을 버리면 큰 것을 얻고, 작은 것을 버리면 작은 것을 얻는 것이 순리입니다. 빨리 버리면 빨리 얻고, 늦게 버리면 늦게 얻습니다. 크다, 작다, 빠르다, 늦다는 기준이 사실은 없지만 우리의 마

84

음에 따라 그렇게 달라집니다. 정해진 무엇만이 최고의 가치가 있는 것이 아니라는 것이 부처님의 가르침인 것처럼, 이 기준에도 측정할 수 있는 저울이나 자가 없습니다. 그것은 자기와 부처님만이 아는 것입니다. 큰 마음을 낸다는 것, 보시를 한다는 것은 재물에 한정된 것이 아닙니다. 널리 사람을 이롭게 하기 위해 자신의 무엇인가를 내놓는 것은 다 보시입니다. 큰 마음을 내어 그 마음이 삼천대천세계를 이롭게 하는 것이라면 그것이 칠보로 삼천대천세계에 보시를 하는 것과 똑 같다는 것입니다. 그러니 그 복덕이 어디 숫자로 표시될 수 있겠습니까? 우리 한번 큰 마음 내어 봅시다.

할 교육의 중요성은 아무리 강조해도 지나치지 않다

그런데 그런 보시니 뭐니 하는 것도 다 저리로 가고, 진실로 이 《금강경》의 내용이나 그 한 구절만이라도 제대로 깨달아 다른 사람에게 전해준다면 그 공덕은 제 아무리 큰 재산이나 물질을 보시했다고 하더라고 조족지혈(鳥足之血)이라, 곧 비교가 안 된다는 선언이 드디어 나왔습니다. 이 가르침은《금강경》에 수도 없이 많이 나오는데 기독교인들이 보면 불교의 전도주의라고도 할 수 있겠지만 실상 부처님의 말씀을 자세히 보면 깨달음의 중요성, 교육의 중요성, 그리고 물질의 세계보다는 마음의 세계를 중시하는 부처님의 가르침을 강조 또 강조하는 것이라고 볼 수 있습니다.

이런 교육은 사람을 새로이 태어나게 하기 위한 것입니다. 모든 교육은 사람을 새로이 태어나게 합니다. 교육을 통해서 작은 사람이 크게 되고, 비천한 사람이 고귀해지기도 하며, 약한 사람이 강해지기도 합니다. 그래서 소명 태자는 이 분(分)의 이름을 '의법출생'

이라고 정했을 것이라고 생각합니다. 정말 멋진 사람입니다.

우리의 부처님은 그 본래의 뜻이 잘못 전달되는 교육 시스템, 곧 말과 글자로밖에 전달될 수 없는 교육의 한계를 걱정하고 계십니다. 그래서 수보리야! 소위 불법(佛法)이라는 것이 그냥 눈에 보이고 귀에 들리는 대로만의 불법(佛法)이 아니라, 이렇듯 마음으로 전해져야만 불법(佛法)이라고 한마디를 하십니다. 여기서 비(非)는 '마음으로서의 비(非)'입니다. 곧 형상화할 수 없고 마음으로밖에 전할 수 없는 모든 것은 이 비(非)자를 써서 그 의미를 전달하는데, 《금강경》은 《반야심경》에서의 공(空)사상이 도입되기 이전에 나온 경이므로 아닐 비(非)자로 그 본래의 뜻을 나타내고 있습니다. '아닐 비'라는 글자가 반복되면 모를 때는 따분하고 피곤하겠지만, 알고 보면 《금강경》을 수지독송할 때, 기가 막히게 리드미컬한 부분이 이 비(非)라는 글자가 나오는 부분입니다.

마음으로 행하는 보시, 마음으로 행하는 복덕, 그래서 마음으로 얻은 무상정등정각 그것이 부처님의 가르침이며 우주의 진실입니다.

이 책을 보시는 모든 여러분들이 큰 인물로 새로이 태어나시기를 기원합니다.

9

어느 상도 상이 아니다

(一相無相分)

알고 보면 모두 하나의 상(相)인데, 그 상(相)마저 실체가 없다는 것이 이 분(分)의 뜻이다. 상이 없음은 무엇인가? 그것은 마음의 장벽이 없어서 일체의 걸림이 없는 경지이다. 인간 사의 급수가 계급과 성적순에 의해서 결정된다고 알고 있는 사람들이 많다. 그러나 그 사람의 영혼의 급수와 배포와 안목의 급수에 따라 세상사의 물줄기는 바뀌어 간다.

인간사의 상이라 함은 무엇인가? 그것은 열등감이며, 근거 없는 우월감이며, 자신에 대한 책임회피 그리고 분별의식 외에 다름이 아니다. 나는 별볼일 없으니까, 나를 좀더 나은 그 무엇에다가 자꾸 끼워 맞추거나, 절대적인 자유를 두려워하는 인간의 심리적 상황이 불교 에서 이야기하는 상이다. 어느 집안, 어느 회사, 어느 민족, 어느 학교, 어느 계급 등등 단 3분의 호흡정지 뒤엔 아무것도 남지 않고 어느 누구도 인정하지 않을 허울과 껍데기를 마 치 자기 자신인 양 사랑하고 그것에 속박당한다.

아직도 그대 자신을 찾지 못한 이여! 머리를 떠나 그대 가슴으로 그대를 보라! 모든 것이 하나인 상(相)! 그것마저 상(相)이 없음을 보게 되리라.

"수보리야, 네 뜻에 어떠하뇨? 수다원이 '나는 수다원과를 얻었다'고 생각하겠느냐?"

"그렇지 아니합니다, 세존이시여! 수다원은 성인의 반열에 들어간 자(入流)를 이름하는 것입니다. 그러나 어디에도 들어간 것도 아니고 색·성·향·미·촉·법에 탐착하지도 않기에 수다원이라고 이름하나이다."

"수보리야, 네 뜻에 어떠하뇨? 사다함이 '나는 사다함과를 얻었다'고 생각하겠느냐?"

"그렇지 아니합니다, 세존이시여! 사다함은 이 세상에 단 한 번 올 자(一來)를 이름하는 것입니다. 그러나 어디로 가고 온 것도 아니고, 가고 옴 자체가 없기에 사다함이라고 이름하나이다."

"수보리야, 네 뜻에 어떠하뇨? 아나함이 '나는 아나함과를 얻었다'고 생각하겠느냐?"

"그렇지 아니합니다, 세존이시여! 아나함은 절대로 이 세상에 다시 오지 않을 자(不來)를 이름하나이다. 그러나 온다는 것 자체가 없어서, 이 세상에 절대로 올 수 없기에 아나함이라고 이름하나이다."

"수보리야, 네 뜻에 어떠하뇨? 아라한이 '나는 아라한도를 얻었다'고 생각하겠느냐?"

"그렇지 아니하옵니다, 세존이시여. 왜냐하면 아라한이라고 이름할 어떤 정해진 법이 있는 것이 아닙니다. 세존이시여! 만일 아라한이 '능히 자신이 아라한도를 얻었노라'고 생각한다면 즉시 아상·인상·중생상·수자상에 집착하게 되는 것이기 때문입니다."

"須菩提! 於意云何? 須陀洹能作是念, '我得須陀洹果' 不?" 須菩提言: "不也, 世尊. 何以故? 須陀洹, 名爲入流, 而無所入. 不入色·聲·香·味·觸·法, 是名須陀洹."

"須菩提! 於意云何? 斯陀含, 能作是念, '我得斯陀含果'不?" 須菩提言: "不也, 世尊. 何以故? 斯陀含, 名一往來, 而實無往來, 是名斯陀含."

"須菩提! 於意云何? 阿那含, 能作是念, '我得阿那含果'不?" 須菩提言: "不也, 世尊. 何以故? 阿那含, 名爲不來, 而實無來, 是故名阿那含."

"須菩提! 於意云何? 阿羅漢, 能作是念, '我得阿羅漢道'不?" 須菩提言: "不也, 世尊! 何以故? 實無有法, 名阿羅漢. 世尊! 若阿羅漢作是念, '我得阿羅漢道', 卽爲著我·人·衆生·壽者."

※ 著: 일반적으로는 '널리 알려지다' '짓다' '쌓다' 등의 의미로 사용되고 이때
   는 '저'로 읽는다. '입다' '신다' '달라붙다' '도달하다' 등의 뜻으로 사용될 때는
   '착'으로 읽는다. 여기에서는 '집착하다'라는 의미이다.

강설

여기에는 불교의 재미있는 표현이 많습니다. 수다원·사다함·아나함·아라한 등은 그 깨달음의 정도에 따라 지위를 나타내는 말들입니다. 이 4가지 성스러운 지위를 먼저 설명 드리면 다음과 같습

니다

수다원: 이 경지에 이르면 적어도 일곱 생 이내에 해탈하여 모든 고통에서 벗어난다. 고통스러운 중생의 삶에서 거슬러 나와 평화롭고 행복한 성자의 경지에 처음으로 들기 때문에 입류라고 함.

사다함: 이번 생에 해탈하지 못하더라도 최소한 다음 생에는 해탈하게 되는 경지.

아나함: 다시는 고통스러운 사바세계에 돌아오지 않는 경지. 죽은 뒤에 성자들이 태어나는 하늘세계에 태어났다가 그곳에서 해탈함.

아라한: 지금의 살아 있는 상태로 해탈한 경지. 최고의 경지로서 신들과 모든 인간들로부터 공경을 받아 마땅한 경지.

수다원은 성인의 경지에 들어간 사람이고 해서 들 입(入)자를 써 입류(入流)라고 합니다. 그런데 부처님 말씀이 아주 재미있습니다. 들어가긴 어딜 들어가(而無所入)? 성인의 경지라는 것도 그냥 모르는 사람들끼리 하는 이야기고, 성인의 지위도 무슨 자격시험이나 커트라인이 있는 것도 아닙니다. 수다원은 우리와 같이 안·이·비·설·신·의의 유혹은 받지만 그곳에 빨려 들어가지 않는 사람을 말합니다. 쉽게 이야기하면, 기생 천관녀의 집 앞에서 애마의 목을 벤 김유신의 그날 그 마음가짐이 지속되었다면 김유신은 수다원의 경지에 이른 사람이라고 할 수도 있을 것입니다.

사다함은 그러한 유혹을 이겨낸 사람이 아니라 애시당초 그러한 유혹 자체를 받지 않을 정도로 영혼의 순수성을 가진 단계를 말합니다.

아나함은 다시는 절대로 이 지구상에는 오지 않는 단계의 성자를 말합니다. 다음 세계는 천상의 색계나 무색계에서 태어나 성불할 것입니다.

그리고 아라한은 육신과는 아무런 관계가 없는 단계이며 그러기에 우리가 사는 물질세계와는 아무런 연관도 없는 사람입니다.

그래서 네 가지의 지위 중 오직 아라한만을 과(果)라고 하지 않고 도(道)라고 했습니다. 도(道)를 도(道)라고 말하면 이미 그것은 도(道)가 아닙니다. 그러니 아라한이라고 말할 어떤 고정된 법이 있다면 그것이 이미 아라한의 도가 아니고, 수보리가 만일 그렇게 말했다면 그 역시 아라한일 수가 없다는 것입니다.

할 지위에 끌려다니지 말라

우리 세상사에서는 계급이 상당히 중요합니다. 특히 미국과 영국 등의 앵글로 색슨족이 지배하는 나라의 계급은 상당히 구체적입니다. 그래야 식민지 국가들을 잘 다스릴 수 있기 때문이라고 생각했었나 봅니다.

고등학교나 초급대학을 졸업하면 클락(Clerk)이라는 직책부터 시작합니다. 그저 허드렛일입니다. 대학을 졸업하면 오피서(Officer)입니다. 오피서는 장교의 의미입니다. 곧 의사 결정권자를 말합니다. 우리나라의 대리직급은 시니어 오피서(Senior Officer)라고 합니다. 좀더 고급 의사 결정권자입니다. 우리의 과장직급은 수퍼바이저(Super-visor), 곧 초(super) 비전가(visor), 다시 말해 아래위를 다 두루 살펴가며 전천후의 실력을 보여야 합니다. 우리의 차장은 어시

스턴트 수퍼인턴던트(Assistent Superintendent)이고, 부장은 수퍼인턴던트(Superintendent)라고 합니다. 곧 자기 마음의 의도대로 할 수 있는 사람이 부장이고, 그것을 도와주는 사람이 차장입니다. 대개 식민지 국가의 엘리트들은 여기서 끝납니다. 그 위는 지배자인 자기들이 하는데 소위 임원입니다. 그리고 그 임원의 영어표기는 디렉터(Director)입니다. 방향을 잡는 사람이라는 뜻입니다.

그러나 《금강경》은 제왕들의 길잡이입니다. 그런 세속의 계급 따위를 초월하거나 신입사원이면서도 회장, 사장의 안목과 비전을 가지고 묵묵히 가는 사람들! 곧 영웅과 보스와 성공의 길을 가는 사람들을 위한 경전입니다. 누차 이야기하겠지만 불교는 어찌 보면, 먹물들 그리고 귀족들의 종교입니다. 한국 근대사 50여 년간 한국에서는 정반대의 현상도 나타나고 있지만 그것은 아날로그 불교시절의 이야기가 될 것입니다. 물론 가난한 사람들이나 하층민의 종교가 아니라는 것은 아닙니다. 그러나 마음과 꿈마저도 가난하고 생각마저 하층민에 속하는 사람들을 대상으로 하는 가르침은 아니라는 것입니다. 마음과 꿈이 가난한 사람은 어떤 성인도 구제하지 않았습니다.

결국 수다원부터 아라한까지의 영혼의 등급이건 세속의 등급이건 할 수 없이 정해놓은 틀에 빠지면 4상(相)에 붙잡히게 되어 소승의 길로 전락하고 맙니다. 내가 사장이다, 임원이다, 부장이다, 지점장이다, 대리다 하고 그 수준에 맞는 일만 하면 종내 그 수준에 머무는 사람이 됩니다. 자신이 누구라는 상(相)을 부수고 보면 결국 하나의 상(相)에 귀착합니다. 나는 나 개인이 아니라 내가 속한 어느 조직의 일원으로서의 나라는 것입니다. 불교에서의 '우리'라든지, '조직'이라든지 하는 것은 물리적 결합이 아닌 화학적 결합을 말합니다. 변화, 통화 등 앞으로 이《금강경》에 화(化)라는 글자가 상당히 많이 나오므로 정확히 이해하면 좋습니다.

그러나 그 조직이라는 것도 상(相)이 되고, 그 조직이 속한 국가도 상이 되고, 국가가 존재하는 인간세상이라는 것마저 상이 됩니다. 그러한 상을 다 두들겨 부수고, 단번에 아라한 넘어 부처님하고 맞먹는 길이 있는데, 그것이 보살도이고, 그 보살을 위한 가르침이 《금강경》입니다.《금강경》에서는 결국 모든 상이 하나의 상으로 귀결이 되는데, 그 상이 무상(無相)이라고 소명 태자가 일갈한 것입니다. 모든 것은 끊임없이 변하고 고정된 것은 없다는 것입니다.

할 '밑빠진 독에 물 채우는 법'

제가 아는 샐러리맨 고객 중에 영어엔 도사인 분이 있습니다. 그런데 그분의 공부과정이 재미있습니다. 친구들이 대학교 1학년 때 1년 내내 영어학원 다녀서 자기보다 영어를 잘한다는 것을 알고, 자기 몰래 학원 다닌 친구놈들이 얄미워서 하루에 20시간씩 30일 공부했더니 하루에 학원 1시간씩 2년 다닌 친구들보다 훨씬 영어를 잘 하게 되었다고 합니다.

이것은 비단 영어공부뿐만 아니라 대승불교의 핵심적 내용을 담고 있는 가르침입니다. 곧 단번에 승부수를 내어 건곤일척의 생사를 건 싸움을 하는 것! 그것이 대승입니다. 불교교리상으로도 우리 중생은 지은 죄가 많기 때문에 업장 소멸이 참 어렵다고 합니다. 하루하루를 살면서 매일 죄를 짓는데, 죄 짓고 참회하고 죄 짓고 참회하고, 그러다가 언제 성불하겠습니까?

불교에서는 '밑 빠진 독에 물 채우기' 작전을 아주 좋아합니다. 밑 빠진 독에 물 채우는 방법은 단 한 가지입니다. 천천히 쫄쫄 부어봐야 소용없습니다. 그냥 콱 가져다 붓고, 또 콱 가져다 부어서 항아리 밑이 흙 속에 박혀 새로운 바닥을 만들게 하는 것입니다. 그것이 3000배 혹은 신묘장구대다라니 100만 독송 등의 용맹정진입니다. 인간 역사의 발전은 결코 누진적이지 않습니다. 비약적, 폭발적 발전 뒤에는 무서운 추진력을 가진 개인들이 있었습니다. 그 비약의 계기를 만든 인간들이 부처님과 그의 제자들이 사랑하는 진짜 보살입니다.

이어 수보리는 세존께서 묻지도 않은 자기 얘기를 하는데 다음과 같습니다.

"세존이시여, 부처님께서는 제가 다툼이 없는 삼매를 얻은 사람 중 최고라고 하시며 제일의 욕심을 떠난 아라한이라고 말씀하십니다. 그런데 저는 내가 욕심을 떠난 아라한이라는 그러한 생각을 하지 않습니다. 세존이시여! 만일 제가 나는 아라한도를 얻었노라고 그렇게 생각한다면 세존께서는 수보리가 이러한 아란냐행을 즐기는 사람이라고 이야기하지 않았을 것입니다. 그러므로 저는 실제로 어떤 행을 함이 없기에 수보리는 아란냐행을 즐긴다고 말씀하시는 것입니다."

"世尊! 佛說我得無諍三昧人中, 最爲第一, 是第一離欲阿羅漢. 我不作是念, '我是離欲阿羅漢.' 世尊! 我若作是念, '我得阿羅漢道', 世尊則不說須菩提是樂阿蘭那行者. 以須菩提實無所行, 而名須菩提是樂阿蘭那行."

강설

왜 수보리는 묻지도 않은 자기 이야기를 이렇게 했겠습니까? 부처님이 요즘 애들 말로 "안 물어 봤거든?" 하면 어떻게 하려고 그랬을까요? 그렇지만 여기에 《금강경》을 쉽게 이해할 수 있는 두 가지 답이 들어 있습니다. 그 하나는 아란냐행(行)이라는 것이고, 또 하나는 즐긴다는 '요(樂)'라는 글자에 있습니다. 이 의문을 푸는 데 바보같이 참 많은 시간이 걸렸습니다. 그 대답은 행(行)이라는 글자에 있었습니다. 과(果)와 도(道)를 얻었느냐고 부처님께서 물으셨습니다. 그런데 그것에는 대답하지 않고 엉뚱하게도 딴 소리를 한 것입니다. 만일 수보리가 자기가 도나 과를 얻었다고 대답한다거나, 얻지 않았다고 대답한다면 그것은 틀린 답이 됩니다. 그러기에 수보리는 그것은 자기가 아란냐행을 행한다는 생각 없이 아란냐를 즐겼다는 엉뚱한 대답을 하는 것입니다. 수보리 존자는 뒷부분에서는 부처님의 질문에 간혹 혼나기도 하는데 여기서는 멋지게 비켜나갔습니다.

할 즐길 수 없다면 성공을 꿈꾸지 말라

즐긴다는 것이 무엇이겠습니까? 우리는 어떤 것이든 즐길 때는 아무 생각도 없습니다. 그야말로 무념무상으로 시간과 공간의 개념도 없습니다. 어렸을 때 밖에서 한참 놀 때는 숙제도 밥 먹는 것도 잊어버렸습니다. 컴퓨터로 채팅할 때도 잊고, 바람났을 때도, 도박할 때도, 골프 칠 때도 우리는 무념무상이 되곤 합니다. 어쩌면 돈 안되고 영양가 없는 일엔 그렇게 빠져 즐길 수 있는지 한숨이 나올 지경입니다. 그런데 성공하는 사람들의 공통점, 무엇이든 잘 한다는 사람들의 공통점, 그리고 부자들의 공통점은 자기 일을 즐긴다는 데 있습니다. 즐기지 못하면 도(道)도 과(果)도 없다는 선언은 세속에서도 마찬가지입니다.

언제나 어린 애인 줄 알았던 세계적인 바이올린 연주자 사라 장(장영주)에게 물었습니다. "왜 그렇게 바이올린을 열심히 하는데요?" 그녀의 대답은 "재미있잖아요!"였습니다. 또 물었습니다. "장양은 성공이 뭐라고 생각하세요?" 대답은 "즐거움이죠!"였습니다.

그 즐거움은 남보다 우월하다는 즐거움, 돈과 명예를 쟁취했다는 즐거움이 아닙니다. 그냥 즐거워서 성공이란 것입니다. 부끄러워 한숨이 나올 지경입니다.

아란냐는 불교적 용어로 적정처 혹은 무념처, 곧 싸움이 없는 무쟁삼매의 처를 말합니다. "무슨 일을 하더라도 소리나지 않게 꾸준히 해라." "내가 하는 일을 혹시 누가 알 새라 너무 자신을 내세우지 말고 그 일을 준비하라."라는 뜻을 담고 있습니다. 수보리는 자신이 그러한 다툼이 없는 무쟁삼매의 상태를 즐기고 있을 뿐이라고 부처님께 대답했습니다. 역시 위대한 보살입니다.

많은 독자들이 아란냐행을 즐기시고 저 역시 그럴 수 있기를 바랍니다!

■ 알고 갑시다

해공제일 수보리 존자

이《금강경》의 이끌어가는 중심 인물로서 가르침을 청하는 자의 역할을 담당하고 있는 수보리 존자는 공(空)을 가장 잘 이해했다고 하여서 해공제일(解空第一)이라 불린다. 수보리에게는 달리 두 가지의 별명이 있는데, 마음 또한 허공처럼 넓어서 결코 남과 논쟁하지 않았기 때문에 무쟁제일(無諍第一)이라고 불렸으며, 누구보다 신도들의 공양을 잘 받았기 때문에 피공제일(被供第一)이라고 불렸다. 본문에서 부처님은 수보리 존자를 무쟁삼매를 얻은 제자 중에서 제일이라고 하고, 아란냐행을 즐기는 자라고 부르신 것도 이 때문이다.

또 수보리 존자는 《금강경》이 설해지고 있는 기수급고독원을 기증한 급고독 장자인 수닷타의 동생인데, 기원정사를 기증하는 날 부처님께 출가했다. 공을 가장 잘 이해했기 때문에 《금강경》에서 부처님께 법을 청하는 배역을 맡기에 가장 적합했던 것으로 보인다.

삼매와 위파싸나

삼매는 마음을 고요히 해서 대상에 집중하는 것, 곧 어떤 것에 마음을 집중함으로써 마음이 안정된 상태에 들어가는 것을 말한다. 마음을 단련하여 외부의 대상이나 어지러운 생각에 흔들리지 않고 특정한 대상에 몰두하여 마음의 움직임을 그친다는 의미에서 지(止)라고도 한다. 이 삼매와 쌍으로 말해지는 것이 위파싸나 곧 관(觀)이다. 삼매와 위파싸나, 모두 마음을 안정시키고 내면의 지혜를 계발하여 모든 현상을 있는 그대로 여여하게 관찰하는 데 그 목적이 있다. 삼매는 마음의 적정을 실현하는 것이고, 위파싸나는 그 적정에 입각해서 진리를 여여하게 통찰하는 것이다. 삼매와 위파싸나는 항상 함께 행해져야 한다. 원효 대사는 이것을 지관쌍운(止觀雙運)이라고 했고, 보조 선사는 정혜쌍수(定慧雙修)라고 했다. 나무꾼이 나무를 하러 산에 갔다가 신선이 두고 있는 바둑을 보고 돌아와 보니 수백 년이 흘렀다는 옛 이야기는 삼매경에 빠진 좋은 예이다.

10

정토를 장엄하라

(莊嚴淨土分)

6조 혜능 대사가 "응당히 머무름이 없이 그 마음을 내어라(應無所住 而生起心)"라는 말 한 구절로 깨달음을 얻으셨다는 유명한 분(分)이다. 나도 이 구절로 내 40년 인생코드의 꼬인 점을 찾아냈다. 매번 일어나는 결과를 보면 원인에서부터 무엇인가 잘못되었다는 생각은 드는데, 아무리 둘러봐도 그 원인을 찾을 수 없었다. 3조인 승찬 대사의 《신심명(信心銘)》은 그 해답이 되었다.

호리유차(毫釐有差)　털끝만한 차별이 있어도,
천지현격(天地懸隔)　하늘과 땅처럼 벌어지나니
욕득현전(欲得現前)　참 나를 얻고자 한다면
막존순역(莫存順逆)　순과 역도 두지 말라.

한 생각 잘못(毫釐有差)으로 정신없이 달려와서 아무리 돌아봐도, 이미 천지현격으로 벌어져 있는 상황을 되돌리기에는 역부족이었다. 할 수 없었다. 시지프스처럼 다시 산을 내려갈 수밖에……. 모든 중생을 장엄하게 하는 보살은 일단 자신의 주변을 먼저 장엄하게 만드는 사람들이다. 그리고 그 한가운데에 "응당히 머무름이 없이 그 마음을 내어라"는 부처님의 일갈이 있다. 그리고는 큰사람이 어떤 사람이며 누구인지 설명하신다.

부처님이 수보리에게 물으셨다.

"네 뜻에 어떠하뇨? 여래가 옛날 연등부처님 계시던 시절에 어떤 정해진 법에 의해서 얻은 바 소득이 있다고 생각하느냐?"

"세존이시여! 여래께서는 연등부처님 계시던 시절에 무슨 정해진 법에 의해서 부처님이 되시는 방법을 얻은 것이 없습니다."

"수보리야, 네 뜻에 어떠하뇨? 보살이 불국토를 장엄하게 꾸몄느냐?"

"그렇지 아니합니다, 세존이시여. 그렇지 않은 이유는 보살이 불토를 장엄하게 한다는 것은 어떤 재화나 눈에 보이는 것으로 불국토를 장엄하게 한다는 것이 아니라 마음으로 불국토를 장엄하게 하신 것이기에 장엄이라 이름하나이다."

佛告須菩提: "於意云何? 如來昔在然燈佛所, 於法有所得不?" "不也 世尊! 如來在然燈佛所, 於法實無所得." "須菩提! 於意云何? 菩薩莊嚴佛土不?" "不也. 世尊! 何以故? 莊嚴佛土者, 則非莊嚴, 是名莊嚴."

강설

성공하고 싶든, 부자가 되고 싶든, 명예를 얻고 싶든, 공부를 하고 싶든, 혹은 아이디어 하나로 그 이름을 날리는 창작의 대가가 되고 싶든, 꼭 필요한 사항이 있습니다. 그것은 다름 아닌 자신의 주변정리입니다. 그래서 스님들이 《금강경》 법문을 할 때는 이 제10분의 '장엄정토'와 '응무소주 이생기심'의 구절에서는 펄펄 나는 듯한 법문을 하십니다. 그리고 제32분에 가서는 다 죽어가시는 법문을 하시며 "다 주어버려! 다 놓아버려!" 하시는데 어찌 되었건 열강의 시작은 보통 여기부터입니다.

그렇습니다. 여래는 우리에게 거듭거듭 설명하고 있습니다. 이번 생뿐만 아니라 부처의 지난 생인 연등부처님 시절에도 이것을 하면 이것을 얻는다는 식의 어떤 특정한 가르침이나 정해진 법에 의해서 깨달음을 얻은 것은 아니라는 점을 다시금 말씀하십니다.

그렇다면 부처님이 지금 사는 세상을 장엄하셨는가? 그렇다는 것입니다. 그러나 어떤 물질적인 재화나 마음으로 한 것이 아니라, 어떠한 조건이나 이유나 어떠한 상(相)도 없이 하다 보니까 장엄하게 되었다는 것이지 장엄하게 하겠다는 어떤 목적의식을 갖고 한 것이 아니었기에, 세상을 장엄하게 꾸몄다고 이름할 수 있다는 것입니다.

그러면 정토(淨土)라는 것이 무엇입니까? 꼭 부처님의 나라 곧 불국토(佛國土)만을 정토라고 합니까? 그럴 리 없습니다. 《금강경》 원문에 불토(佛土)라고 나와 있는 것을 제왕학의 대가 소명 태자가 정토로 설명했습니다.

할 **차렷! 맑고 깨끗하게!**

불교에서 말하는 세 가지 정토는 세간정토(世間淨土), 심정토(心淨土), 신정토(身淨土)입니다.

101

세간정토는 우리들의 주변환경을 깨끗하게 하는 것입니다. 사무실 주변이나 자신의 집 주변 혹은 관광지나 사찰이나 교회나 어디든지 공공장소에서든 쓰레기 버리지 않는 정도가 아니라, 남이 버린 것도 줍는 등 요사이의 환경보존 혹은 자연사랑과 한치도 틀리지 않은 의미에서의 깨끗하게 함을 의미합니다.

심정토는 우리들의 마음을 깨끗하게 한다는 것이며, 흔히 6바라밀의 세계를 실천함을 의미합니다. 보시·지계·인욕·선정·정진·지혜를 닦는 것을 말합니다. 그러나 간단히 설명하면, 불쌍한 사람 도와주고 남을 위해서 봉사하는 착한 마음을 의미합니다. 부모한테 잘 하는 것은 그 중 제1의 덕목입니다.

불가에서 말하는 선(善)은 좋은 줄 알면서도 하지 않고 있던 것을 찾아내서 하고, 안 좋은 줄 뻔히 알고 있으면서도, 할 수 없이, 마지못해, 혹은 습관적으로 하던 것을 하지 않으면 되는 아주 간단한 것입니다. 그러나 그것은 쉽지 않습니다. 그것은 마음의 물줄기를 돌리는 작업이라서 담배를 끊는 정도의 어려움은 있다고 봅니다.

부모가 자식한테 잘하는 것은 부모에게 하나의 공덕도 되질 않는다고 합니다. 그러나 자식이 부모에게 잘하는 것은 엄청난 선행이라고 합니다. 그 이유는 내리사랑을 올리사랑(치사랑)으로 바꾸는 것이라서, 물줄기를 거꾸로 돌리는 것이기에 그렇다고 합니다. 그리고 유교의 효는 아버지에게 주로 초점이 맞추어져 있지만 불교의 효는《부모은중경》등의 경전에서와 같이 주로 어머니에게 초점이 맞추어져 있어서 그 차이도 작지 않다고 할 수 있습니다.

마지막으로 신정토입니다. 이것은 한마디로 자신의 몸을 깨끗하게 가꾸는 것입니다. 몸에서 냄새가 나는 수행자는 진정한 수행자가 아닙니다. 우리 세속인도 꼭 같습니다.

　저는 교회나 성당 다니시는 분들이 일요일날 성경책을 가슴에 안고 교회에 가시는 그 모습이 참 좋습니다. 그 컴팩트함과 단정함이 더욱이 그렇습니다. 어느 날인가 머리에 무쓰 등을 바르지 않고 고객을 만나러 갔다가 꾸중을 들은 적이 있습니다. 자신은 현관에 거울이 있어서 출근할 때의 모습과 퇴근 후 현관에서의 자신의 모습이 한 번도 바뀌어 본 적이 없는데, 그 이유는 누구를 만날지 모르기 때문에 항상 준비하는 자세로 있기 위해서라는 것입니다. 그런데 나처럼 영업하는 사람이 그런 풀어진 모습은 이해하기 힘들다는 말씀이셨습니다. 그 날 집에 갈 때, '야, 참. 그분 피곤하게 사시는구나. 그러니까 살이 안 찌지.' 하고 생각했습니다. 그런데 그 날 저녁 내가 알고 있는 어느 스님의 법문집에서 이 신정토를 설명하시면서, "셀러리맨들이 출근하면서 아침에 넥타이도 삐뚤게 매고 말이야. 으이그, 그러고도 복 달라고 하니, 쯧쯧." 하는 대목이 나오는 것이었습니다. 저는 그날 집에서 108배를 했습니다. 낮에 만난 고객 욕해서 미안하다고 참회하면서, 그리고 저에게 그런 말씀을 하셔서 너무 감사하다면서.

　이 신정토와 관련해서 또 하나 생각나는 일화가 있습니다. 1997년 겨울 온통 나라가 시끄러울 때 나는 어느 서점에서 《만화로 된 불교이야기》라는 책을 뒤적이고 있었습니다. 그런데 갑자기 웬 스님이 말을 건네시는데 "그 책 이해할 수 있어요?" 하는 것이었습니다. 그런데 그 스님 입에서 한 10년은 양치질하지 않은 듯한 냄새가

확 밀려왔습니다. 그러면서 자기는 원래 천주교 신자였고 음성의 꽃동네에 있다가 그 만화책을 보고 불교로 개종해 출가하였는데 이제 다시 이 승복을 벗어 던지고 천주교로 갈 것이라고 하며, 그래도 그 책이 재미있다고 내게 권하는 것이었습니다. 그래서 "왜 다시 승복을 벗으시려 하십니까?" 하고 물으니 천주교에서는 "제발 어른이 되어라, 성인이 되어라." 해서 참 따라가기가 힘들었는데 "불교에서는 어린 시절로 돌아가라, 초심으로 되돌아가라, 어린아이처럼 순진무구하게 살아라." 하여 쉬운 줄 알았는데 그게 더 힘들다는 것이었고 절 집안에서 그런 사람도 별로 만나지 못해서 그 만화책에 속았다는 것이었습니다. 나는 천주교와 불교의 차이를 그분 입 냄새 덕택에 지금도 잊지 않고 있습니다. 그런데 이 책을 쓰는 데 도움을 주신 신부님은 가톨릭도 어린아이처럼 순진하고 맑게 사는 것을 강조하는데 그분이 한 면만을 이야기하신 것 같다고 하였습니다.

"그러한 까닭에 수보리야! 모든 보살마하살은 이와 같이 맑고 깨끗한 마음을 응당히 내어야 할 것이며, 마땅히 형상에 머물지 않는 마음을 내어야 할 것이며, 소리·향기·맛·촉감·법에 머물지 않고 마음을 내어야 할 것이며, 응당 어느 곳에도 머물지 않고 그 마음을 내어야 하느니라. 수보리야 비유컨대 몸이 수미산왕과 같은 사람이 있다고 하자. 네 뜻에 어떠하뇨? 그 사람이 몸이 크다고 하겠느냐?"

수보리가 답하였다.

"굉장히 크옵니다. 세존이시여. 왜 그런가 하면, 부처님이 말씀하신 신이라는 것은 눈에 보이는 크기를 이야기하신 것이 아니라 (그 마음이 큰 것을 말하신 것이기에) 몸이 크다고 이름하는 것일 것이기 때문입니다."

"是故, 須菩提! 諸菩薩摩訶薩 應如是生淸淨心. 不應住色生心, 不應住聲·香·味·觸·法生心, 應無所住而生其心. 須菩提! 譬如有人, 身如須彌山王, 於意云何? 是身爲大不?" 須菩提言: "甚大, 世尊. 何以故? 佛說非身, 是名大身."

※ 譬如~: '如'는 '마치 ~와 같다'는 의미. 따라서 '비유하면 ~와 같다'는 뜻이 된다. / 甚: 부사로 정도가 높거나 수량이 많다는 뜻이며, '매우'라고 해석한다.

《금강경》에 나오는 비(非)의 의미를 독자 여러분도 이제는 정확히 아시리라 믿습니다. 곧 '눈에 보이는 그 무엇이 아니라 마음으로'라고 해석하면 큰 도움이 되리라 믿습니다. 부처님에게 크다 작다가 있을까요? 많다 적다가 있을까요? 높다 낮다가 있을까요? 그런 것은 수준 낮은 중생의 생각 속에서 생기는 차별의식과 열등의식의 발로라고 보면 됩니다. 대신(大身)은 몸이 큰 사람이 아닙니다. 그 마음이 큰 사람의 몸을 대신(大身)이라고 하는 것입니다. 이 부분에서는 제일 먼저 생각나는 것이 청정심이라는 말입니다. 몸과 말과 마음으로 우리는 우리가 사랑하는 것들을 청정하게 할 수 있습니다. 물론 여기서의 청정심은 보살도를 가기 위한 발심을 한 후 그 발심을 서원하여 옳은 신심으로 갈 때 깨끗한 마음, 순수하고 바람 없이 머무름 없는 마음을 말하는 것입니다.

할 성공한 후의 관리가 더 중요하다

청정함의 세간청정의 의미를 의역할 때 생각나는 에피소드가 있습니다.

제 사무실은 종로 한 복판 21층에 있습니다. 북한산 보현봉이 장엄하게 있고 그 밑의 북악산, 인왕산이 그림처럼 펼쳐져 있으며, 경복궁도 보입니다. 역시 강북지역이 좋다! 언제 "강북에서 홍수 났다"는 소리 들어보셨습니까? 여의도, 잠실, 강남이 다 사람 살기에 강북보다 못하니까 우리 조선의 선조들은 이 자리에서 옹기종기 살았나 봅니다.

그런데 나는 한 번도 일본에 가보지 못했지만, 밑에 보이는 건물들 옥상을 보고 어느 한 고객이 나에게 한 말이 생각납니다. 일본도 우리 사무실처럼 높은 곳에서 보면 4~5층 낮은 건물의 옥상이 보이는데, 옥상 위를 저렇게 지저분하게 두지 않는다는 것입니다. 자기 건물 옥상이 자기 눈에 안 보인다고 해서 옥상을 쓰레기장처럼 두고 살지는 않는답니다.

그 고객의 이야기로는 이제 우리 한국이 의식주로는 선진국과 아무런 차이가 없지만 남의 눈에 안 보이는 그러한 마음의 자세에서 오는 많은 것들에서 차이가 난다는 것입니다. 그러면서 "우 지점장은 저게 우지점장 건물이라면 저렇게 쓰레기 쌓아 두겠어요?" 하고 이야기하는데, 부끄러워서 혼났습니다. 사실 나는 몇 달을 그 옥상을 보고도 문제의식을 갖지 못했기 때문입니다.

종로에 저런 건물 가지고 있으면 우리 나라에서는 큰 부자들인데 부자들이 그러니, 없는 사람이 부자들을 존경하겠습니까? 부자가 되려면 부자가 되기 위한 그 무엇인가(something)가 있어야 하며, 그게 없으면 절대로 부자가 될 수 없는데, 그 섬씽이 있는 사람들이 저러니 나라가 잘 될 리 있겠습니까? 부자가 되기 전의 열심인 모습은 전세계가 다 같은데 부자가 되고 나서는 그 행동이 다른 것이 선진국과 후진국을 가르는 중요 요소가 된다며 열변을 토하시던 고객이 생각납니다. 그분 말씀의 핵심은 '마음의 자세'였습니다.

할 미워하면 손해가 오고, 고마워하면 이득이 온다

"응무소주 이생기심(應無所住 而生其心)!"이라는 《금강경》최고의 명언! 저는 이 말을 거의 1년 이상 매일 쓰고 있습니다. 그 1년의 결과는 지금 제게는 아무도 미운 사람이 없다는 것입니다. 사실 누군가가 밉다가도 그 미움을 없애 준다는 것이 더 정확한 표현일지도 모르겠습니다. 저는 혜능 조사처럼 말 한마디에 깨우침을 얻지는 못했지만, 직원들에게 항상 웃고, 먼저 인사하고, 건물 1층의 경비아저씨, 우리 사무실의 청소하는 아주머니, 우리 집 아이들, 친구들, 고객과 회사 상사에게 항상 고마운 마음, 미안한 마음으로 인사하고 안부 묻고 전화했습니다. 제가 부유층만 상대한다고 허파에 바람 넣고 다닌 최근 3년간 소홀했던 많은 사람들에게 저는 이 말의 가르침대로 미안하고 고마운 마음을 내고 다녔습니다.

'단응여소교주(但應如所教住)'라는 제4 〈묘행무주분〉에 나오는 말처럼 단지 아무 생각이나 바람 없이 그 마음을 내어 살기로 하고 실행에 옮긴 지 1년입니다. 참 편안하고 행복합니다. 그 행복은 자신감입니다. 누구를 만나도 반갑고, 누구를 봐도 부럽지 않고, 누구에게도 기죽거나 건방 떨지도 않을 자신이 생겼습니다. 단지 미안함과 고마운 생각만 듭니다. 저는 영업을 주된 업무로 하고 있는데 대인관계에 자신이 생긴 것입니다. 단지 예전보다 훨씬 똑똑해지고 현명해져서, 이 미안한 마음마저 없어지길 바라며 정진하고 있습니다.

독자 여러분들도 "응무소주 이생기심"을 잘 응용해서 성불하시기를, 그리고 원하시는 바 모두 얻으시기를 진심으로 기원합니다.

11

무위의 복이 가장 수승하다

(無爲福勝分)

복 짓겠다는 생각도 없이, 복 받겠다는 생각도 없이 하는 선행은 어떤 의식 있는 선행보다 뛰어나다. 아무리 많은 재산을 보시하고 아무리 좋은 물건을 보시했다 하더라도 그것의 시작은 우리 마음씀씀이의 한 자락에 불과하다. 마음이 그러한 물질의 세계에 있는 한, 그것은 언젠가는 생멸하는 한계를 가진 유위(有爲)의 세계이고 중생심의 세계이기 때문이다. 우리의 본성은 이러한 물질의 현상을 벗어나고, 생사윤회의 세상도 넘어가서 무량하고 무변하고 영원한 세계를 덮고 있다. 그러한 마음의 깨달음을 얻어 전한다면, 그리고 그 전함이 생각없이 무심(無心)으로 중생을 위해 할 수 있다면 무심·무위의 복은 어떠한 현상세계의 복보다 수승하다는 것이다.

이런 복은 우리 주변에서도 쉽게 볼 수 있다. 어느 국내 재벌 항공사의 창업주가 길가에 고장난 자동차를 고쳐주고, 그 과보로 사업 기회를 받은 이야기 등 무심히 행한 선행이 과보로 돌아오는 경우는 우리 주변에 흔한 사실이다.

"수보리야, 갠지즈강 곧 항하의 모래알 수만큼의 항하가 있고 그 모든 항하의 모래알 수만큼의 항하가 있다고 하자. 네 뜻에 어떠하뇨? 이 모든 항하의 모래알 수가 어찌 많다고 할 수 없겠느냐?"

수보리가 답하였다.

"많습니다, 세존이시여. 단지 여러 항하만 하여도 많다고 할 것인데 그 항하의 모래알 수야 어떠하겠습니까?"

"수보리야, 내가 이제 너에게 사실 그대로 이르겠는데, 만일 선남자 선여인이 이 모래알 수만큼의 삼천대천세계를 칠보로 가득 채워 보시를 한다고 하자. 그러면 그 복덕이 많겠느냐?"

"많사옵니다, 세존이시여."

부처님이 수보리에게 이르셨다.

"만일 선남자 선여인이 금강경 혹은 그 금강경의 사구게만이라도 항상 몸에 지니고 읽고 암송하여 그것을 다른 사람을 위해 그 뜻과 깨달음을 전해주면 그 복덕이 훨씬 크다고 하겠느니라."

"須菩提! 如恒河中所有沙數, 如是沙等恒河! 於意云何? 是諸恒河沙, 寧爲多不?" 須菩提言: "甚多. 世尊! 但諸恒河尚多無數, 何況其沙?" "須菩提! 我今實言告汝. 若有善男子·善女人, 以七寶滿爾所恒河沙數三千大千世界, 以用布施, 得福多不?" 須菩提言: "甚多. 世尊!" 佛告須菩提: "若善男子·善女人, 於此經中, 乃至受持四句偈等, 爲他人說, 而此福德, 勝前福德."

강설

이 분(分)은 아주 재미있는 곳입니다. 부처님이 아무리 설명해도
제자들이 "에이, 설마?" 하기를 30년이 넘으셨던 것 같습니다. 그 뜻
은 '아금실언고여(我今實言告汝)'라는 구절에서 찾을 수 있는데, 그
뜻이 무엇이겠습니까? 사실 한자로 쓰니까 '아금실언고여'이지 한
글로 쓰면 "내가 이제 정말로 너한테 말하는데", "정말이야! 진짜
야!" 하시는 적나라한 표현이 되어, 부처님이 가슴을 탕탕 치며 답
답해하시는 모습이 눈에 선합니다.

아마 부처님 제자들도《금강경》혹은 사구게 한 구절만이라도 누
구에게 설해주면 그 복덕이 삼천대천세계를 칠보로 꽉 채워 보시하
는 것보다 더 낫다는 것이 믿어지지 않았나 봅니다. 우리도 누구하
고 이야기하다 보면 그 사람이 내 말을 믿는지 안 믿는지 알고서는
"야, 진짜야. 내 말 모르겠어?" 하는 투의 말을 얼마나 많이 씁니까?
부처님 심정이 지금도 느껴집니다. 뒤에 가면 부처님이 답답해 하
시는 이런 모습이 한 줄기 시처럼 나와 있습니다.

그런데 아닌 게 아니라 지금도 그 말을 못 믿고, 자기 이름 새긴
재물보시만 중시하는 신도들도 있습니다. 절 법당 짓는 데 큰 돈 시
주하고 동판에 공덕문까지 새겨서 법당 앞에 걸어두었다가 성철 스

님한테 시장바닥으로 그 공덕문 옮기라고 호통 들으셨다는 어느 거사님 말씀이 생각납니다. 그러나 그분은 큰 가르침을 얻으셨겠지만 만 원 짜리 기와를 보시하면서 열심히 온 식구 이름 적어 넣다가 가끔 마누라한테 혼나는 저는 언제나 깨달음을 얻을지 앞날이 캄캄합니다. 그것도 꼭 와이프 생년월일 음력으로 물어보다가 핀잔을 듣습니다.

《금강경》을 32분으로 나누어 각 분(分)마다 이름을 지은 소명 태자는 다름 아닌 수많은 절을 세우고 불교를 중흥시킨 양나라 황제 무제의 큰아들입니다. 그 양무제가 달마 대사에게 '내가 지은 복이 얼마나 많겠느냐'고 물었을 때 달마 대사는 '공덕은 무슨 공덕, 그나마 지옥이나 안 가면 다행'이라고 답하셨습니다. 그리고 복을 지어 놓고 그렇게 입으로 생색내다가 그 복을 까먹는 이야기는 조금 뒷부분에 부처님도 직접 이야기하십니다. 달마대사 말처럼 어떤 선행도 생색을 내면 복(福)이 하나도 없다는 것입니다. 여하간 달마 대사는 진실을 말한 덕분에 양무제에게 독살당했다는 전설도 있지만, 그 보시 공덕으로 소명 태자 같은 똑똑한 아들을 두어 이러한 가르침을 수천 년 동안 수많은 사람에게 깨달음을 전파하고 있으니, 보시공덕이 작지는 않겠다는 생각도 듭니다.

이러한 《금강경》 수지공덕이라는 구절로 인하여 저도 엄지손가락 마디만한 《금강경》 책을 품속에 지니고 다닌 적이 있습니다. 어머니의 자식에 대한 간절한 바람이라고 생각하며 그냥 옷 속에 넣고 다니며, 있는지 없는지도 모른 채 온갖 나쁜 짓(?) 다하고 다녔던 생각이 납니다. 수지한다는 것은 받아 지닌다는 뜻인데 그 의미는 《금강경》의 내용을 마음으로 받아 지녀 말과 행동과 생각을 다듬은 다음, 그 깨달음을 다른 사람에게도 전해주라는 뜻이런만. 그냥 책 가방에 책 넣고 학교 가서 하루종일 놀다가 오는 격으로, 양복 안에 넣어둔 채 세월을 까먹고 보석을 품안에 두고도 다른 보석이나 찾아다니던 무지의 탓으로 온갖 업장만 쌓아 놓았으니, 어느 세월에 이 업장을 소멸해 깨달음을 얻을 것인지 앞이 캄캄합니다.

더구나 항하사 만큼의 보시는커녕 법당에 들어가기도 전에 오늘은 만 원 할까? 오천 원 할까? 에이 천 원만 하자로 고민하다가 결국 한 푼도 안하고 나온 적은 그 얼마나 또 많았습니까? 기분 좋으면 하고, 나쁘면 안하고 하는 세월이 또한 부지기수였으니 운세 사이클의 진폭만 강화시켜 고생만 잔뜩 한 것 같습니다. 저 같은 사람이 또 있다면 반성하시고 이 분(分)의 내용을 잘 공부하셨으면 합니다. 돈과 상관없이 부처님 앞에 자기 마음, 고민, 불안, 번뇌들을 모두 내놓고《금강경》한 번 읽고 훗날을 도모했으면 합니다.

할 불교 신자들 반성해야 한다

우리 나라 사찰은 대부분 국립공원에 있고 그 문화재 관람수입이 신도들이 불전함에 내는 돈보다 더 많다고 합니다. 스님들이 신도들보다 등산객하고 관광객 덕택에 공부하시고 수행하는 지경에 이르렀으니 이래서야 참다운 스님 한 분 양성하기 힘든 게 현실입니다. 우리 나라 불교는 교세와 그 신도 수에 비해서 행동이 빈약합니다. 그 이유를 대부분 종단에 돌리는데 저는 그렇게만 보지 않습니다. 비즈니스에는 예산편성이 필수입니다. 향후 들어올 돈과 나갈 돈이 정해져야 무슨 사업이든 안정성이 있는 것인데 우리는 어떠합니까? 내고 싶으면 내고 말고 싶으면 말고, 아무도 뭐라고 하는 사람이 없습니다. 불교에서 배워 간 십일조를 기독교가 멋지게 소화해서 얼마나 좋은 일을 많이 하고 있습니까?

부처님이 사람들로 하여금 복덕을 쌓게 하기 위해 사과 열 개를 수확하면 1개를 보시하고, 100개를 수확하면 10개를 보시하라는 가르침을 주신 것이 2500년 전이고, 그것을 가톨릭과 싸울 군자금을 마련하기 위해 프로테스탄트 혁명시절에 도입한 것이 기독교의 십일조라는 학설도 있습니다. 그런데 아직도 대부분 불교신도들은 스님 탓, 절 탓하며 그 가르침을 이행하려고 하지 않습니다. 돈이 아까워서가 아니라 스님들 싸우는 것 보기 싫어서 돈 안 낸다는 황당한 거짓말쟁이가 내 주변에도 제법 있습니다.

불교는 사회사업을 하려고 해도 사업계획서를 만들 수조차 없습니다. 장차 들어올 돈이 얼마인 줄 모르니까 애당초 예산편성이 안 되는 것입니다. 크게 시주하시는 분이 없으면 아무 것도 못하는 게 현실입니다. 얼마 전 크게 시주하시는 분들과 종단의 도움으로 동국대학에서 병원을 지었습니다. 그러나 그 병원이라는 것은 우리나라 의료 현실상 항상 적자이므로 앞으로 매월 얼마나 적자가 날지도 모르고, 적자 나면 어떻게 적자를 메워야 할지도 몰라 지금 완공식을 하고도 병원 문을 못 열고 있다고 합니다. 병원의 모든 장비는 안 쓰면 버려야 합니다. 우리 세속에서도 남의 돈 무서운 줄 알아야 하지만, 종교단체의 시주 돈은 더 무섭습니다. 그러나 이것은 세속을 모르는 스님들 탓도 있지만 차에다 염주 걸고 다니는 저 같은 신도들이 더 문제입니다. 보시 안 하는 나를 먼저 탓해야지, 스님 탓하고 종단 탓할 일이 아닙니다.

이런 것도 가톨릭에서 먼저 했습니다. "내 탓이오." 그때 그 운동이 얼마나 신선했습니까? 돌아가신 성철 스님은 불공 혹은 보시이야기가 나올 때마다 갈멜 수도원 이야기를 하시곤 했습니다. 자고 먹는 것은 수도원 자체적으로 해결하고, 기도는 1년의 연초에 어느 고아원 사람들, 어느 양로원 사람들, 어느 교도소 사람들 중에서 추첨을 해서, 1년 내내 그 추첨에 뽑힌 분들만을 위해서 집중적으로 그분들의 안녕을 위해 기도하고 있는데 그것이 바로 참 보시라고 말입니다. 그러면서 이론은 불교가 훨씬 좋은데 실천력에서는 불교가 기독교를 못 따라간다고 늘 나무라셨는데, 이제 그 방법을 좀더 적극적으로 찾아야 하지 않나 싶습니다. 우리도 잘해서 좋은 스님 많이 나오실 수 있도록 교회나 성당 다니시는 분들에게 많이 배웠으면 합니다. 저도 노력하겠습니다!

■ 알고 갑시다

장자(長者)

불교에서 복덕이 뛰어난 사람을 부를 때 사용하는 명칭이다. 대개는 대부호이거나 자산가이다. 《유마경》의 유마거사는 장자의 대표적인 예이다. 경전에서 장자는 마음이 바르고, 성질이 곧고, 말솜씨가 있고, 행동이 믿음직스럽고, 이빨이 반듯하여서 재산을 모으는 사람을 말한다.

재미있는 것은 마지막의 이빨이 반듯한 사람이 재산을 모은다는 것인데, 신라의 석탈해 왕을 생각나게 한다. 석탈해는 이빨의 숫자를 가지고서 내기를 하여 자신이 덕이 있는 사람임을 증명하고 왕이 되었다. 이빨이 반듯하고 많다는 것이 장자로서의 자격 조건이 되고 복덕이 많다는 증거로 채택되고 있는 것은, 이빨이 반듯하고 많은 사람이 건강하다는 반증인 것 같다. 건강한 육체에 건전한 정신이 깃드는 것은 예나 지금이나 다를 바가 없다. 독자 여러분도 자신의 이빨이 가지런한지, 숫자가 많은지 살펴볼 일이다.

12
바른 가르침을 존중하라
(尊重正教分)

이 분(分)의 이름은 말 그대로 '바른 가르침을 존중하라'는 뜻이다.

이 책은 생존경쟁의 원리를 설하는 기술서도 아니고, 적은 자본으로 많은 수확을 올리는 경제학의 해설서도 아니다. 《금강경》은 상생(相生)을 위한 최고의 지름길을 얻어 널리 중생을 모두 이롭게 하는 경이다.

그러나 가지 않은 길은 알기 어렵고 보지 않은 길은 믿기 어렵다. 그것은 무명의 탓이다. 원리를 모르고 15년을 주식투자를 해도 파도만 볼 뿐 바다는 보이지 않았다. 아니 그 파도가 바다인 줄 알았다. 단 한 순간만이라도 원리를 깨달으면 깜깜한 방에 불이 들어온 것처럼 모든 것이 명확해진다. 그것을 아는 것이 깨달음이고 그 등불이 바른 가르침, 정교(正敎)이다. 올바른 가르침 곧 정교를 알면 다툼이 없다. 불 꺼진 방에서 자기 손에 잡힌 것만 다인 줄 알고 사람들이 싸우고 있다. 그 중에 바른 가르침을 받드는 자는 싸움에 휘말리지 않는다. 다만 등불을 높이 들면 그 뿐이다. 그 순간 모든 다툼은 사라진다.

"또한 수보리야! 이 금강경이나 금강경 사구게(금강경에 나오는 4구 절로 된 여러 게송들)가 말한 대로 잘 따라 생활하면, 마땅히 알라. 지금 금강경이 놓여 있는 그 자리가 바로 일체 세간의 사람들 그리고 하늘 나라의 신과 아수라가 마치 부처님의 탑묘처럼 공경하고 예배드리는 자리인데, 하물며 그 금강경을 수지독송하는 사람에게 있어서는 어떠 하랴? 수보리야, 마땅히 알라. 이 사람은 최상 최고의 제일가고 희귀한 부처님의 법을 성취한 자들이며, 이 경전이 있는 곳이 바로 부처님과 존중받을 만한 제자들이 계신 곳이다."

"復次須菩提! 隨說是經, 乃至四句偈等, 當知此處, 一切世間天·人·阿修羅, 皆應供養, 如佛塔廟. 何況有人, 盡能受持讀誦! 須菩提! 當知是人, 成就最上·第一· 希有之法. 若是經典所在之處, 則爲有佛, 若尊重弟子."

※ 復: '다시' '또'라는 뜻. / 則爲~: 則은 '~이면'의 뜻. '爲~'는 '~가 되다'라는 뜻. / 若: 가정일 때는 '만약'이라는 뜻이지만, 여기에서처럼 접속사로 쓰일 때 는 '~와'라는 뜻이다.

강설

이 분(分)에서는 받아(受) 지니는(持) 수지가 핵심입니다. 믿고 따라야 한다는 뜻을 품고 있습니다. 쉽게 이야기하면 일상 생활에

《금강경》혹은 사구게 한 구절이라도 잘 따라서 생활하면 되지 꼭 절이나 포교당에 가야 부처님의 사랑을 받는 것이 아니라는 말씀입니다.

있는 그 자리, 사는 그 자리에서 잘하면 부처가 돕고 하늘도 돕는다는 이야기입니다. 이것을 부처님은 또 제자들이 계속 미심쩍어 할까봐 걱정이 되셔서 성취·최상·희유지법이 곧 최상이고, 최고고, 희유한 법이라고 세 번씩이나 강조하셨습니다. 이러한 최상 제일의 희유지법을 성취한다고 부처님이 말씀하셨는데, 그게 몇십 억, 몇백 억 정도의 성공이겠습니까? 전우주를 쥐고 흔들 수 있는 큰 일도 할 수 있습니다.

아이디어 하나로 모든 것은 승부가 납니다. '존 내쉬'의 균형이론은 《반야심경》의 늘어나지도 줄어들지도 않는 부증불감(不增不減)을, 그리고 아인슈타인의 상대성이론은 《반야심경》의 생겨나지도 없어지지도 않는 불생불멸(不生不滅)의 원칙을 수식으로 풀어놓은 것에 지나지 않습니다. 바른 가르침(正敎)을 알면 천하를 얻을 수 있는 것입니다.

부처님은 이러한 분이십니다. 그런데도 우리는 중국이나, 일본, 태국 등의 절이나 혹은 서양의 멋있는 성당들을 보면 그 외향이 부럽고 좋은지 큰절만을 선호합니다. 물론 불상도 없는 오대산 적멸보궁처럼 3평도 안되는 곳에 전국의 신도들이 모이는 경우도 있지만, 대부분의 사람들은 꼭 눈에 보여야 신심을 내고 경외심을 내고 믿는 척이라도 하니 어찌하겠습니까? 할 수 없이 스님들이 대규모 불상 조성에 많은 노력을 기울이고 눈에 보여야만 믿는 중생들을 위한 교화방법을 택하실 수밖에 없는 것입니다.

그러나 부처님은 선언하셨습니다. 사실은 절의 부처님 상을 따르는 것보다 이《금강경》사구게라도 잘 따라 실천하면 최상의 법을 얻을 수 있다고 말입니다. 물론 무지한 일반 중생들이 조금이라도 더 신심을 내게 하기 위해서는 그런 웅장한 가람도 좋겠지만, 인터넷 시대에는 건물 외양보다 콘텐츠에 더 신경을 써야 할 것 같습니다. 예전에는 불교경전이 전부 한문으로 되어 있어서 스님들이 콘텐츠를 독점하고 계셨지만, 이제는 일반 불자들도 한글판·한문판·영어판·일어판 불교서적들을 다 보는 상황인데 뭔가 바뀌지 않으면 안 됩니다. 심지어 이 글을 쓰는 저도 산스크리트어판《금강경》을 갖고 있는 실정이니 더 말해 무엇하겠습니까? 사실 스님들 더 정신차리셔야 합니다.

할 정보 독점의 시대는 끝났다

현대는 디지털 시대, 인터넷으로 전세계가 통합되고 있는 시대입니다. 이제는 절에 가지 않고 컴퓨터 키보드만 눌러도 불교 교리·사상 등을 공부할 수 있습니다. 사찰이라는 물리적 공간이 가지고 있던 아날로그 불교시대의 라이센스 생명력은 얼마 남지 않았습니다. 물론 가람이라는 성스럽고 고요하고 신선한 분위기가 신도들을 부르기도 하지만 그것은 수행신자가 아닌 유람신자들이 더 많게 하는 원인도 됩니다. 팔만대장경이라는 그 웅장한 보고에서 출판사업, 우주공학, 금융공학 등 무궁한 섭리들을 찾아 중생들에게 베풀어야 합니다. 일본만화의 콘텐츠는《이솝우화》의 원전이라는 부처님《본생경》에서 나왔다고 봐도 됩니다. 〈원령공주〉, 〈은하철도 999〉 등

거의 모두입니다. 그러한 것은 재가신도들의 몫이라 해도, 이제 재가 신도들이 그런 아이디어를 구하기 위해 혼자 공부하다 스승을 찾아 묻는데, 전문가라는 스님들이 대답 못하시면 스님이라는 라이센스나 사찰이라는 라이센스도 서양의 종교 시설물처럼 되는 것은 시간 문제라고 생각합니다. 한국의 증권회사 직원들은 인터넷시대가 오면서 정보의 독점력을 잃어 그 설 자리를 잃었습니다. 사실 학교 선생님, 교수, 종교인 등 지식산업에 종사하는 사람들의 총체적 위기가 지금의 IT시대입니다.

그래도 불교는 수행이지 공부가 아니라고 말하는 분도 있을 수 있습니다. 하지만 그 수행마저 부처님이 계시는 사찰뿐만 아니라 《금강경》 혹은 사구게가 있는 그 자리라면 그곳이 어디든지 간에 부처님과 하늘의 신이 와서 공양하시겠다고 이렇듯 대중공개석상에서 선언하셨는데 집에서건, 학교에서건, 회사에서건, 정원에서건 이 《금강경》 경전 하나 머리맡에 두고 어떤 수행인들 못하겠습니까? 요즘은 집에서 아침저녁으로 108배도 하고, 심지어 1000배, 3000배도 집에서 한다는 사람들도 많습니다. 그러므로 세계 최고의 불교, 세계 최고의 한국 스님들이라고 말해지는 것을 자랑할 것이 아니라, 실질적이고 대승적이고 행동하는 불교 콘텐츠 개발에 더욱 신경을 써서 그야말로 모든 중생을 위한 위타인설(爲他人說)의 기회가 더 많이 베풀어질 수 있기를 바랍니다.

다음에는 《금강경》을 어떻게 받아 지니라는 것인지에 대한 설명이 시작됩니다.

제석천(帝釋天)

불교의 천신 중에서 일반에 가장 널리 알려져 있는 것이 인드라 제석천이다. 흔히 33천이라고 불려지기도 하는 도리천의 주인이다. 단군왕검을 낳은 환웅이 바로 이 제석천(桓因)의 아들로 나타나고 있다. 부처님의 가르침과 그 가르침에 귀의하는 자를 수호하며, 아수라의 군대를 정벌한다는 하늘의 임금이다. 불교의 호법주신(護法主神)으로 동방을 수호하며, 사천왕과 십대천자(十大天子)의 호위를 받는다.

제석천이 머무는 도리천 선견궁(善見宮)의 하늘을 덮고 있는 그물을 인드라망(因陀羅網)이라고 한다. 이 그물망의 코끝마다에 보배구슬이 촘촘히 박혀 있어서 하나의 구슬에 수많은 구슬들이 비친다. 이렇게 각각의 구슬마다 수많은 구슬들이 서로 되비추어서 중첩되는 모습이 다함이 없다. 이처럼 인드라망이 펼쳐져 있는 세계에서는 모든 것이 서로 관계를 맺으면서 얽혀 있기 때문에 무엇 하나 아무런 흔적 없이 스쳐 지나가는 법이 없다. 그 그물이 전 우주에 걸쳐서 퍼져 있기 때문에 그것을 빠져나가는 것이 불가능하기 때문이다. 인터넷 시대가 되면서 불교도들은 인터넷이란 말 대신에 인드라 넷(Indra net)이라는 용어를 사용하기도 하는데, 상호 작용하는 특성이나 정보의 바다가 된다는 점에서 유사한 점을 가졌기 때문이다.

13

법에 따라 받아 지녀라

(如法受持分)

시인 김춘수는 그의 시 〈꽃〉에서 노래했다.

  이름을 불러야 꽃이 되듯이,
  이름을 불러야 그 존재가 인정이 된다.

이제 부처님은 지금까지의 가르침에 이름을 부여하신다. 그리고 "그 이름대로, 그 이름을 지니게 된 법으로, 그 뜻을 받아 지니라"고 소명 태자의 이 분명(分名)은 말한다. 《금강경》을 글과 소리로만 받아 지닐 이도 있을 것이고, 문자 이전의 실상의 자리를 체득하여 수지하는 사람도 있을 것이고, 완전히 성불하여 부처님을 수지하는 이도 있을 것이다. 어찌되었든 중요한 점은 바른 가르침을 있는 그대로 받아 지닐 것이며, 하지 않으면 안 되는 헌법처럼 따르고 지켜야 한다는 것이다.

이 분(分)에서 드디어 이 경의 이름이 《금강반야바라밀경》으로 선언된다. 반야바라밀의 가르침 중에서도 최고의 가르침이라는 뜻이다. 아무리 웅장한 것도, 우리들이 부러워하는 그 어떤 대단한 것도, 그리고 우리가 사소하게 생각하는 그 어떤 사소한 일이나 행동도 전부 우리 마음의 그림자다. 그 마음을 금강석처럼 단단히 하여, 흔들림 없는 심지를 가져야 한다고 《금강경》은 설한다.

그때 수보리가 부처님에게 사뢰어 말씀드렸다.

"세존이시여! 이 경을 어떻게 이름할 것이며, 저희들이 어떻게 그 말씀을 받아 지녀야 하는 것입니까?"

부처님께서 수보리에게 이르셨다.

"이 경의 이름을 《금강반야바라밀경》으로 할 것이며, 이 이름으로 너희들은 마땅히 받들어 지녀야 할 것이니라. 어째서 그러한고? 부처가 설한 반야바라밀이라는 것은 그 이름만 반야바라밀이 아니라 마음으로 받들어야 하는 반야바라밀을 의미하기 때문이니라. 수보리야, 네 뜻에 어떠한고? 여래가 설한 바의 법이 있더냐?"

수보리가 부처님께 말씀드렸다.

"세존이시여, 여래는 설하신 바의 법이 없나이다."

"수보리야, 네 뜻에 어떠하뇨? 삼천대천세계의 있는 바 티끌이 많다고 하겠느냐?"

"많사옵니다, 세존이시여."

"수보리야, 이러한 모든 티끌들은 여래가 말하기를 눈에 보이는 미진이 아니라 마음으로 형상화되는 미진을 말하기에 미진이라 이름하는 것이며, 여래가 설하는 세계도 마음으로 형상화할 수 있는 세계이기에 세계라고 이름하는 것이니라."

爾時, 須菩提白佛言: "世尊! 當何名此經, 我等云何奉持?" 佛告須菩提: "是經名爲金剛般若波羅蜜, 以是名字, 汝當奉持. 所以者何? 須菩提! 佛說般若波羅蜜, 則

非般若波羅蜜, 是名般若波羅蜜. 須菩提! 於意云何? 如
來有所說法不?"須菩提白佛言: "世尊! 如來無所說."
"須菩提! 於意云何? 三千大千世界所有微塵, 是爲多
不?"須菩提言: "甚多. 世尊!""須菩提! 諸微塵, 如來說
非微塵, 是名微塵. 如來說世界, 非世界, 是名世界."

강설

이 경전의 이름에 '금강'이라는 이름을 붙이라고 하셨습니다. 부
처님의 화룡점정(畵龍點睛)인 것입니다. 곧 이 경전이야말로 가장
우월하고 수승한 존재로서의 금강석과 같은 반야바라밀이라 이름
하라고 선언하신 것입니다. 그리고 나서 부처님이 말씀하시는 반야
바라밀은 그냥 지혜의 바라밀이 아니라 마음으로 깨달아야 하는 반
야바라밀이라고 말씀하십니다.

'마음으로 깨닫는다'는 것은 머리로 아는 것이 아닙니다. 법률적
으로 사망에 대해서는 두 가지 견해가 있습니다. 심장의 사망과 뇌
의 사망입니다. 뇌가 죽어도 사람은 삽니다. 그러나 심장이 죽으면
모든 것이 죽습니다. 그래서 장기이식은 뇌 사망을 기점으로 행하
여야 한다고 주장됩니다. 그러한 사실은 마음이나 생각이 뇌에서
시작되는 것이 아니라는 것을 의미합니다. 뇌는 단지 유통경로에
불과한 것입니다. 우리는 머리가 아닌 마음으로 이 경전을 깨달아
야 합니다.

지혜의 반야바라밀은 학자들 펜 위에서 쓰여질 수는 있지만, 글

로 표현되는 것에는 항상 한계가 있습니다. 부처님의 금강반야바라
밀은 우리 인간의 마음의 세계를 형용하는 최고의 반야이며, 그것
은 우리가 어떤 말, 생각, 행동을 할 때마다 우리들 마음에 구축되는
특수한 세계를 말합니다. 이것을 이해하지 못하고 부처님의 '즉비
반야바라밀'이라고 말씀하신 속뜻을 알지 못한다면 《금강경》은 휴
지조각에 불과합니다. 우리 마음의 위대함은 쉽게 눈에 띄는 것도
아니고, 쉽게 다듬을 수 있는 것도 아니기에 오직 마음이 마음 스스
로 다듬는 방법밖에 없습니다. 그 마음이 잘 가꾸어지면 최고 최상
의 다이아몬드 곧 금강석이 되는 것입니다.

앞에서도 이야기하였듯이 불경에서의 '비'는 아닐 비(非)이기도
하지만 약한 부정 곧 전제가 있는 부정으로 사용되는 경우가 많습
니다. 그래서 '마음으로 깨쳐야 하는' 혹은 '문자의 의미에 끌려 다
니지 않는' 반야바라밀이라는 의미로 '즉비반야바라밀'이라고 해석
합니다.

계속 수보리에게 물으시기를, '수보리야 여래가 설하는 바의 법
이 있느냐'고 물으시니, 수보리는 '여래가 설한 바가 없다'고 답합니
다. 무소설이지만 무소설법에서 법이 생략되는 구문입니다.

존재의 유(有), 이 유(有)가 있는 유소설법(有所說法)이라는 것은
고정되었거나 눈에 보이는 그러한 법이 있느냐의 뜻이며, 수보리는
당연히 그런 것은 존재하지 않으므로 무(無)소설이라고 답합니다.

법이라는 한자의 파자는 물 수(水) 변에 갈 거(去)자입니다. 말 그
대로 물이 흘러가듯이 행하는 것이 법이라는 한자가 가진 뜻입니
다. 물론 IMF 당시 최고의 베스트셀러였던 《공자가 죽어야 나라가

산다》라는 책을 쓰신 어느 갑골문자를 전공하는 학자는 말도 안 되는 소리라고 하겠지만 그것은 단지 자기 견해일 뿐입니다.

한자는 중국인들만 만든 것이 아닙니다. 우리도 만들고 일본도 만들었습니다. 그래서 한강의 발원지가 오대산 상원사도 되고 태백산도 되는 것처럼 다 맞다고 보면 됩니다. 결국 이 분(分)의 제목이 '여법수지(如法受持)'라는 것은 있는 그대로, 자연 그대로 이치에 맞게 수지하라는 뜻이며 그러기에 자연의 법도에 맞게 헌법처럼 꼭 지켜서 받아 지니라는 의미입니다.

부처님이 계속하여 물으시기를 "이 삼천대천세계에 있는 바 모든 미진(먼지, 티끌) 등이 많다고 하겠느냐, 없다고 하겠느냐?"고 물으신 다음, 수보리가 많다고 하자, 또 전제가 있는 부정의 의미로서 '비(非)'가 사용됩니다. 곧 삼천대천세계에 있는 미진은 여래가 설하는 바 그냥 보이는 세계의 미진이 아니라 마음속에 잠재해 있는 많은 미진(번뇌 등)을 말하기에 미진이라 이름하는 것이며, 여래가 설하는 삼천대천세계도 전 우주를 이야기하는 그런 세계가 아니라 마음의 그 광대한 세계를 의미하기에 '삼천대천세계'라 이름한다는 뜻입니다.

미진이 무엇이고 삼천대천세계가 다 무엇입니까? 눈에 보이는 것이 얼마나 크건, 눈에 안 보이는 것이 얼마나 사소하고 작은 것이건 '마음의 그림자'라는 소리입니다. 그러한 마음세계의 광대함과 미세함이 다 같이 중요한 것이며 그 본질은 마음자리 하나로 관통되고 있음을 설하신 다음, 드디어 수보리에게 묻습니다.

"수보리야! 네 뜻에 어떠하뇨? 나의 32가지의 상(부처님의 신체적 특징을 32가지로 분류한 것)으로서 나를 볼 수 있다고 할 수 있겠느냐?"

"그렇지 아니합니다. 세존이시여! 32상으로 여래를 뵐 수는 없나이다. 여래께서 말하는 32상은 눈에 보이는 어떤 특징적인 상이 아니라 마음으로만 볼 수 있는 상입니다. 그래서 32상이라 하는 것입니다."

"수보리야, 만일에 어떤 착한 남자와 여인이 있어 항하의 모래알 수만큼의 몸과 목숨을 바쳐 보시를 했다고 치자. 그러나 또 다른 어떤 사람이 이 경의 내용 중 사구게라도 마음으로 받아 지니고 다른 사람에게 설한다면, 그 복이 앞서 목숨 바쳐 보시한 사람보다 더 큰 것이니라."

"須菩提! 於意云何? 可以三十二相見如來不?" "不也. 世尊! 不可以三十二相見如來不? 何以故? 如來說 三十二相, 卽是非相, 是名三十二相." "須菩提! 若有善 男子·善女人, 以恒河沙等身命布施, 若復有人於此經中, 乃至受持四句偈等, 爲他人說, 其福甚多."

강설

이렇듯 물질적 보시보다 마음으로 깨닫는 것이 더 중요하고, 절이나 교회 등의 성소가 따로 있는 것이 아니며 이러한 가르침을 깨닿게 하는 책이 놓여 있고, 그로 인하여 올바른 마음을 낼 수 있는 곳이라면 그곳이 바로 성소라고 선언하십니다. 눈에 보이는 세계와 눈에 보이지 않는 마음의 세계를 설명하신 다음, 부처님 자신에 대한 공경조차 눈에 보이는 32상을 대상으로 한다면 아무런 의미가 없다고 말씀하신 것입니다. 한마디로 깨달음이 없다면 절도 필요 없고 불상도 필요 없다는 것입니다.

금강석처럼 단단하고 헌법이나 계율처럼 가르침을 받아 지니기만 하면, 우리들도 또한 부처와 다름없는 사람 정도가 아니라 부처 그 자체라 하시니, 이 엄청난 선언 앞에 의심하는 자도 있고 감격해 우는 자도 있습니다.

부처님이 이 경을 설하시는 이곳도 제타 태자와 급고독 장자가 엄청난 재물을 들여 만든 기원정사입니다. 이곳에, 그때 당시의 사람들도 재화를 들고 예배하러 갔을 것입니다. 돈은 어디에서나 중요합니다. 그런데 그 사람들한테 당신네들 여기 오지도 말고, 내 말 듣지도 말고, 돈도 내지 말고, 각자 집에서 혹은 일터에서 공부 잘하면 된다고 하셨으니, 어느 누가 놀라지 않을 것인가 말입니다.

결국 다음 분(分)은 수보리 존자의 울음이야기부터 시작됩니다. 저도 《금강경》을 수십 번 읽었음에도 아직도 이 부분에서 울음이 안 나오는 것을 보면 아직 멀었다는 생각이 듭니다. 저는 이 분(分)을 볼 때마다 성철 스님이 생각납니다. 사람 앞에 나서지도 않고 정규학교도 제대로 못 나오시고, 스승 없이(無師) 독학으로 공부하셔서는, 사후에도 천하를 호령하는 그 파워는 부처님께서 이 분(分)에서 하신 말씀과 너무 흡사하기에 말입니다. 진리는 역시 하나! 깨달음이 같으면 하시는 말씀도 같은가 봅니다.

또 하나는 부처님이 부처님 몸의 형상인 32상(相)으로 부처를 보았느냐고 묻는 대목입니다. 불경에 나오는 부처님의 32상(相) 80종호(種好)는 부처님이 전생에 하신 수행과 선업에 대한 결과로 나타나는 부처님의 신체상의 특징을 말합니다. 불교를 모르더라도 우리들도 세상을 사노라면 관상이라든지 분위기들을 통해 새기는 어떤 형상이라는 것들이 마음 따라 오는 것임을 대개는 알고 있습니다. 그래서 그 형상을 보고 역으로 미래의 마음자리를 추측해서 그 사람의 미래를 예측하려고 하기도 합니다. 그것이 관상학입니다.

불교에 나오는 32상 80종호는 관상학의 원전에 다름이 아닙니다. 그러나 관상학의 대가, 부처님은 다시 말씀하십니다. 그 상(相)에 절대로 끌려 다니지 말라고. 그렇게 말씀하시는 이유는 당연합니다. 매사가 그렇듯이 대부분 맞다가 결정적인 한 곳에서 안 맞으면 그게 치명타가 될 수 있는 것이 세상사의 일이고, 그렇게 아는 척하다가 큰 코 다치는 것이 지견(知見)이고 법상(法相)이기에 말입니다. 그리고 수상·관상·골상·심상 등등의 이야기를 하지만,《금강경》의 핵심적 가르침은 어떠한 상(相)도 갖지 말라는 것입니다. 사람 얼굴이건, 주식시장이건, 소위 노하우(Know-how)는 항상 변합니다. 그래서 우리는 어떠한 고정된 생각도 가져서는 안 되는 것입니다.

우리는 많은 사람을 봅니다. 하지만, 박찬호 선수를 보고 박찬호를 알 수 있을까요? 박세리 선수를 보고 박세리를 알 수 있을까요?

130

신문에 난 기사나 그들의 인터뷰를 보고 그 사람을 평가하고 부러워하기도 하고 욕하기도 합니다. 회사에서도 상사나 동료나 직원들을 보고 자기 마음에 상을 만든 다음 별 소리들을 다 합니다. 재벌들, 연예인들, 정치인들에 관한 신문 기사만 보고도 괜히 흥분하기도 합니다.

그런데 사실 말처럼 부정확한 것도 없고, 글처럼 부정확한 것도 없습니다. 그러기에 부처님은 "난 아무 말도 말한 것이 없다."라고 하시는 것이고, 아닐 '비(非)'자를 그렇게도 많이 쓰시는 것입니다. "내가 이렇게 말했다."라고 하면 그것을 가지고 서로 다툴 것이 너무나 명백하니까 말입니다.

남을 평할 때는 아닐 '비(非)'를 염두에 두면 큰 도움이 됩니다. 불교에 이단논쟁이 없어서 행복하듯이 여러분들 마음도 행복해질 수 있습니다. 아니 불교에서는 이단논쟁이 있었다고 해도 상대방을 죽이거나 처형하는 상황까지는 간 적이 없습니다. 다 그럴 만한 사정이 있으니까 그렇다고 보고, 그냥 여여(如如)하게 보면 되지 열 낼 일이 아니라는 것은 불교집안 사람들의 성격적 내림인지도 모르겠습니다.

할 금강경을 읽으면 주식시장이 보인다

왜 그런지 궁금하십니까? 불교는 우리의 마음을 바다에 비유합니다. 그리고 온갖 번뇌는 바다에서 일어나는 '파도'로 봅니다. 1997년 IMF 쇼크 당시 경제 펀더멘탈은 좋은데…… 등등의 얘기처럼 펀더멘탈은 '바다'이고 투자심리는 '파도'입니다. 이 파도의 원인을 분석하고 수량화시켜 먹고사는 사람들이 주식시장 종사자입니다.

주식은 어떨 때 오르고 어떨 때 내릴까요? 왜 그리 많이 오르락내리락 하는 걸까요? 사실 답은 하나입니다. 사는 사람이 파는 사람보다 많으면 올라가고, 파는 사람이 사는 사람보다 많으면 내려가는 단한 가지 원리입니다. 그 한 가지 여법(如法)한 원리를 이리저리 해설하는 사람이 애널리스트고, 실제 사고 파는 행위를 대신하는 사람이 펀드매니저이고, 그것을 누가 잘 하는지 평가해서 사람 보는 눈을 가졌다는 사람들이 웰쓰 매니저(Wealth manager)입니다. 그리고 아무도 못 믿겠다며 자기가 직접 하는 사람이 인터넷 개인투자자입니다.

그러면 주식투자를 해서 돈을 버는 사람들은 어떤 사람이고, 어떤 사람이 제일 잘할까요? 사람은 누구나 잘할 때도 있고 못할 때도 있으므로 자기 책임하에 좋은 파트 (성실하고 유능하고 부지런한 증권회사 직원) 만나서 상황에 맞게 투자해야 한다는 것이 시장의 다수설(多數說)입니다. 그러나 다수설이 항상 정답인 것은 아닙니다. 정답은 눈이 맑아 여법(如法)한 원리에 맞게 대처하는 것입니다. 사는 사람이 파는 사람보다 많으면 왜 많은지, 언제까지 더 많은 상태로 유지할 것인지만 보면 되는 것입니다. 누가 옳다 그르다로 판단하고 분별심을 내는 것이 아니라 그냥 여여(如如)하게 경제활동에 미치는 주변상황을 보기만 하면 되는 것입니다. 그 여여함을 숫자로 표현하여 숫자에 익숙하지 않은 투자자들에게 전문가 행세를 하는 두 그룹의 사람들이 있는데 그 하나가 기술적 투자 전문가(Technical Investor)이고 또 하나가 가치 투자 전문가(Funder-mental Investor)인데 그 실상은 다음과 같습니다.

먼저 기술적 투자를 중요하다고 하는 사람은 주식시장을 이렇게 봅니다. 부페 식당에 가면 호텔 종업원이 부지런히 요리를 공급해야 하는 아주 인기 있는 음식이 있습니다. 그것이 주식시장에서는 인기주식이고 우량주식입니다. 그리고 그 음식도 어느 정도 시간이 지나면 손님들이 배가 불러 과일이나 아이스크림 근처에 가 있을 뿐, 아까의 번잡함은 더 이상 없는 것처럼 인기주식이라는 것도 시시각각 변하는 것입니다. 주방장이 어느 음식 앞에 고객들이 몰리는지를 보고 공급량을 정하듯, 주식시장의 투자자들은 그냥 사고 파는 사람들이 무엇을 사고 파는지 그리고 어느 쪽이 더 많은지를 바라만 보고 있어도 되는 곳이 주식시장입니다. 예를 들어 최근에 광우병이 큰 사회이슈가 되어 있다거나 혹은 봄나물이 항암효과가 있다는 것이 신문에 매일 나온다던가 하는 것을 알면 그러한 사실이 사람들의 심리에 영향을 미치게 되어 줄서서 기다리는 음식이 달라지는 것처럼, 주식시장에서도 사회의 이슈와 사고자 하는 주식을 고른 다음, 사는 사람의 수와 파는 사람의 수에 따라 자신의 행동을 같이하기도 하고, 반대로 하기도 하는 세상을 보는 눈이 중요하다는 사람들이 기술적 투자가의 본질입니다.

가치 투자 전문가라는 것은 더 쉽습니다. 예를 들어 누군가 종로의 어느 일식집을 5억에 팔겠다고 부동산에 매물을 내놓습니다. 그것을 내가 살 기회가 오면 그 부동산이 부르는 5억이라는 값이 적정한지는 그 음식점 주변의 땅값, 팔자고 내놓은 사람의 초기 투자비와 시설비와 영업양도에 따른 권리금의 적정성 여부, 그리고 내가 만약 새로이 이 자리에 그 일식집을 시작할 때 드는 비용, 주인이

133

바뀐 후의 주방장의 계속 근무여부, 그리고 점심시간과 저녁시간의 고객의 수와 평균 매출량과 최근의 생선에 대한 국민들의 선호도 등을 고려해서 5억이 비싸다, 싸다는 평가가 나옵니다. 이처럼 5억을 투자한 경우의 은행이자 수입과 자신이 그 일식집을 인수하였을 때의 기대되는 수익을 고려해서 그 음식점을 사는 것을 결정하듯이 사려고 하는 주식의 가치를 정하는 사람이 가치 투자자입니다.

이것 외의 주식투자는 투자가 아닙니다. 그것은 투기가 됩니다. 그런데 내가 고객들을 만나보면, 위에서 이야기한 두 가지 방법을 한 눈에 알아보는 분들이 계십니다. 그냥 느낌으로 '지금은 사야 한다, 팔아야 한다'는 느낌이 온다는 것입니다. 이것은 절대 거짓이 아닙니다. 그런 분들은 두 가지 유형인데 첫 번째는 종합주가지수로 살 때는 틀림없이 살 때인데 '뭘 살 줄 모르겠으니 가르쳐달라'는 분들이며, 두 번째로는 정확히 어느 주식을 정하고 오시는 경우인데, 두 스타일의 공통점은 지수이건 종목이건 평소에도 자기가 목표로 하는 것에 지속적인 관심을 가지고 보아온 사람들이라는 것입니다. 세상에 '어느 날 갑자기'라는 것은 없습니다. 항상 뿌린 씨앗만이 결실을 보는 것이기 때문입니다. "뿌린 대로 거두리라."와 "콩 심은 데 콩 나고 팥 심은 데 팥 난다."이지 공짜는 없습니다.

그리고 위의 두 가지를 갖추어도 실패하는 경우가 있는데 그것이 바로 이 《금강경》의 주제인 마음 심(心)과 관련이 있습니다. 세상을 이치대로 보면 욕심과 공포심이 없으련만 주식이 올라가면 욕심을 내고 주식이 내려가면 공포심을 내는 악순환이 지속되는 것입니다. 그러한 마음을 경제학이나 자본시장 용어로는 마인드(Mind)라는 의미의 마음 심자가 아닌 센티먼트(Sentiment)라는 뜻의 마음 심 자를 사용하는데, 경제에서는 센티먼트라는 말이 '심리'라는 용어로 사용되어 소비심리, 투자심리, 저축심리라는 주요한 경제변수를 측정하는 데 사용됩니다. 즉 정부, 기업, 개인 등의 심리가 부동산으로 가면 부동산 시장이, 주식으로 가면 주식시장이, 소비로 가면 유통업이나 생산공장이, 생산으로 가면 설비투자심리가, 이자율로 가면 금융시장이 직접 영향을 받게 됩니다.

그래서 정부기관이나 관료, 학자들이 항상 이 심리를 조작하기 마련인데, 그것이 금리정책, 환율정책, 소비정책, 투자정책, 그리고 새로운 법규의 제정 등으로 경제주체의 심리를 새로이 만들어 가는 것입니다. 그러기 위해서 경제 리더들은 항상 국민들의 경제심리가 어느 쪽으로 움직이는지 우리가 우리 마음을 들여다보듯 항상 관찰하고 있습니다. 그러면 새로운 심리, 새로운 마음이 만들어져서 새로운 형태의 투자 소비 형태가 나타나는 것을 미리 알고 대처할 수 있게 됩니다. 한마디로 우리들의 마음은 조작된다는 것입니다. 그래서 부처님은 '마음이라는 것이 마음이 아니라'고 하시며, '일체를 한 몸으로 보아라'라는 제18분 〈일체동관분(一體同觀分)〉에서 과거심 불가득, 현재심 불가득, 미래심 불가득이라고 하여, 마음이라는 것은 그 실체가 없는 것이어서 그 마음을 얻을 수 없다고 하시는 것입니다. 이러한 원리를 한눈에 알아 미리 대처하여 사람들의 마음의 진로를 미리 예측하는 자가 경제활동에 있어서나 자본시장에 있어서나 그리고 어디에서든지 성공할 수밖에 없는 것입니다.

이 글을 쓰며 저 역시 그 욕심과 공포심을 극복하지 못하고 허둥대던 지난날의 모습이 눈에 선합니다. 그리고 부끄럽습니다. 그러나 이 분(分)의 주제가 무엇입니까? 반야바라밀에 금강이라는 이름을 왜 부여하셨는지를 설명하고 계신 것입니다. 그 의미는 금강반야바라밀에 의지하여 아뇩다라삼먁삼보리를 얻으면 마음의 파워! 그 파워로 모든 것을 이룰 수 있다는, 세상만사가 모두 일체유심조(一切唯心造)라는 이야기입니다. 저도 이 부끄러운 마음에서 한 마음 돌이켜, 큰마음 한 번 내어 여러 사람을 행복하게 해주는 사람이 되어야겠습니다.

14

상을 떠나 적멸에 이르라

(離相寂滅分)

"상(相)을 떠나 적멸(寂滅)에 이르라."

상(相)은 마음의 장벽이다. 그리고 자신에 대한 지나치고도 잘못된 사랑이다. 그것을 떠나면 번뇌가 없는 세계, 곧 적멸에 이르게 된다. 곧 상(相)이 없어지면 무한한 발전이 오며, 두려움이 없어져 항상 당당하게 된다. 모든 상이 상 아님을 아는 자리를 깨달으면 일체의 번뇌·망상·현상을 여의고 본래 그 자리, 즉 산을 보면 산인 줄 알고 물을 보면 물인 줄 아는 마음자리, 온갖 세상도리를 훤히 밝히는 경지에 이르게 된다.

조선조 나라 말아먹은 유생들이 불교는 '허무적멸의 도(虛無寂滅之道)'라 하였는데 그들은 소승만 보고 대승은 보지 못했다. 상 하나 딱 떼어낸 자리는 머무는 바 없이 마음을 내고(應無所住) 육도 만행의 대보살심으로 널리 세상을 이롭게 하는 참된 영웅의 자리이다.

그때 수보리는 이 경이 설해지는 것을 듣고, 깊이 그 뜻을 헤아려 이해하고, 눈물을 흘리고 흐느끼며 부처님께 사뢰어 말하였다.

"희유하옵나이다. 세존이시여! 부처님께서 이와 같이 깊고 깊은 경을 설하심에 제가 예전부터 얻은 혜안으로도 아직 이와 같은 가르침을 받아 듣지 못하였나이다. 세존이시여! 만일에 어떤 사람이 있어 이 경을 듣고 그 믿는 바 마음을 청정히 하면 즉각 실상이 생겨나니, 마땅히 이 사람이 제일의 희유한 공덕을 지었음을 알겠나이다. 세존이시여! 이 실상이라고 하는 것도 말로써 설명되어질 수 있는 그러한 상이 아니기에 여래께서 명하시길 실상이라고 이름하셨나이다."

爾時, 須菩提聞說是經, 深解義趣, 涕淚悲泣, 而白佛言: "希有世尊! 佛說如是甚深經典, 我從昔來, 所得慧眼, 未曾得聞如是之經. 世尊! 若復有人, 得聞是經, 信心淸淨, 則生實相. 當知是人, 成就第一希有功德. 世尊! 是實相者, 則是非相, 是故如來說名實相."

※ 涕淚悲泣: 涕와 淚는 '눈물' '울다'는 뜻. 悲는 '슬퍼하다', 泣도 또한 '울다' '울음' '눈물' 등의 뜻이다. 따라서 '涕淚悲泣'은 '눈물을 흘리며 흐느끼다'는 뜻으로, 여기서는 감격에 복받쳐 운다는 의미. / 未曾~: '일찍이 ~이 없다'는 뜻. '未嘗'도 같은 뜻이다.

여기에서부터 감격한 수보리의 말이 갑자기 많아지기 시작합니다. 부처님의 너무도 솔직한 표현에 수보리는 그 의취를 깊이 깨닫고는(深解義趣), 흐느껴 슬피 울면서(涕淚悲泣) 부처님에게 고백합니다. 당연한 이야기입니다. 부처님 이전에 이러한 이야기를 한 사람은 아무도 없습니다. 나를 버리면 최고의 공덕을 얻는다는 이야기를, 우리는 부처님 외의 어느 누구에게서도 들은 바 없었습니다. 나를 섬기지도 말고 절에 수천만 억을 보시하지도 말고, 그냥 상(相) 하나 떼어낸 자리에서 온갖 좋은 일 다하면서도 생색 안내고, 이 경을 마음으로 깊이 깨달아서 수지독송하면 그것이 최상이라고 합니다. 제자로서 어찌 감격의 눈물을 흘리지 않을 수 있겠습니까?

이 분(分)의 이름에 부처님 진신사리가 모셔져 있는 오대산 상원사의 적멸보궁의 '적멸'도 나오고, 실상사탑으로 유명한 전라북도 남원의 실상사의 '실상'도 나옵니다. 그리고 실상(實相)의 설명이 이어집니다.

"이름뿐인 상이 아니라 마음으로 깨우치고 얻을 수 있는 상이기에 그래서 여래께서 실상이라 말씀하신 것이다."

수보리는 부처님의 세계를 본 것입니다. 그래서 여래는 실상이라는 단어를 앞 부분에서 직접 거론하지 않았지만, 부처님의 말씀에 공감하고 동조하는 마음에 '말씀 뒤의 말씀'을 이해하였기에 체루비읍(涕淚悲泣)하였고, 그 깨달음과 감격으로 본질을 거론한 것입니다.

할 '나'라는 생각을 버릴 때 얻는 복

영어를 배울 때도 주격·소유격·목적격을 제일 먼저 배우고, 일본어도 고소아도(こそあど: 이것·그것·저것·어느 것)를 배운 다음 주격·소유격·목적격을 학창 시절 내내 배웁니다. 그것도 선진국의 남을 존중하는 정신과 남의 것을 탐내면 안 된다는 생각이 언어에 배어든 것이라는 설명과 함께……. 그리고 우리 마누라, 우리 집 등 아무 데나 '우리'라는 말을 붙여서는 나누어 쓸 것도 아니면서 얼렁뚱땅 남의 것도 내 것이라고 하는 '우리' 국민의식은 아주 문제가 많다는 식의 폄하교육을 받으며 성장했습니다. 그리고 우리라는 집단에 끼이지 못한 사람들에 대한 따돌림, 천시 등이 한국을 속좁은 나라로 만들고 있다는 이야기도 합니다.

그런데 부처님은 정말 우리가 '하나'라고 합니다. '나'라는 생각만 버리면 온 우주의 복이 그 '나'라는 생각이 떨어진 자리로 물밀듯이 밀려온다고 합니다. 마치 강에서 바가지로 물을 퍼내면 그 자리에 다른 물이 밀려오듯이 다시 채워진다고 합니다.

그 엄청난 말씀에 수보리는 감격하여 눈물까지 흘리는데 나는 눈물이 한 방울도 안 납니다. 아직 실감이 안 나는 것입니다. 하지만 정말 엄청난 이야기입니다. 믿는 바 마음을 굳게 갖고 그 마음을 청정히 하면, 즉 사심없이 우리가 원하는 것에만 전념하면 우리에게도 부처의 세계가 생겨나고, 최고의 제일가는 희유한 공덕을 얻을 수 있다고 합니다. 세계 최고, 우주 최고의 가치가 있는 것을 원하기만 해도 가질 수 있다는데, 세계 100위도 안 되는 한국 부자는 문제가 되질 않습니다.

"세존이시여! 제가 이제 이와 같은 부처님 말씀을 듣고, 믿고, 깨달아 마음으로 받아 지니기에도 부족함과 어려움이 있지만, 만일 500세 이후에 어떤 중생이 이 경을 듣고, 믿고, 깨달아 수지한다면, 그 사람야말로 제일로 희유한 사람이라 할 것입니다. 왜냐하면 그 사람은 아상·인상·중생상·수자상이 모두 없기 때문입니다. 왜냐하면 아상은 올바른 상이 아니고 인상·중생상·수자상도 모두 올바른 상이 아니기 때문입니다. 이렇듯 일체의 상을 떠난 사람, 그 사람을 부처님이라 이름하나이다."

"世尊! 我今得聞如是經典, 信解受持, 不足爲難. 若當來世, 後五百歲, 其有衆生得聞是經, 信解受持, 是人則爲第一希有. 何以故? 此人無我相·人相·衆生相·壽者相. 所以者何? 我相, 卽是非相, 人相·衆生相·壽者相, 卽是非相. 何以故? 離一切諸相, 卽名諸佛."

강설

여기서의 '비(非)'는 '아닐 비(非)'자 로 쓰였습니다. 한마디로 아상·인상·중생상·수자상 같은 것들은 모두 자기 눈에 그렇게 보이기에, 그렇게밖에 보이지 않는 허상이기에, 실상이 아닙니다.

여러분, 우리 실상을 봅시다. 실상 곧 부처님의 세계, 하느님의 세계를 보자는 말입니다. 이 세계의 진리를 제대로 볼 줄만 안다면 무엇을 얻지 못하겠습니까? 성공이 무엇이고, 발명이 무엇이고, 부자가 무엇이고, 재벌이 무엇입니까?

이 세속의 세계는 항상 먼저 본 사람이 임자고, 승자가 모든 것을 가지는 구조입니다. 그러나 눈이 맑고 마음에 장벽이 없어야만 넓고 높고 정확하게 볼 수 있습니다. 그래야 승자가 될 수 있습니다. 쉽게 말해서 한 차원 높아져서 차원이 다른 눈과 마음을 갖게 되면 모든 것을 가질 수 있습니다. 그 모든 것을 갖되 집착하지 않는 자, 그런 사람들이 보살이고 부처님의 세계 곧 실상을 본 사람입니다. 우리도 말법시대라고 하는 후오백세에 살고 있는 사람들이지만 우리 세대에 《금강경》을 제대로 믿고, 깨끗한 마음으로 항상 감사히 생각하고, 말과 생각과 행동을 청정하게 하여 그 뜻 또한 깨끗한 것을 품는다면, 어찌 부처님의 가호지묘력(加護持妙力)이 남의 것만 되고 내 것은 안 되겠습니까? 그것은 누가 하는가의 문제이며, 타고 나거나 갖고 오는 것이 아닙니다.

한 차원 높아지는 경계! 그것은 지금의 나를 버리지 않고는 불가능합니다. 청정심을 내는 것! 지금의 나를 버리지 않고는 불가능합니다. 그러나 나만 버리면 모든 것이 가능합니다!

부처님이 수보리에게 이르셨다.

"그렇다! 그렇다! 만일 어떤 사람이 있어 이 경을 듣고 놀라지도 않고 두려워하지도 않고 경외심도 내지 않는다면, 이 사람이야말로 마땅히 매우 희유한 사람이라고 할 것이니라. 어째서 그러한가? 수보리야! 여래가 이르기를 내가 말하는 제일바라밀이라는 것은 그냥 보시가 제일의 덕목이라고 해서 제일바라밀이라는 것이 아니라 보시의 의미하는 바를 마음으로 확연하게 깨닫는 바라밀을 의미하기에 제일바라밀이라고 이름하는 것이니라."

佛告須菩提: "如是! 如是! 若復有人, 得聞是經, 不驚·不怖·不畏, 當知是人, 甚爲希有. 何以故? 須菩提! 如來說第一波羅蜜, 卽非第一波羅蜜, 是名第一波羅蜜."

강설

나는 이 부분이 너무 어려웠습니다.

불경, 불포, 불외 그리고 희유.

한자로는 뜻이 명확하고 의미도 좋은데, 한글로만 적으면 그 뜻이 헷갈립니다. 한글로는 마치 '이 경을 듣고도 아무 심적 변동이 없다면 아주 희한한 사람이다'라고 하는 뜻이 됩니다. 한자로 적으면 칭찬이 되고 한글로 번역하면 욕이 되는 이러한 현상은 본인의 무식한 소치입니다만, 현명한 독자제위는 그 말뜻의 실상을 잘 파악하시리라 믿습니다.

여러 스님들의 책을 보면 '깨달음이 수천만 억의 보시보다 훨씬 수승하고 중요한 것이라는 이 경구 자체가 부처님 이전에도 없었고 부처님 이후에도 없던 가르침이고, 그렇기 때문에 이런 놀라운 사실을 듣고 놀라지 않는 사람이 없었다'는 의미입니다. 놀라거나 두려워하는 것은 그래도 눈치가 빠르고 눈이 밝기 때문이고, 무슨 소리를 해도 금방 알아듣는 사람이기에 좋은 의미라는 것입니다.

나는 한자가 참 재미있다고 생각할 때가 많습니다. 이 '경(驚)'자만 해도 그렇습니다. 중국 근대화의 영웅 덩샤오핑의 좌우명은 처변불경(處變不驚), 즉 '어떠한 변화에 처해도 놀라지 않는다'였다고 합니다. 사실 덩샤오핑 같은 사람이 이러한 가르침을 들었다면 놀라지 않았을 것입니다. 좋다고 판단하면 그냥 즉각 시행했을 사람이니까……. '경(驚)'자가 경망하거나 가벼움의 의미를 지니기도 하지만, 여기서는 놀라움을 표시하는 말입니다.

"여래가 설한 제일바라밀이라고 하는 것은, 바라밀 중에서 넘버 원(No.1)이라는 것이 아니라 그 의미하는 바가 제일의 바라밀이기에 제일바라밀이라고 하는 것이니라."고 하는 구절은 왜 뒤에 통상적으로 시명바라밀이 오는가 등의 여러 가지 학설이 있습니다. 지금까지 부처님은 보시에 관해서 주로 말씀하셨고, 통칭 제일바라밀은 보시바라밀을 이야기하기에 제일바라밀은 보시바라밀을 의미한다고 생각됩니다. 《금강경》의 핵심사상은 "'나'라는 상(相)을 버

리라"는 것이고, 그 상(相) 떨어진 자리로 온갖 복이 물밀듯이 밀려
온다는 '작용과 반작용의 우주법칙'을 설하고 있습니다. 때문에 보
시바라밀을 제일바라밀이라고 하는 것은 그것이 제일 중요해서가
아니라, 마음을 항복 받을 때 제일 먼저 해야 할 일이기에 제일바라
밀이라고 하는 것으로 보면 됩니다.

드디어 인욕바라밀로 넘어갑니다. 도올 김용옥 선생님의 책에서
는 "《금강경》 연구에서는 서양권 최고의 권위자인 콘즈(Contze)는
《금강경》이 13분의 '시고명위 금강반야바라밀'에서 끝난 것인데,
그 다음은 후대에 갖다 붙인 것 같다"고 한 견해를 소개하고 있는
데, 그것은 아닌 것 같습니다.

저는 한문본의 허사, 즉 어조사를 찾기가 번거로워서 영어로는
전치사를 어떻게 쓰는지 알고 싶어서 콘즈가 번역한 영문《금강경》
을 한 번 보았는데, 좀 너무하다 싶었습니다. 보이지 않는 세계를 보
이는 말과 글로 쓰다 보니 무리가 있었겠지만, 영 아니올시다 싶었
습니다. 영어로 된《금강경》은《금강경》 해설서이지 우리처럼 수지
독송할 수 있는 경전이 아닙니다. 저는 언제라도 영어가 되는 진정
한 도반을 만나면 맥아더(Mac Arthur) 장군의 아들을 위한 기도문(A
Father's Prayer)처럼 독송할 수 있는《금강경》을 미국에서 출간하려
고 마음먹고 있습니다. 요즈음 새로 생긴 꿈입니다.

"수보리야! 인욕바라밀이라는 것도 여래가 설하는 바 말로 하는 인욕이 아니라 마음으로 구체화되는 인욕바라밀을 말하는 것이니라. 어째서 그러한가? 수보리야! 마치 내가 가리왕에게 신체가 마디마디 잘렸을 때, 나는 그때 아상도 없었고, 인상·중생상·수자상 등 그 어떠한 상도 없었느니라. 어째서 그러한가? 내가 옛날에 몸이 마디마디 해체되어 잘려나갔을 때, 만일 내가 아상이라든가 혹은 인상·중생상·수자상 등이 있었으면 마음에 성냄과 원한이 생겼을 것이니라. 수보리야! 또한 나는 내가 과거 오백세 전에 인욕선인으로 살던 것을 분명히 기억하고 있으니, 그때도 나에게는 아상·인상·중생상·수자상 등 일체의 상이 없었느니라."

"須菩提! 忍辱波羅蜜, 如來說非忍辱波羅蜜. 是名忍辱바羅蜜 何以故? 須菩提! 如我昔爲 歌利王 割截身體. 我於爾時, 無我相·無人相·無衆生相·無壽者相. 何以故? 我於往昔節節支解時, 若有我相·人相·衆生相·壽者相, 應生瞋恨. 須菩提! 又念過去於五百世, 作忍辱仙人, 於爾所世, 無我相·無人相·無衆生相·無壽者相."

※ 割; 절단하다, 가르다. / 截; 끊다.

지금부터 나오는 인욕, 즉 욕(辱)을 참는 바라밀은 우리들 세속법에 따라 사는 사람에게 너무도 중요한 것입니다. 만일 화를 참지 못한다면, 그리고 화를 다스리는 법을 배우지 못한다면, 성공이고 부자고 출세고 뭐고 아무것도 할 수 없기 때문입니다. 사실 최근에 방문한 틱낫한 스님의《화》라는 책이 전세계적으로 히트하고 우리 나라의 많은 사람들도 그분에게 열광하기에 약간은 의외라는 생각이 든 것도, 제가 이 글을 쓰게 된 계기가 되었습니다. 여하간 그분의 평화로운 모습도 참 좋았지만, 우리 나라 스님들에게도 더 명쾌하고 좋은 사상이 많습니다. 아마 일반인들에게는 우리 나라 스님들에 대한 존경심이 아직은 덜 생기는 것인지도 모르겠습니다. 그 역시 무지와 선입견의 탓이라고 할 수 있습니다.

달라이 라마, 틱낫한 스님뿐만 아니라 수행자라면 어느 누구도 화를 내지 않습니다. 화는 자기에게 손해이고 결국은 자기가 자기에게 화를 퍼붓는 것이 되기에 머리가 깨인 사람은 절대 화를 내지 않습니다. 화를 낸다는 것은 그만큼의 재앙이 남아 있는 것이라고 보면 정확합니다. 단지 그 시간이 문제입니다. 그래서 인욕바라밀은 중요합니다.

앞에도 나오고 여기도 나왔지만 오백세의 '세(世)'라는 것은 우주의 생성과 소멸이 한 차례 끝나는 것을 한 세상(一世)이라고 하므로, '오백세전'이란 '아주 오래 전'이란 뜻으로 해석합니다. 부처님 같으신 수행자가 왜 가리왕 같은 시골 왕에게 그런 수모를 당하셨을까? 우리 수준에서 생각하지 말고 부처님의 화를 다스리는 법,

"수보리야, 인욕바라밀은 인욕바라밀이 아니다"라는 구절을 보면 됩니다.

부처님의 인욕바라밀은 참는 것이 아니고, 일어나야 할 일이 때가 익어 지금 일어나고 있는 것이니 감사히 받자는 사상입니다. 모든 것을 통찰한 자의 자신감, 즉 자신을 일깨우는 철학이 그 감사의 기저에 있습니다. 사실 화가 나고, 억울한 일을 당하고, 피해를 입는 일이 우리 세속에는 너무도 흔합니다. 그러나 위기상황에서 화를 내거나 마음이 흔들리면 절대로 안 됩니다. 언제나 위기상황에서의 처신이 그 사람의 품격을 결정하는 법입니다.

부처님이 옛날 가리왕에 의해서 신체가 베어지고 잘려졌을 때, 그때 부처님은 나라는 생각, 즉 아상·인상·중생상·수자상이 없었다고 하셨습니다. 만일 그때 내가 몸이 마디마디 잘려나갈 때 아상·인상·중생상·수자상 등이 있었다면, 당연히 '화'와 '원한'이 생겼을 것이라고 말씀하십니다.

가리왕의 우화. 자기 궁녀들이 부처님한테 설법을 들으러 가자 질투심이 생긴 가리왕이 부처님의 몸을 갈기갈기 베어버리는 이야기인데, 부처님은 가리왕을 죽이려는 하늘의 신들에게 보복하지 말라고 막으십니다. 예전에도 이처럼 성인들에 대한 학살은 많았나 봅니다. 예수님도 이에 못지 않으시고, 나찌 치하에서의 폴란드 신부님, 월남 치하에서의 베트남 스님 등 현대에 들어서도 끊임이 없습니다.

부처님이 계속 말씀하시길, 또한 과거 오백세 전에 인욕선인으로 지내셨던 것을 기억하시는데, 그때도 아상·인상·중생상·수자상이 없었다고 말씀하십니다. 무슨 소리인가? 나라는 상(相)이 없이 모든 것을 그냥 여여(如如)하게 미움없이 감사하게 받으신 것입니다. 매사를 감사로 받아들이는 자에게는 계속해서 감사할 일만 생기고, 매사 불평하고 투덜대는 자에게는 꼭 투털댈 일만 생긴다는 '마음의 자석' 이론으로 충분히 이해하고도 남는 일입니다.

그러나 나도 그럴 수 있을까 하는 생각이 들 수 있습니다. 제 대답은 이렇습니다. 지금은 아니겠지만, 수행하면 나도 그럴 수 있겠다는 생각이 든다는 것입니다. 모든 화는 마음에서 일어난 쓰레기이며 부처님은 그 쓰레기도 훌륭한 보시물이라고 하셨습니다.

할 위기상황에서 승자가 되려면

아! 정말 저는 왜 《금강경》을 이제야 접하게 되었을까? 저는 수보리처럼 이 《금강경》의 위대함에 체루비읍(涕淚悲泣)이 되는 것은 아니지만, 깜깜하고 무지하게 살아온 40년 세월이 너무 한심해서 눈물이 다 납니다. 알긴 알았는데 너무 늦어서.

부처님은 12연기설을 말씀하셨습니다. 사람은 윤회할 수밖에 없는 12단계의 생각과 말과 행동을 한다는 것입니다. 이 12연기설로 왜 사람들이 계속 주식을 사고 파는지, 그리고 그것이 왜 오르고 내리는지를 분석해 보았는데, 12단계 중에서 오직 3단계만이 집중적으로 주식시장에서 일어나고 있었습니다. 다시 말해서 12단계 중 3번째인 식(識)의 단계, 4번째인 명색(名色)의 단계, 그리고 5번째인 안이비설신의(眼耳鼻舌身意)라는 우리의 감각기관이 작동하는 6입(入)의 단계를 합쳐서 3식이라고 하는데, 이 3식에 영향을 미치는 거시경제 변수·환율·금리·해외 움직임·주택가격·원유가격·물가수준·기업합병·대주주 동향, 그리고 정치·사회·문화의 모든 것이 주식시장의 결정요소가 됩니다.

주식시장에서는 대상 자산(주식·채권·부동산)의 균형가격이 결정될 때, 그 자산의 기본가치보다 경제시장의 논리가 더 지배적입니다. 곧 사자가 팔자보다 많으면 가격은 올라가는 것이고, 그 반대일 때는 가격이 내려갑니다. 그런 유사한 환경이 계속되다 보니 자연히 통계학과 심리학이 상당히 중요해집니다. 그래서 자산과 다른 시장 참여자의 마음자리와 경제의 심리상황인 심리 즉 센티멘트(sentiment)를 보아야 하는 것입니다. 가격이 올라갈 때 동참하지 않았을 경우의 기대손실이 부추기는 기대감이 더 비싼 가격으로 시장을 따라가게 하고, 가격이 내려갈 때의 공포심이 지금이라도 탈출하자는 심정이 시장가격을 한 차례 더 밑으로 끌어내리는 현상이 벌어집니다. 결국 위기상황에서는 눈 밝은 사람이 승자가 됩니다. 그래서 이 책을 여러분에게 다시 권하는 것입니다.

"그러기에 수보리야! 보살은 마땅히 이러한 일체의 모든 상을 떠나서 아뇩다라삼먁삼보리의 마음을 내야 하느니라. 어디에도 마음을 두지 말고 마땅히 아무 곳에도 머물지 않는 마음(無所住心)을 내어야 하느니라. 만일 마음이 어느 곳에라도 머문다면(若心有住), 그릇되게 머문 것이니라(則爲非住). 그러한 고로 부처님께서는 '보살은 마땅히 색에 머무르는 보시를 해서는 안 된다'고 하셨느니라. 수보리야! 보살은 일체중생의 이익을 위하여 마땅히 이와 같이 보시를 하여야 하느니라."

"是故, 須菩提! 菩薩應離一切相, 發阿耨多羅三藐三菩提心. 不應住色生心, 不應住聲·香·味·觸·法生心, 應生無所住心. 若心有住, 則爲非住. 是故, 佛說菩薩心, 不應住色布施. 須菩提! 菩薩爲利益一切衆生, 應如是布施."

강설

아뇩다라삼먁삼보리심을 낸다는 것은 나도 부처가 되겠다는 마음을 내는 것입니다. 자신이 추구하는 최고의 것을 성취하겠다는 마음입니다. 그런데 명예든 돈이든 가문의 영광이든, 무엇을 쟁취하기 위해서든, '마음을 두지 말고 그냥' 자신이 추구하는 것을 위해 가라는 것입니다. 그렇지 않고 어디에라도 마음을 두면(若心有住),

그것은 잘못된 욕망과의 만남 곧 잘못된 머무름(即爲非住)이라는 것입니다. 때문에 부처님께서는 보살심이라는 것은 색에 머물지 않고 보시하는 것이며, 보살은 일체중생의 이익을 위해 마땅히 이렇게 보시하는 것이라고 말씀하 십니다. 멋진 한마디의 선언입니다.

할 불공은 남을 돕는 것

모든 일체중생을 위한 보시에 관해서는 성철 스님의 〈불공드리는 법〉이라는 법문에도 잘 나와 있습니다. 성철 스님은 기독교의 사회활동, 봉사활동 등에 내재한 사랑과 비교해서 불교 집안의 갑갑함을 많이 말씀하셨습니다.

성철 스님의 핵심 가르침인 불공이라는 것은 '남을 돕는 것'입니다. 그래서 모든 생활기준을 남을 돕는 데에 두어야 하며, 스님은 부처님 법을 배워 남을 돕는 법을 일반 중생에게 가르쳐 주는 사람이고, 절은 그 방법을 보여 주는 실습장이라고 하셨습니다. 성철 스님에 의하면, 불교의 대상은 절대로 부처님이 아니며 일체중생이 그 불공의 대상이라는 것입니다. 특히 스님들이 불전에서 목탁을 치고 신도들의 명과 복을 비는 것은 불공이 아니며, 남을 도와주는 것이 참 불공임을 깊이 이해해야만 우리 불교에도 새싹이 돋아날 것이라고 누누이 말씀하셨습니다.

예전에 성철 스님이 입적하시기 전까지 아침마다 108배를 하고, 그 힘든 108배의 공덕이 항상 다른 사람에게 가라고 기도하신 다음에 108배를 마치셨다는 이야기를 들었을 때, 그것은 말도 안 되는 위선이라고 생각했습니다. 너무도 부끄럽지만 사실입니다. 그러나

오랜 세월이 흘러 저도 108배라는 것을 아침마다 합니다. 그 공덕이 누구누구한테 가소서 하고 기도하면 그 효력이 즉각 나타나는 경우가 많아 요즘은 저도 아주 신이 나 있습니다. 저는 그것을 '텔레파시 마케팅'이라고 이름하였는데, 누가 믿건 말건 영업할 때 '내 손님 잘 되시라'고 기도하는데 안 될 이유가 어디 있겠습니까? 그분들이 잘 되야 나도 잘 된다는 것은 우리 집사람도 아는 상식입니다.

　여기까지 한 번 보면, 보시는 기브(Give)이고 인욕은 테이크(Take)로 알기 쉽습니다. 하지만 불교는 주되 받지는 않는 종교입니다. 단 주고 난 그 자리에 무엇인가 자동적으로 채워집니다. 그러기에 주는 것에는 아무런 상(相)이 없어야 하며, 그래야 들어오는 것도 걸림 없이 들어오게 됩니다. 당연히도 다음 주제는 상으로 시작됩니다.

"여래가 설한 일체의 상은 모두 눈에 보이는 대로의 상이 아니고, 또한 일체중생은 눈에 보이는 대로의 그러한 중생이 아니니라. 수보리야! 여래는 이와 같이 참답게 이야기하고, 실답게 이야기하고, 있는 그대로 이야기하고, 미친 말을 하지 않고, 다른 뜻이 있는 말을 하지 않느니라. 수보리야! 여래가 얻은 이 법이라는 것은 실다운 것도 아니고 허망한 것도 아니니라."

"如來說一切諸相, 卽是非相. 又說一切衆生, 卽是非衆生." "須菩提! 如來是眞語者·實語者·如語者·不誑語者, 不異語者. 須菩提! 如來所得法, 此法無實無虛."

강설

상(相)이라는 것은 쉽게 말하면 껍데기, 즉 허울입니다. 우리는 물건이든 사람이든, 학벌이든 경력이든, 남자든 여자든, 어느 나라 사람이든, 혹은 주식이든 부동산이든 채권이든, 어느 집 자식이든, 어느 회사 출신이든, 미국에서 공부했든 지방에서 공부했든, 누가 추천했든 간에 그 허울과 껍데기에 얼마나 많이 속으면서 살아왔습니까? 실(實)도 상(相)이고 허(虛)도 상(相)입니다. 그래서 '무실무허(無實無虛)'라고도 해석합니다. 그러니 마음으로 보아야 하고 마음으로 깨달아야 한다는 뜻입니다.

그러나 우리들의 미욱한 눈에 들어오는 것이 다 상(相)인데 그 상

(相)을 어찌 믿겠습니까? 우리가 하찮다고 생각하는 중생이 그 실상은 하찮은 것이 아니니, 그런 어리석음을 범해서는 안 됩니다. 눈에 보이지 않아 실질적 모습으로 나타낼 수가 없어 '무실(無實)'이고, 그렇다고 허황되고 헛된 망상이 아니기에 '무허(無虛)'라고 합니다. 어느 옛 조사님의 노래를 소개합니다.

누가 침묵을 말이 아니라 할 것이며
누가 미소를 설법이 아니라고 한단 말인가?
그대 모르겠는가? 그대 향한 나의 사랑을…….

여러분 어떻습니까? 여기《금강경》에서의 청중 1250명의 비구는 나름대로 공부를 한 사람들로 일반인이 아닙니다. 그런데 이 사람들이 부처님께서 하시는 말씀이 못 미더워서 정말 그럴까 하는 눈치를 계속 보입니다. "나는 진어자(眞語者)요, 실어자(實語者)요, 여어자(如語者)요, 불광어자(不誑語者)요, 불이어자(不異語者)"라는 말을 계속해서 반복하시는 부처님의 가슴 답답해하시는 모습이 나오는데…….

우리 나라 말로 하면 이렇습니다. "내 말 진짜야! 나는 사실대로 이야기하고 있는 것이야! 나는 지금 있는 그대로 이야기하는 거야! 나 지금 미친 소리 하는 것 아니야! 나 딴 뜻이 있어서 지금 이 말 하는 것 아니야!"라는 부처님의 가슴치는 소리를 한문으로 적어놓으니 점잖아 보이지 사실 지금 부처님께서 가슴을 치시며 답답해 하시는 그 상황이 너무 생생하지 않습니까? 그 상황이 너무도 생생하여 웃음이 다 나옵니다. 부처님은 모두 알고 계실지라도 아직 눈으로 보지 못한 그 제자들로서야 어찌 믿음이 생기겠습니까?

할 보지 않으면 믿지 않는 어리석음을 벗어나기 위해

그러나 요즘에는 하이젤베르크의 불확정성의 원리, 아인슈타인의 상대성 원리, 카오스 이론, 내쉬의 균형이론 등으로 우주법칙이 쉽게 계량화되어 설명되고 있기에 믿기가 더 쉽습니다.

식물과 대화하여 식물의 반응을 포착, 식물도 마음이 있음을 밝혀낸 연구도 있습니다. 물도 마음이 있어 그 마음이 사진으로 찍힙니다. 최면술로 연령역행을 하여 전생으로 돌아간다는 등의 일이 낯설지 않습니다. 우리는 부처님 수행시절의 부처님 제자보다 더 그럴듯한 답안지를 적어낼 수도 있을 것입니다.

그러나 당시 사람들은 자기가 부처님처럼 수행하여 깨닫기 전에는 절대로 알 수 없는 세계입니다. 그러니 어찌 믿음이 생기겠습니까? 부처님 심정이 이해가 됩니다. 예를 들면, 〈타이타닉〉을 보고 온 사람이 자기가 본 영화에 대해 나름대로 최선을 다하여 말과 글로 나에게 설명해주어도, 직접 본 사람이 느낀 감동은 저에게 제대로 전달되지 않습니다. 즉 영화에 대해서 너무 오버한다든가 혹은 시시해 한다든가, 자기가 직접 보기 전에는 모르는 것입니다. 부처님 복창 터지기 일보 직전의 모습이 생생합니다. 그 제자들도 그럴진대 하물며 우리는 어떻겠습니까?

"수보리야! 보살이 마음을 법에 머물러 두고서 보시를 행하면 마치 어떤 사람이 깜깜한 곳에 들어갔을 때 아무것도 보이는 것이 없는 것과 같고, 만일 보살이 마음을 법에 머물지 않고 보시를 행하면 마치 어떤 사람이 눈이 있어 해의 광명으로 갖가지 물건들을 비추어 보는 것과 같으니라. 수보리야! 장차 올 세상에 만일 어떤 선남자 선여인이 능히 이 경을 수지독송하면 즉시 여래가 부처의 지혜로 이 사람을 알고 또 보아서 무량무변한 공덕을 성취하게 하리라."

"須菩提! 若菩薩心住於法而行布施, 如人入闇, 卽無所見. 若菩薩心不住法而行布施, 如人有目, 日光明照, 見種種色." "須菩提! 當來之世, 若有善男子·善女人能於此經受持讀誦, 卽爲如來, 以佛智慧, 悉知是人, 悉見是人, 皆得成就無量無邊功德."

강설

"심주어법 이행보시 여인입암 즉무소견(心住於法 而行布施 如人入闇 卽無所見)"이라는 말도 성철 스님이나 달마 스님의 한마디 말로 다 알 수 있습니다. 마음에 어떤 허울을 뒤집어쓰고 하는 보시는 자랑하고 싶어지고, 그 자랑이 입 밖으로 나가면 모두가 꽝이라는 것입니다. 보시의 마음이 어떤 법에 근거를 두었으니 즉 보상심리라는 계산법에 근거를 두었으니, 그 들어올 복만 그것도 자기가 미리 예상하고 바라는 복에만 눈이 멀어 있으니 옆에 다른 더 큰 복이 있어도 하나도 못 보는 것입니다. 그것이 여인입암 즉무소견(如人 入闇 卽無所見)입니다. 다시 말해 마치 사람이 어두운 곳에 들어가면 전혀 보이지 않는 것과 같습니다.

그 반대는 "심부주법 이행보시 여인유목 일광명조 견종종색(心不 住法 而行布施 如人有目 日光明照 見種種色)"입니다. 견종종색(見種 種色)은 온갖 종류(種)의 색상 및 형태(色)를 본다는 말입니다. 더구나 일광(日光)이 명조(明照)라, 즉 햇빛이 밝게 비치는 상태입니다. 쉽게 말해 복이 무진장 들어오는데 '어, 저거 좋겠다, 이게 필요하겠는데' 하면 다 끌어다 쓸 수 있을 정도의 풍족함이 생긴다는 것입니다. 그래서 천하도 얻고, 원하는 것을 다 얻게 하는 지혜가 《금강경》에 있습니다.

그래서 이 원리를 제발 좀 알아서 세상사에 그 쓰임새를 구하라고 이 책을 수지독송하라는 것이고, 그 뜻을 받아 지니고 실제 그렇게 행동하면 그런 사람 다 알고 그런 행위 다 보시고는 무량하고 무변한 공덕을 다 성취하게 하시겠다는 것입니다. 이 얼마나 가슴 뛰는 복음입니까?

할 자신의 게으름과 태만을 무소유라고 속이지 말라

부처님의 불광어자라는 말씀을 우리 세속말로 바꾸어 보면 광어(미친말)를 하는 사람이 아니란 뜻입니다. 부처님이 미친 사람이 아니라 우리가 부처를 믿기에 불교신자라고 생각한다면 어찌 불교를 '가난을 추구하는 종교'라 한단 말입니까? 자신의 태만을 '마음 비움'으로 가장하고 그로 인한 '가난'을 '무소유'로 가장하는 자들이

158

저는 싫습니다. 나의 그런 과거가 싫었기에 아직도 그렇게 생각하는 많은 사람이 안타깝습니다. '무소유'는 집착이 없는 상태입니다. 집착은 들러붙는 것입니다. 자기가 사랑하는 것에 집착하지 않을 수 있는 것은 단지 맡고 있는 것일 뿐, 소유하겠다는 마음이 없는 상태에 이르렀기 때문입니다.

우리 나라 역사에서 통일신라의 진흥왕이 왕위에서 물러나 스님이 된 것은 보통 사람들에게는 멋지겠지만 불교에서는 시시한 이야기에 불과합니다. 그러나 중국 청왕조를 세운 순치황제가 재위중에 도망가 금산사 절에 나무하고 불때는 부목 노릇한 것은 그럴 듯한 무소유의 이야기로 전해옵니다.

가지되 탐착하지 않는 것이 무소유입니다. 즉 사랑이나 돈의 노예가 되지 않는 것이 무소유입니다. 법정 스님의 무소유는 스님에게 자꾸 무엇이 생겨서, 그러한 생기는 모든 일과 재물들을 누구 주고 버리고 도망가고 그것도 부족해 산으로 도망가니 행복하다는 것이지, 부처님 법을 배운 사람이 호구 하나 해결 못해서 스스로를 자족하는 의미에서 무소유를 주장하시는 것이 아닙니다. 무소유는 누구에게나 멋진 지향점이 되겠지만 게으른 자와 노력하지 않아 무능한 자들의 방패이론은 아니며 오히려 훼불(毀佛)이며 방불(謗佛)이라고 저는 생각합니다.

여러분은 여러분이 원하는 모든 것을 가질 수 있다고 부처님께서는 생생하게 말씀하시고 있습니다. 부처님 말씀에는 "부자가 하늘나라에 가기는 낙타가 바늘구멍 들어가기보다 어렵다"는 이야기와 비슷한 것조차도 없습니다. 단 우리가 부자가 되기 위해 돈을 벌어야 하는 것이 아니라는 것입니다.

무엇 무엇이 되기 위해(즉 相을 가지고) 목적 달성을 하려고 하면 깜깜한 방에 들어가서 아무것도 볼 수 없지만, 목적지를 확실히 세워 상(相)없이 일하기만 하면 햇빛이 모든 물체를 밝게 비추어 모든 상황을 정확히 알 수 있게 되듯이 원하는 것을 다 성취할 수 있다는 이야기입니다. 도(道)를 구하는 것이라면 도(道)가 발견될 것이요, 부자가 되고 싶으면 부자가 되는 길을 찾을 것입니다. 출세가 하고 싶으면 출세하는 길을 발견하게 될 것입니다.

단 조건은 두 가지입니다. 첫째는 선남자 선여인이어야 하고, 둘째는 이 경전에서 전하고자 하는 메시지를 마음으로 받아 지니고 독송하며 실천해야 합니다. 그러면 우리가 원하는 것을 알고 취하게 하겠노라고 하십니다. 혹은 달리 번역해서, '이 사람들을 다 알고 보므로 무량복덕을 성취하게 하리라'고 부처님은 약속합니다.

"에이, 설마." 하지 마십시오. 예수님도 같은 말씀을 하셨습니다. "보지 않고 믿는 자가 진복자(眞福者)"라고 말입니다.

15

경을 지님으로 해서 생기는 공덕

(持經功德分)

경을 지님으로 해서 생기는 공덕에 대해서 다시 이야기한다.

'아는 것이 병'이라는 속담처럼 이 지경공덕 같은 사상을 '기복신앙' 혹은 '종교적 신비주의'라는 말로 단지 부처님이 무식한 우리 중생 가르치기 위해 말씀하신 일종의 방편설법이라고 표현하는 사람이 많다.

그러나 나는 '한 소식' 하셨다는 스님 중 어느 한 분의 책이나 설법에서도 아직 그런 소리를 들은 적 없고, 크게 성공한 내 고객 중에 자신의 현재가 우연이라고 믿는 사람을 본 적이 없다. 모두 기도를 통해 깨달음을 얻으셨고, 믿음을 통해 원하는 바를 성취한 사람들이다. 부처님을 믿건, 하느님을 믿건, 조상님의 가피력을 믿건, 하늘이 돌봐주고 땅이 무서운 줄 알아 행동거지에 선함이 깃들어 일관되게 자신을 가꾸어 온 사람들이다.

지경공덕이 방편이라고 믿는 사람은 대학시험 수석합격생이 "하루에 8시간씩은 꼭 잤다."고 하는 말을 믿고 자기도 8시간씩 자는 학생과 전혀 다를 바 없다. 그것도 수석이 목표도 아니고 붙기만을 바라면서…… 뭐든지 원하는 것을 얻으려면 필사적으로 해야 한다. 그리고 제대로 알고 행해야 한다는 것이 이 분(分)의 가르침이다.

"수보리야! 만일 선남자 선여인이 아침에 항하의 모래알 수만큼 몸과 목숨을 바쳐 보시하고, 점심에 또 항하사 모래알 수만큼 몸과 목숨을 바쳐 보시하고, 또 저녁에 항하사 모래알 수만큼의 몸과 목숨을 바쳐 보시하고, 그리고도 만일에 매일 매일 무량한 시간 동안 억천만 겁을 몸을 바쳐 보시하였다고 하자. 그리고 또 어떤 사람이 이 경전을 듣고 그 믿는 마음을 거스르지 않는다면 그 공덕이 앞의 보시공덕보다 더 수승하거늘, 하물며 듣는 데 그치지 않고 쓰고 옮겨 적어 그것을 마음으로 받아 지니면서 게다가 다른 사람에게 해설까지 하는 사람은 그 받는 복을 어찌 말로 다 형용할 수 있겠느냐?

수보리야! 내가 이제 중요한 말을 하겠는데(以要言之), 이 금강경에서 설하는 내용은 그 뜻도 불가사의하고 그 공덕은 달아 잴 수도 없을 만큼 많고(不可稱量), 또한 끝도 없이 광활한 것이니라(無邊). 그리고 여래는 대승을 위한 사람들과 최상승을 위한 사람들만을 위해서 이 경을 설하는 것이니라."

"須菩提! 若有善男子·善女人, 初日分, 以恒河沙等身布施, 中日分, 復以恒河沙等身布施, 後日分, 亦以恒河沙等身布施. 如是無量百千萬億劫, 以身布施. 若復有人, 聞此經典, 信心不逆, 其福勝彼. 何況書寫·受持·讀誦, 爲人解說? 須菩提! 以要言之, 是經有不可思議·不可稱量·無邊功德. 如來爲發大乘者說, 爲發最上乘者說."

162

부처님의 단호한 선언이 나오는 대목입니다. 부처님은 한 마리 길 잃은 양을 구하러 다니시지 않았습니다. 부처님은 게으른 사람을 멀리하셨고, 품은 바 꿈이 작은 자도 멀리 하셨습니다. 수준이 낮은 자도 멀리 하셨고, 이기심이 강한 사람도 멀리 하셨습니다. 다만 그 사람들의 업이 모두 소멸해서 본래의 불성을 찾을 때까지 기다릴 뿐입니다.

《법화경》을 보면 강의 중에 여러 사람 쫓아내시기도 합니다. 너희들은 내 말을 못 알아들을 것이라고 하십니다. 그리고 부처님의 그 엄격함에 배움의 기회를 놓친 사람들을 위해 마구 길 잃은 양을 찾아다니는 사람들이 보살들입니다. 지금 부처님은 그런 큰 꿈을 가진 보살들을 위해 이 자리를 마련한 것이라고 단언하십니다.

불교집안에서는 하루를 넷으로 나눕니다. 그 중에 6시간은 자고, 나머지 6시간씩 18시간이 아침 3시부터 9시까지를 초일 분, 9시부터 오후3시까지를 중일 분, 3시부터 저녁 9시까지를 후일 분으로 나눕니다.

하루종일 몸과 목숨을 바쳐 보시하는 것을 이렇게 묘사하는 것입니다. 불공이라고 하면 '돈 내라'는 소리인 줄 알고, 보시하라고 하면 또 '돈 내라'는 소리인 줄로 아는 사람들이 있는데, 지금은 신명보시가 나왔습니다. '몸 신(身)'자와 '목숨 명(命)'자입니다.

재물보시만이 보시가 아닙니다. 청소하기, 빨래하기, 주차장에서 안내하기 등 남을 위해 하는 것은 다 보시입니다. 그것이 신명보시입니다. 신명보시가 어쩌면 훨씬 쉽고 먼저 해야 할 일인지도 모르겠습니다. 자기의 몸과 목숨을 바쳐 다른 사람을 위해 기도하고 보시한 적이 내게 있었던가? 나에게 피해를 입힌 사람, 내 뜻대로 안 되던 사람, 내가 미워하는 사람을 위해 내 마음을 보시하고 내 시간을 보시해서 정말 그 사람을 위해 기도하고 참회한 적이 있었던가? 내가 좋아하는 것을 나를 미워하는 사람을 위해 준 적이, 그것이 시간이든 마음이든 돈이든, 정녕 저는 준 적이 없었습니다. 그렇게 옹졸하고 '나'라는 상(相)에 집착했던 과거행적에 대해서는 스스로 너무나 생생하게 알고 있습니다.

저는 어떻게든 한심한 과거를 타파하고 싶었습니다. 참회하고 싶었고, 그래서 《금강경》을 찾기 시작했습니다. 《금강경》은 저의 물음에 대한 답을 갖고 있었습니다. 나는 남을 위해서 한 것이 단 한 가지도 없었던 것입니다. 다 나 좋자고 남을 위했던 것이지, 《금강경》의 말씀대로 남을 위한 적은 단 한 번도 없었습니다.

할 하는 일이 착해야 착한 것이지 사람 좋다고 착한 것은 아니다

스스로 내가 착한 사람이 아니라고 처음 생각한 것은 1994년이라고 기억합니다. 당시 사회봉사활동의 열풍이 불 때인데 저도 어느 개신교 단체에서 하는 강원도 영월의 고아원, 경기도 문산의 재활원, 그리고 인천의 양로원 세 군데를 번갈아 다녔습니다. 세 군데가 모두 기독교 단체에서 운영하는 곳이거나, 단체의 리더들이 예수님의 착실한 제자들이었습니다. 그때 주로 지체부자유 어린이와 노인들을 목욕시키는 일을 하였는데, 뇌성마비 어린이들까지는 그런대로 기분도 좋고 뿌듯했지만 할아버지들 목욕시켜드리고 나서는 제가 그렇게 좋아하는 라면 국물도 먹을 수 없었습니다. 한마디로 구역질이 나고 자꾸 생각이 나서 하루종일 아무것도 먹을 수 없었습니다. 그리고 그런 저 자신에게 깜짝 놀랐습니다. 저는 정말 착한 사람도 아니고, 더러운 것도 없고 깨끗한 것도 없다는 불구부정(不垢不淨)이라는《반야심경》의 한마디도 더 이상 말할 자격이 없다는 자괴심도 들었습니다. 그러면서도 저를 발전시키려는 그 어떤 행동도 하지 못했습니다. 제발 그것만 빼고 다른 좋은 일도 많은데 그것이나 열심히 해야지 하며 살았습니다.

그것은 한마디로 저 자신의 장벽이었으며 발전의 정체를 의미했습니다. 그리고는 그 대가를 처절하게 다 받았습니다. 2, 3년마다 닥쳐오는 금융위기를 매년 고스란히 다 받았습니다. 그것도 고객들 재산으로. 어두운 마음과 어두운 눈 때문에 한치 앞도 예측하지 못했던 것입니다.

할 여우나 승냥이 무리들은 가라!

또 다시 제자들이 믿지 않을까 봐서 엄포를 놓는 모습이 나옵니다. 이요언지(以要言之)—내가 정말 중요한 말을 하겠는데—라고 주위를 집중시키신 후, 그러한 깨달음의 가르침을 자신들이 잘 깨우쳐 남에게 전하는 그 공덕은 생각도 할 수 없고 측량도 불가능하다고 다시 강조하시고 딱 못을 박습니다.

"여래위발대승자설, 위발최상승자설(如來爲發大乘者說 爲發最上乘者說)"이라는 선언은 무엇일까요? 한마디로 '여우나 승냥이 무리들은 가라! 나는 범과 사자만을 상대한다'는 뜻입니다. 자상하신 부

165

처님의 유일한 할과 방이 나오는 대목입니다. 자기 혼자서 도 닦고 깨우침 얻고 득도해서 윤회의 고통을 벗어나겠다는 소승의 아라한 지향자들은 가라는 뜻입니다. 그러면 소승은 무엇이고 대승은 무엇일까요? 쉽게 설명하면 소승은 1인용 오토바이를 혼자 탄 사람이고 대승은 대형버스에 같이 올라탄 사람입니다. 즉 대승자와 최상승자는 사람들과 더불어 살려 하고, 목표가 큰 사람들입니다. 그 사람들에게 보시하고 그 사람들을 위해 깨달음을 전하는 것이 최고의 복덕과 공덕을 지을 수 있는 계기가 된다는 것입니다.

다시 이 책의 주제로 돌아가 보겠습니다. 불교가 가난을 추구하는 종교가 아니라면 부를 추구하는 종교입니까? 이렇게 묻는 사람이 있다면 저는 답하겠습니다. 여우나 승냥이의 무리들은 가라고.

《금강경》의 깨달음! 이 깨달음은 저처럼 45년 동안 어두운 방에서 생활한 사람의 말이 아니고, 이미 우리가 보지 못하는 것을 보고 우리가 터득하지 못한 것을 터득해서 이 세상을 리드하는 사람들의 이야기입니다.

우리는 진정 깨달음을 얻어 널리 중생들을 이롭게 하고 세계 최고의 부자가 되고, 한국 최고의 부자가 되고, 한국 최고의 연봉을 받는 샐러리맨, 한국 최고의 개인소득세 납부자가 되라는 뜻입니다. 대통령이 되고, 장관이 되고, 국회의원·정치가·회장·사장이 되라는 뜻입니다. 즉 남이 못 보는 길 먼저 보고, 남이 못하던 것 먼저 해서, 멋지고 폼 나게 성공하되, 그 성공과 부와 명예에도 집착하지 말라는 뜻입니다. 그것이 무소유입니다.

불교에서의 무(無)는 화두로도 유명합니다. 무소유는 무한히 소유하되 소유에 집착하지 말라는 뜻입니다. 무소유라는 말은 사람 몸 받기 어려운데 사람으로 태어나 길을 가르쳐 주어도 가지 않고, 약을 지어 주어도 먹지 않는 그런 슬픈 자들이 감히 쓸 수 있는 말이 아닙니다. 마음은 쓸수록 커진다는데 큰마음 한 번 내어 더 큰마음 가져 보라는 이야기입니다. 모든 종교는 수동태 형식을 취하고 있습니다. 불교도 모든 경전이 '여시아문' 곧 '나는 이렇게 들었습니다'로 시작되는 수동태 형식입니다. 그러나 이 《금강경》의 내용은 철저한 능동입니다. 누가 해주는 것은 없습니다. 자기 자신이 해야 합니다. 큰마음도 자신이 내어야 합니다.

"만일 어떤 사람이 있어 능히 이《금강경》을 수지독송하고 널리 다른 사람들을 위해 설한다면, 여래는 이 사람을 다 알고 다 보느니, 그들 모두가 불가량·불가칭·무유변·불가사의한 공덕을 얻을 것이며, 이와 같은 사람들은 여래의 아뇩다라삼먁삼보리를 다 어깨에 짊어지고 감당해 나갈 만한(荷擔) 재목이 되리라.

어째서 그러한가? 수보리야! 만일 작은 법을 즐기는 사람들이라면 모두 아견·인견·중생견·수자견에 딱 달라붙어 이 경을 듣고 수지독송하지도 못할 것이며 다른 사람을 위해서 설명해주지도 못할 것이기 때문이니라."

"若有人能受持讀誦, 廣爲人說, 如來悉知是人, 悉見是人, 皆得成就不可量·不可稱·無有邊·不可思議功德. 如是人等, 則爲荷擔如來阿耨多羅三藐三菩提. 何以故? 須菩提! 若樂小法者, 著我見·人見·衆生見·壽者見, 則於此經不能聽受·讀誦·爲人解說."

도대체 무엇이 종교적 신비주의란 말입니까?

마음은 정말 자석과도 같은 것입니다. 남을 미워하는 사람은 미운 사람만 계속 보이고, 항상 명랑한 사람은 명랑한 일들만 계속 생깁니다. 좋은 일하면 좋은 일 생기고 나쁜 일 하면 나쁜 일 생긴다는 것은 누구나 다 압니다. 지금 부처님은 '콩 심은 데 콩 나고 팥 심은 데 팥 난다'는 사실을 계속 이야기하는 것이며, 남산 올라가는 것이 소원인 사람은 남산에 만족할 것이고 에베레스트 산 올라가는 것이 소원인 사람은 에베레스트 산에 만족한다는 것입니다. 그러나 남산은 그냥 잘 하면 되는 것이고, 에베레스트 산은 좀 어려우니 준비를 아주 철저히 할 것이며, 그리고 자신이 먼저 다녀왔으므로 그 경험담을 들려주는 것이 부처님 경전의 전부라고 해도 과언이 아닙니다. 자신이 에베레스트 산을 갈 꿈이나 능력이 없으면서 기복사상이니 종교적 신비주의니 하면서 아는 척 하는 것! 그러한 것이 바로 상(相)입니다. 그 상(相)을 다 버리라는 것입니다.

아뇩다라삼먁삼보리를 '하담(荷擔)'한다는 것은 최고가 되고자 하는 욕망의 실천에 있어 그 가르침을 어깨에 짊어지고 감당한다는 의미입니다. 그러한 것을 감당하지 못하고 소법에 만족하는 자들(若樂小法者)에 대한 경고가 이어집니다. 마치 《이솝우화》의 〈신 포도〉에 나오는 여우처럼 저 포도는 시어서 못 먹을 거라며 다른 먹기 쉬운 머루나 딸기를 찾아가는 자들에게 경고하는 것입니다. 부처님이 소승을 타파하려는 이유가 명확히 나와 있으며, 부처님이 왜 산속에서 나오셔서 대승의 길을 선택하셨는지 명확히 설명되어 있는 부분입니다.

산에 있으면 소승이고 도심에 있으면 대승이라는 소리가 아닙니다. 그 유명한 성철 스님도 산에서 혼자 깨달음을 즐기시던 것이 아니라 대중들을 위해 얼마나 많은 설법과 저술을 하셨습니까? 부처님도 성철 스님도 공덕을 조금이라도 더 많이 쌓기 위해, 깨달음을 전하기 위해 대승의 만원버스에 수시로 올라타셨던 것입니다. 부처님이 공덕을 남들보다 더 많이 지으시려고 눈 어두운 제자를 위해 바느질감을 찾아서 하신 것과, 성철 스님이 아침마다 다른 사람들을 위해 108배를 하신 것도 남들보다 먼저 그리고 많이 보시하려고 하신 욕심이자 원력의 발로 외에 다른 것이 아닙니다. 욕심이 수미산처럼 많으신 분들입니다. 그러니 부인, 자식, 부모 다 팽개치고 만원버스에 올라타신 것 아니겠습니까! 우리는 마음도 작고 꿈도 작고 그래서 욕심도 작습니다. 일단 마음부터 크게 먹어야 합니다.

할 예수님, 참회합니다

저는 기독교의 핵심이론인 예수님의 대속설을 비웃던 시절이 있었습니다. 불교의 작용과 반작용의 법칙인 자업자득과 자작자수(自作自受)에는 만점을 주었습니다. 물론 사실입니다. 그러나 한 걸음만 더 나아가서 보면, 불교에도 예수님 같은 분이 계십니다.

이제는 저도 예수님은 정말 다른 사람의 죄를 대신해서 십자가에 못 박혀 돌아가셨다고 믿습니다. 불교의 유마 거사는 중생이 아프면 나도 아프다며 병들어 누워 계셨습니다. 부처님께서 뛰어난 보살 제자들에게 문병을 가라고 하였지만 아무도 자신있게 나서지 못했습니다. 오직 문수보살만이 부처님의 말씀대로 자신 없지만 문병 가겠노라고 대답하셔서 다들 문병을 갔습니다. 그 유명한《유마경》에 나오는 이야기입니다.

중생이 아프면 나도 아픈데, 중생들의 죄가 왜 내 죄가 아니겠습니까? 너도 없고 나도 없는데 네 죄, 내 죄가 어디 있다는 말입니까? 이런 큰마음 한 번 내신 예수님은 다른 사람의 죄가 자신의 죄였던 것입니다. 물론 다른 사람에게도 참회하라는 숙제는 주셨습니다.
불교는 어떻겠습니까? 《천수경》에 그 답이 나와 있습니다.

죄무자성종심기(罪無自性從心起)
심약멸시죄역망(心若滅時罪亦亡)
죄망심멸양구공(罪亡心滅兩俱空)
시즉명위진참회(是卽名爲眞懺悔)

죄란 스스로의 성품이 없어 마음을 좇아 일어나는 것
마음이 멸하면 죄 역시 사라지나니
죄 사라지고 마음 멸함을
이것을 진정한 참회라 이름하리라

부처님도 죄가 다 없어질 수 있음을 우리 모두에게 수기(受記)를
내리신 것입니다. 다만 우리는 깨달음을 통해서 죄가 되는 마음을
정확하고 통렬하게 알아야 합니다.

"수보리야! 이 경이 있는 모든 곳은 일체 세상의 모든 이들과 하늘의 신들과 아수라들이 마땅히 공양해야 하는 곳이니라. 바로 그곳이 탑, 즉 부처님의 몸이라는 것을 응당히 알아야 하느니라. 그리고 예를 다해 탑 주위를 에워싸고 빙빙 돌며 꽃과 향으로써 공양을 하고, 그 자리에 꽃과 향을 흩뿌려야 한다는 것을 응당히 알아야 하느니라."

"須菩提! 在在處處, 若有此經, 一切世間·天·人·阿修羅所應供養 當知此處則爲是塔, 皆應恭敬, 作禮圍繞, 以諸華香而散其處."

※ 圍: 둘레, 주위. / 繞: 얽히다, 감기다, 둘러싸다. / 作禮圍繞: '주위를 둘러싸고 돌면서 예를 올리다'라는 의미.

강설

〈지경공덕분〉의 마지막 장인데, 여러분들이 신심을 내시는 데 조그마한 도움이라도 될까 해서 따로 마련한 부분인데, 그 표현이 매우 아름답습니다.

절에 가면 손에 합장을 하고 탑돌이 하는 것을 많이 볼 수 있습니다. 우리 나라는 석탑의 나라라고 할 정도로 탑이 많은 나라입니다. 불교에서 탑은 부처님의 몸을 의미합니다. 그 부처님의 주위를 하늘나라의 신들과 사람들, 아수라들이 에워싸고 돌며 공양하는 것을 그대로 하는 것입니다. 복 짓는 사람들이 하늘의 축복을 받는 모습을 이렇게 멋있게 표현한 구마라집이 놀랍습니다. 지성이면 감천이라는 썰렁한 표현보다 얼마나 아름답습니까?

그런데 일제 시대부터 부처님의 몸인 탑 안에 값비싼 골동품이 있다는 것이 알려지고 또 TV에서 동네마다 돌아다니며 골동품 값을 금값으로 표현한 탓인지 시골 절, 그리고 도시라 할지라도 산에 있는 절에는 도굴범들이 그렇게 많다고 합니다. 탑 안의 보물도 부처님 몸이고 불상 안의 몸도 부처님 몸인데, 그 복장유물을 탐하여 부처님을 통째로 들고 가서 그 안의 유물을 훔쳐가는 일이 비일비재합니다. 부처님의 가르침은 그 유물들보다 수천만 배의 가치가 있는 보배인데 그 유물만이 돈인 줄 알고 도둑질 해간다니 참 슬픈 일입니다. 뭐라고 할 말이 없습니다.

■ 알고 갑시다

대승과 소승

승(乘)은 수레 곧 탈 것을 말한다. 따라서 대승은 태우고 싣는 공간이 크다는 것이고, 소승은 그 공간이 작다는 의미이다. 큰 수레는 그만큼 많은 중생들을 실어서 옮길 수 있다. 대승불교가 생긴 이후에 대승불교 쪽에서 이전의 부파불교를 낮추어 부른 것이 소승이란 이름이다.

대승이라는 말을 처음으로 사용한 것이 《금강경》을 포함한 《반야경》 계통의 경전들인데, 대승은 타인의 구제가 곧 자신을 위한 수행의 완성으로 이루어진다고 보았기 때문에 남을 구제하는 이타행에 더 비중을 두었다. 대승이 등장하기 이전의 부파불교가 자신의 구제에 더욱 관심을 기울이고 출가 중심적인 형태였기 때문에 소승이라고 부르고, 대승은 그것보다 더 광범위하고 위대하다는 뜻에서 붙여진 이름이다. 그렇지만 대승에 의해서 소승이라고 불려진 부파불교는 스스로 상좌부불교라고 불렀으며, 사상적으로는 소승이 대승의 기초가 된다.

이판사판(理判事判)

우리는 궁지에 몰리면 '이판사판이다' 하는 말을 많이 쓴다. 이 말은 한자말 이판(理判)과 사판(事判)이 붙어서 된 말로 조선시대에 생긴 것이다. 조선은 건국 이념으로 억불숭유(抑佛崇儒)를 표방하였다. 불교는 하루아침에 탄압의 대상이 되었고, 승려는 천민계급으로 전락하였다. 결국 궁지에 몰린 스님들은 활로를 모색해야 했는데, 그 하나는 사찰(寺刹)을 존속시키는 것이었고 다른 하나는 불법(佛法)의 맥(脈)을 잇는 것이었다. 그래서 일부는 잡역(雜役)에 종사하면서 사찰을 유지하였고, 일부는 은둔(隱遁)하여 참선 등의 수행으로 불법을 이었다. 앞의 스님들을 사판, 뒤의 스님들을 이판이라 하였다. 결국 불교를 배척한 조선시대를 거치면서도 불교가 여전히 융성한 것은 이 두 부류의 스님들이 맡은 바 소임을 다했기 때문이었다.

그런데 요즘 이판사판은 부정적 의미로 쓴다. 조선시대에 승려는 최하층 신분이었고, 따라서 승려가 된다는 것은 인생의 마지막 선택이었다. 그래서 이판사판은 그 자체로 '끝장'을 의미하는 말이 된 것으로 보인다. 지금도 아무 것도 모르는 중생들은 본래 뜻도 모르면서 뾰족한 대안이 없을 때 무의식중에 이판사판이라는 말을 쓴다.

16

능히 업장을 깨끗이 하다

(能淨業障分)

소명 태자가 지은 이 분(分)의 이름은 정말 듣기만 해도 가슴 설레인다.

이 때가 덕지덕지 붙은 업장을 능히 소멸할 수 있다니. 그 먹구름 때문에 햇빛을 못 보았는데, 그 먹구름 사이로 한줄기 빛을 보는 정도가 아니라 그 먹구름을 제거할 수 있다니. 그 얼마나 가슴 벅찬 제목인가.

언젠가 절에 갔다가 만 원짜리 연등을 달고 소원도 적어 넣으라고 하시는 할머니의 말씀에 한참을 머뭇거린 후, 잘 쓰지도 못하는 한자로 업장소멸이라고 적었더니, 웃지도 않으시며 "애기 아빠, 참 꿈이 크네요!" 하기에 얼마나 당황했던가? 아! 업장소멸이라는 것이 그렇게도 어렵다는 말인가 하고 생각했었다. 그런데 소명 태자가 이 분(分)의 이름을 이렇게 멋있게 지어 놓았다.

"그리고 또 수보리야! 선남자 선여인이 이 경전을 수지독송하는데 다른 사람에게 가벼이 여겨지고 천하게 대접받는다면, 이 사람은 전생의 죄업이 무거워 마땅히 악도에 떨어질 정도라 할지라도 이번 생에 다른 사람에게 업신여김과 천함을 받는 연고로 즉각 선세의 죄업이 소멸되고 당장에 부처님의 도리인 아뇩다라삼먁삼보리, 즉 무상정등정각을 얻으리라.

수보리야! 나는 또한 과거 무량 아승지겁 이전의 연등부처님 계시던 시절에도 팔백사천만억 나유타의 여러 부처님 명호를 얻을 때마다 계속해서 그 부처님들을 공양하고 받들기를 한시도 헛되이 보내지 않았느니라."

"復次, 須菩提! 善男子·善女人, 受持·讀誦此經, 若爲人輕賤, 是人先世罪業應墮惡道, 以今世人輕賤故, 先世罪業則爲消滅, 當得阿耨多羅三藐三菩提. 須菩提! 我念過去無量阿僧祇劫, 於然燈佛前, 得値八百四千萬億那由他諸佛, 悉皆供養承事, 無空過者."

강설

죄가 무엇입니까? 죄는 본래 무식·무지, 불교용어로 무명(無明)에서 생깁니다. 그 무식함과 무지함이 무식한 생각과 말과 행동을 낳아 업장을 수북이 쌓아 놓는 것입니다. 만일 누가 나를 천시하고 미워한다면 그 사람이 왜 나를 이유 없이 미워하고 천시하는지 생각해 보았습니까? 간혹, "아무리 내가 잘못했다고 해도 그렇지, 어떻게 네가 나에게 이럴 수 있어?"라며 분노하고 싸우고 다투고 스스로 화를 내며, 마음의 업장을 더욱 두껍게 하지는 않았습니까? 사실은 내가 그럴 만한 일을 하고서도 기억하지 못하거나 전생에 그런 일을 했기에 지금 그러한 일이 생기는 것이며, 설사 그런 욕을 먹는 일이 억울하더라도 내가 누군가에게 멸시를 받는다면, 그것으로 더 이상 내가 그런 일을 당할 만한 원인이 모두 없어져서 다시는 지옥의 악도에 안 빠진다는 것입니다.

내가 진정으로 깨달음을 얻고 또 깨달음을 얻기 위한 도정에 있고자 이 경전을 수지독송하고 있다면, 어떤 일이 닥쳐와도 계속 그 길을 가라는 것입니다. 설령 자신이 평소에 잘못한 것이 있어서 평상심과 안정감이 깨질 상황이 닥치더라도, 쉽게 말해 욕 한번 먹고 끝나는 것이니 원수를 원수로 갚겠다는 식의 악순환의 고리를 끊으라는 것입니다. 정말 욕먹는 일은 죄업을 소멸받을 수 있는 좋은 길이며 축복이라는 것입니다. 만일 내가 어떤 잘못을 했는데도 그 사람이 욕도 안하고 나에게 한 바탕 퍼붓지도 않는다면, 왠지 불안하거나 그 사람에 대한 미안한 마음에 당당함이 없어집니다. 그 사람이 나에게 빨리 욕을 퍼붓고 나도 참회하고 다음 단계로 나아가야지, 만일 뒤에서 그 사람이 나에 대한 부정적 생각을 하늘에 쏟아 내면, 한마디로 될 일도 안 되는 것이 우주의 섭리입니다.

우리는 얼마든지 새롭게 태어날 수 있고, 얼마든지 당대에 성공할 수 있습니다. 어떠한 실패이든 그 실패를 뒤돌아보면 꼭 사람이 끼어 있습니다. 그 녀석만 안 만났더라면, 그 녀석 이야기만 안 들었더라면, 내가 그 녀석에게 속지만 않았더라면 등등 참 핑계도 많습니다. 그러나 그 녀석에게 잘못을 되돌리면 해결책을 찾을 수 없습니다. 그저 뒤통수 맞은 것으로 끝내야 그 악연이 소멸되고 후일을 기약할 수 있습니다.

업장을 소멸하는 길은 간단합니다. 이 경의 가르침을 잘 따르고 수지독송하면 됩니다. 이 경의 주된 내용은 아상·인상·중생상·수자상 등 일체의 상을 버리고, 내 것이라고 믿어 왔던 모든 것을 버리고, 다른 사람에게 주라는 것입니다.

내게 소중한 모든 것—마음이든 재물이든—을 버리면, 더 많이 들어온다는 것입니다. 그리고 그것보다 더 많이 갖고 싶으면 들어온 그것마저 다 주어버리라는 것입니다. 삼천대천세계를 다 버릴 정도까지. 모든 것을 얻은 다음 그것까지 남에게 줄 마음을 가지라는 것입니다. 그런 큰마음을 내면 여러분은 원하는 모든 것을 얻을 수 있습니다.

이어서 부처님이 수보리에게 말하시기를, 부처님도 과거 무량 아승지겁 동안 다시 말해 연등불 이전에 이미 팔천 사백만억 나유타 만큼의 많은 부처님을 만났고, 그 부처님들을 공양하고 섬기시기를 소홀히 한 적이 한 번도 없었노라고 말씀하십니다. 그럼에도 불구하고 만일 어떤 사람이 요즈음 같은 말세에 이 경을 수지독송 하는 공덕에 비하면, 부처님이 그 모든 부처님께 한 공덕은 만 분의 일도 안되고, 천만억 분 혹은 숫자상으로 절대로 비유할 수 없는 정도로 작다는 것입니다.

여기서 불교의 산술적 표현이 많이 나오는데, 항하사는 1052, 아승지는 1056, 나유타는 1060, 불가사의는 1064, 그리고 무량대수는 1068입니다. 그 이상이 무량무수무변수입니다. 그런데 이것은 세종대왕이 열심히 공부하던 조선시대의 수학책이라고 우리 학창시절 국사시간에 배웠던《산학계몽(算學啓蒙)》이라는 책에 나오는 수의 분류이기도 합니다. 즉 결코 뻥이나 과장이 아니고 산술적 계산이 되는 범위라는 의미입니다.

할 한 순간도 헛되이 보내지 말라

여기서 나오는 무량·아승지·나유타·천만억분 그리고 산수라는 표현을 두고 참 과장도 심하다고 생각하면 바보입니다. 우리는 얼마든지 오랫동안 그리고 얼마든지 많이, 자주 좋은 일을 할 수 있습니다. 정말 천만억 번 할 수도 있고 그것의 10의 100만 배만큼도 할 수 있습니다. 의식의 상태에서는 말입니다. 그러나 그것을 한 순간도 쉬지 않고 꾸준히 하기는 정말 힘듭니다. 생각, 생각, 수면상태는 말할 것도 없습니다. 우리는 모르는 상태에서 죄악을 얼마나 많이 짓습니까? 꾸준히 지속적으로 그리고 어느 한 순간도 놓치지 않고 할 수 있는 방법은 단 하나, 깨닫는 일입니다.

옳은 줄 알면서도 안 하던 것을 찾아서 하고, 나쁜 줄 알면서도 무의식중에 어쩔 수 없이 하던 일을 다시는 절대 안 하는 길은 단 하나뿐입니다! 머무는 바 없이 마음을 내는 것, 응무소주 이생기심(應無所住 而生其心)입니다.

이수현 군이 술 취한 일본인을 구하기 위해 그냥 선로로 뛰어들었던 그런 상태로 마음이 가 있기만 하면 됩니다. 뭐 사실 많은 사람이 그렇습니다. 내가 그렇지 못할 뿐입니다. 해마다 여름이면 그렇게 많은 사람이 어린이를 구하기 위해 저수지에 뛰어들어 자기 목숨을 버리는 사건들이 신문에 나는데, 그것이 불가능하다고 말할 수는 없습니다. 단지 머리가 너무 잘 돌아(?) 그런 순간에 상황판단을 잘한(?) 제가 부끄러울 따름입니다.

연등불 이전이라는 말은 부처님이 '수메다'라는 수행자 시절에 '너는 장차 석가모니라는 부처가 될 것이다'라는 수기를 내려주신 연등부처님 이전이란 뜻입니다. 득치(得値)는 얻어 만난다는 뜻이고, 실(悉)은 모두 다, 개(皆) 역시 모두, 그래서 실개(悉皆)는 '모두 다'로 해석됩니다. 승(承)은 제 이름에도 있는 이을 승(承)이며, 사(事)는 섬길 사(事)입니다. 공과(空過)는 그냥 흘려보냄으로 해석됩니다. 곧 '한 순간도 인생을 헛되이 보내지 않았다'는 뜻이 됩니다.

"여기도 한 사람이 있어, 오는 말세의 시대에 이 경을 받아 지녀 잘 읽고 독송하여 공덕을 쌓는다면, 내가 지금 말한 나유타 모든 부처님 께 드린 공양은 백분의 일에도 미치지 못하고 천만억분 내지 숫자상의 어떠한 큰 수의 몇 분지 일도 안 되는 것이니라. 수보리야! 만일 선남 자 선여인이 말세의 시절에 이 금강경을 수지독송하고 그로 인해 얻는 공덕에 대해 내가 자세히 설명하자면, 간혹 어떤 사람은 그 공덕의 정 도에 대해서 듣고도 마음에 믿음이 나지 않고 혼란스러워 미쳐 날뛰며 꾀 많은 여우가 못 미더워하듯이 믿지 않을 것이니라. 그러니 수보리 야! 이 경은 그 뜻도 불가사의하지만 그 과보 또한 불가사의한 것이니 라."

"若復有人, 於後末世, 能受持·讀誦此經, 所得功德, 於我所供養諸佛功德, 百分不及一, 千萬億分, 乃至算 數·譬喩所不能及. 須菩提! 若善男子·善女人, 於後末 世, 有受持·讀誦此經, 所得功德, 我若具說者, 或有人 聞, 心卽狂亂, 狐疑不信. 須菩提! 當知是經義不可思議, 果報亦不可思議."

강설

어떻게 가슴이 뛰지 않을 수 있겠습니까? 여기서 어후말세(於後 末世)는 지금 우리가 사는 시대입니다. 우리는 의심 많은 여우가 강바닥이 얼었는지 톡톡 두드려 보고, 독약이 들었는지 안 들었는지 수십 번 냄새맡고 갔다가는 되돌아와서 혹은 그냥 가기도 하고, 혹은 먹고 잘못되기도 하는 것처럼 각자 저 잘난 대로 자기의 기준에 따라 세상을 살아갑니다. 인생을 함부로 살지 않고 여우처럼 사는 것은 세상사의 많은 일에 도움이 되기도 합니다. 그러나 역시 여우처럼 될 뿐입니다. 그리고 심지어 어떤 사람은 "말도 안 돼." "부처님 미쳤어?" 하며 들으려 하지도 않을 것입니다. 그야말로 심즉 광란입니다. 그러나 정말 우리가 바르게 보고 바르게 생각하는 것일까요? 우리의 믿음이 그렇게 온전한 것일까요?

대부분 믿기가 쉽지 않을 것입니다. 그러나 이 책을 보는 사람들은 믿을 수 있다고 생각합니다. 무한한 과보의 방법, 성공, 행복, 평화 등의 모든 것을 가지되 그것에 집착해서 그것들의 노예가 되어 질질 끌려 다니지 않을 분들은 말입니다.

저는 여러분이 이 불가사의한 공덕의 과보를 다 잘 받으시기를 바랍니다. 그것은 여러분의 여러분들에 대한 바람이기도 할 것이며, 이 책을 쓰는 제가 이 책을 보시는 많은 분들에게 바라는 것이기도 하며, 저 자신에 대한 바람이기도 하기 때문입니다. 여러분의 믿음을 믿습니다.

17

궁극의 경지에는 아상이 없다

(究竟無我分)

서두에 말했듯이 이제 우리는 긴장하여야 한다. 《금강경》의 1분부터 16분까지는 우리가 성공하기 위한 혹은 득도를 이루기 위한 준비단계를 차근차근 설명하신 것이다. 그리고 최종적으로 마음의 준비단계가 어느 정도까지 와야 하는지를 이 17분 마지막에 선언하신다. 그리고 18분부터 본격적 각론 즉 노하우(Know-how)의 전수가 시작된다.

《금강경》을 공부할 때 제왕학을 공부하던 소명 태자의 분(分) 이름을 연구할 필요가 있다. 중국의 장쩌민이 잠들기 전에 꼭 소리내서 읽고 잔다는 책도 이 《금강경》이다. 물론 나중에 제일 먼저 버려야 할 뗏목도 이 분(分) 이름이다. 그러나 여러분이 제왕이 되려면 이 뗏목을 먼저 타는 것이 지름길이다.

그때 수보리가 부처님에게 사뢰어 말씀드렸다.

"세존이시여! 선남자 선여인이 아뇩다라삼먁삼보리심을 발하려면 그 마음은 어디에 두고 또한 그 마음을 어떻게 항복시켜야 하는 것입니까?"

부처님께서 수보리에게 이르셨다.

"선남자 선여인이 아뇩다라삼먁삼보리의 마음을 내려면 마땅히 이와 같이 마음을 내어야 하느니라. '내가 일체 모든 중생을 멸도케 하고 일체중생을 멸도하기를 마치고 보니 단 하나의 중생도 실제로 멸도케 한 사람이 없었노라'고. 왜 그런고 하면 만일에 보살이 아상·인상·중생상·수자상이 있으면 그 보살은 보살이 아니기 때문이니라. 어째서 그러한가? 수보리야! 실제로 아뇩다라삼먁삼보리를 낸다고 하는 그어떤 법도 존재하지 않기 때문이니라."

爾時, 須菩提白佛言: "世尊! 善男子·善女人, 發阿耨多羅三藐三菩提心, 云何應住? 云何降伏其心?" 佛告須菩提: "若善男子·善女人, 發阿耨多羅三藐三菩提心者, 當生如是心, '我應滅度一切衆生, 滅度一切衆生已, 而無有一衆生實滅度者.' 何以故? 須菩提! 若菩薩有我相·人相·衆生相·壽者相, 卽非菩薩. 所以者何? 須菩提! 實無有法發阿耨多羅三藐三菩提心者."

첫 부분에 나온 항복기심이라는 말이 또 나옵니다. 아뇩다라삼먁
삼보리는 지고지상의 가치이고, 그것을 위해서는 자신의 마음을 항
복 받아야 한답니다. 앞에서도 이야기했지만 저는 마음을 항복 받
는다는 표현을 보면 1994년 노벨 경제학상을 받은 '존 내쉬'를 주인
공으로 한 〈뷰티플 마인드(Beautiful mind)〉라는 영화가 항상 떠오릅
니다. 끊임없이 쫓아다니는 환상을 억지로 부수거나 이기려 하지
않고, 자신의 마음으로 그 환상 속의 인물에게 바이 바이(bye bye)를
하며 미워하지도 두려워하지도 않는 마음의 자세! 그 악마와 같은
환상과 싸워 이긴 것은 아니지만, 결코 지지도 않은, 어쩌면 이겼
다고 하고 졌다고 하는 이분법적 분별의식마저 떠난, 그 아름다운
마음!

일체중생을 멸도하고 나서도 "나는 아무도 멸도시킨 적이 없다."
고 딱 잡아뗄 수 있는 초연함을 '당생여시심(當生如是心)'이라고 했
습니다. 응당히 이와 같은 마음을 내라는 것입니다. '내가 무엇을 했
다'는 것은 '나를 위해서 그것을 했다'의 또 다른 표현입니다. 《금강
경》은 그런 마음자리를 거부합니다. '마음이 머무르다'는 '마음을
쓰다'의 다른 표현입니다. '전체를 위해서 전체의 일부인 내가 했을
뿐이다. 그냥 그뿐이다', 이런 식으로 어떠한 일의 시작과 끝이 되는
것, 그것이 《금강경》에서 말하는 우리 마음이 가 있어야 할 자리입
니다. 우리는 마음을 그렇게 써야 합니다.

할 그대로 그렇게 그 자리에서 열심히

세계적 오케스트라 지휘자에게 물었습니다. 그런 아름다운 화음이 나오려면 어떤 악기 연주가가 가장 중요합니까? 답은 "모두가 잘해야지요."라는 밋밋한 것이 아니었습니다. 그가 한 대답은 "2번 바이올리니스트입니다."였습니다. 이유는 어느 악기든 1번 연주자는 모두 최선을 다하는데, 그리고 온갖 집중을 다하는데, 2번 바이올리니스트는 그런 책임감을 덜 느낄 수도 있는 유혹을 가장 쉽게 받는 자리이기 때문이라고 했습니다. 잘 해도 티가 안 나지만, 조금이라도 성의가 없으면 전체를 무너지게 만드는 자리가 바로 그 자리라고 했습니다.

음악은 잘 모르지만, 그리고 그 비유가 이 부분에 적합한지도 잘 모르지만 일체중생을 멸도케 한 다음 "내가 멸도케 한 중생은 단 하나도 없다."고 말하는 사람이 진정한 보살이라면, 무슨 일을 하든 생색내지 않는 사람, 나를 내세우지 않고 전체를 위해서 사는 사람이 보살이라면, 그런 사람이 아상·인상·중생상·수자상이 없는 사람이 아닐까요?

그리고 그런 사람들에게 물어 보십시오. "당신은 어떤 인생관을 가지셨기에 그러실 수 있습니까?"라고. 그냥 씨익 웃고 말 것입니다. "인생관이요? 그런 것 없어요. 그냥 하는 거지요, 뭐!"

그렇습니다! 우리 나라에도 그런 사람이 상당히 많다는 것을 저는 최근에 알았습니다. 그 사람들은 정말 무슨 인생관이 있어서 그렇게 사는 것이 아닙니다. 부처님이 말씀하듯이 무슨 아뇩다라삼먁삼보리라고 하는 법이 따로 있는 것이 아닌 것처럼 무슨 인생관이 있어서 자신을 내세우지 않는 것이 아니라, 그냥 그렇게 자연스럽게 삽니다. 사회의 승자(winner)들을 유심히 살펴보십시오. 승자들은 신문에 나지 않아 우리가 모를 뿐입니다.

우리도 그렇게 살면 됩니다. 자신에게 붙어 있는 망상, 환상 등의 일체의 상(相)을 떼어 버리고, 나를 내세우고 싶어하는 그 마음마저 떨쳐 버리면 됩니다. 그러면 복이 저절로 그 상 떨어진 자리로 굴러옵니다.

"수보리야! 네 뜻에 어떠하뇨? 나 여래가 연등부처님 계시던 시절에 아뇩다라삼먁삼보리라고 하는 어떤 것을 얻었다고 생각하느냐?"

"그렇지 않습니다. 세존이시여! 제가 부처님의 말씀하시는 뜻을 헤아려 보건대 부처님은 연등부처님 시절에 아뇩다라삼먁삼보리라는 어떤 눈에 보이거나 고정된 실체가 있는 법을 얻으신 것은 아닙니다."

부처님이 말씀하셨다.

"그렇다. 그렇다. 수보리야! 아뇩다라삼먁삼보리라고 하는, 실체가 있고 모양이 있는 어떤 법을 얻은 것은 하나도 없느니라. 수보리야! 만일 나 여래가 아뇩다라삼먁삼보리라는 어떤 실체가 있는 법을 얻었다면 연등부처님은 나에게 '너는 앞으로 오는 세상에 부처를 이루어 석가모니라 불리우게 될 것이니라'고 수기를 내리지 않으셨을 것이다. 실제 어떤 눈에 보이거나 형상화할 수 있는 그러한 아뇩다라삼먁삼보리를 얻은 것이 아니기에 '너는 장차 부처를 이루어 석가모니라 불리게 될 것이니라'라고 수기를 내리셨던 것이다."

"須菩提! 於意云何? 如來於然燈佛所, 有法得阿耨多羅三藐三菩提不?""不也. 世尊! 如我解佛所說義, 佛於然燈佛所, 無有法得阿耨多羅三藐三菩提." 佛言: "如是! 如是! 須菩提! 實無有法, 如來得阿耨多羅三藐三菩提. 須菩提! 若有法, 如來得阿耨多羅三藐三菩提者, 然燈佛卽不與我受記, '汝於來世, 當得作佛, 號釋迦牟尼' 以實無有法, 得阿耨多羅三藐三菩提, 是故, 然燈佛與我受記,

作是言, ‘汝於來世, 當得作佛, 號釋迦牟尼’

우리는 아뇩다라삼먁삼보리를 얻기 위해 어떻게 해야 할까요?
아뇩다라삼먁삼보리는 무엇일까요? 도대체 그것은 어디에 있으며
어떻게 얻을 수 있다는 말일까요? 그것을 찾아다니는 우리 중생을
위해 인도의 한 스님이 멋진 답을 주셨습니다.

물 속의 물고기가 목말라 함을 보고 나는 웃는다.
부처님은 그대의 집 안에 있다.
그러나 그대 자신은 이 사실을 알지 못한 채
이 숲에서 저 숲으로
쉴새 없이 헤매고 있네.

헤매고 다닐 때 쓰는, 그 잘난 우리의 모든 판단기준인 감각기관
이 안이비설신의(眼耳鼻舌身意)입니다. 인간은 만물의 영장이라고
온갖 잘난 척을 다하건만, 고양이의 눈에는 보이는데 우리는 보지
못하고, 박쥐의 귀에는 들리는데 우리는 듣지 못하고, 개의 코는 다
맡을 수 있는 냄새를 우리는 맡지 못하고, 포도주와 음식맛을 식별
해서 최고의 전문직을 맡고 있는 사람도 많지만 우리 대부분은 식
별하지 못하고, 몸을 자유자재로 할 수 있는 요가나 체조의 달인이
그렇게 많이 있어도 우리 대부분의 몸은 그렇지 않으며, 세상의 진
리와 당체를 그 자리에서 깨우치는 수많은 역사상의 인물이 있건만

우리들 대부분은 그렇지 못합니다. 도대체 우리의 올바른 판단은 어떻게 얻어지는 것일까요?

　이 질문에 부처님은 이렇게 답합니다. '답안지를 작성할 수도 보여줄 수도 없다.' 답을 우리 자신이 갖고 있는데도 우리는 그 사실을 모릅니다. 그러나 그 답이 맞는지 틀리는지를 연등부처님은 알고 계셨기에 '너는 부처가 되리라'고 예언하신 것이며, 지금 부처님도 수보리에게 이렇게 말씀하시는 것입니다. 청정심을 내어《금강경》을 수지독송하여 다른 사람을 위해 그 가르침을 설하되, 나를 내세우지 말고 각자의 마음자리를 잘 닦는 수행을 하라고 말입니다.

　그 수행 방법이 1분부터 16분까지 나와 있고 지금 이 분에서 부처님이 다시 한 번 정리하고 계십니다. 그 방법은 마음을 항복받는 것이며, 항복시킬 것은 아상·인상·중생상·수자상 따위의 '내가 누군데' 하는 상(相)입니다. 진정한 나는 지금의 남의 눈에 보이거나, 내가 알고 있는 내가 아니기에, '나'는 없다는 무아(無我)만 얻으면, 여러분도 이미 그 답안지를 받은 것입니다.

　여러분, 답이 보이 니까?

"어째서 그러한가? 여래라는 것은 모든 법 혹은 실체를 있는 그대로 여여하고 여의하게 바르게 보는 사람이라는 뜻이니라. 그러므로 설령 어떤 사람이 여래가 아뇩다라삼먁삼보리의 법을 얻었다고 말한다고 할지라도, 수보리야! 그 아뇩다라삼먁삼보리는 눈에 보이거나 실체가 있거나 하는 그러한 것이 아니니라. 수보리야! 여래가 얻었다고 하는 아뇩다라삼먁삼보리의 법은 이와 같은 가운데 그 실함도 없고 허함도 없는 것이니라. 그러므로 나 여래가 말하기를 일체의 모든 법이 다 모두 불법이라고 하는 것이니라. 수보리야! 내가 말한 이 일체법이라는 것도, 눈에 보이는 그러한 고정된 관념에서의 일체법이 아니라 마음으로 보는 일체법을 말하는 것이며, 그렇기 때문에 일체법이라고 이름하는 것이니라."

"何以故? 如來者, 卽諸法如義. 若有人言, 如來得阿耨多羅三藐三菩提, 須菩提! 實無有法, 佛得阿耨多羅三藐三菩提. 須菩提! 如來所得阿耨多羅三藐三菩提, 於是中無實無虛, 是故, 如來說一切法, 皆是佛法. 須菩提! 所言一切法者, 卽非一切法, 是故名一切法."

강설

여기서 '여래자 즉제법여의(如來者 卽諸法如義)'는 있는 그대로 볼 줄 아는 사람을 의미합니다. 다시 말해 마음으로 아는 자리, 말없는 자리를 의미합니다. 우리는 얼마나 자신을 밝히려 합니까? 자기가 훌륭하다고 생각하는 사람은 자기의 훌륭함을 밝히고 싶어하고, 자기가 억울하면 그 억울함을 밝히려 하고, 자기가 인정하기 싫으면 그것을 숨기려 하고, 또 자신마저 속여 그것을 부인하려 합니다.

그래서 그대들은 무엇을 얻었습니까? 저는 이 대목에서 할 말이 없습니다. 저는 얼마나 저를 밝히고 싶어했으며, 또한 저를 얼마나 숨기고 싶어했던가? 이제는 압니다. 이 상태라면 아무것도 제가 원하는 것을 가질 수 없다는 것을. 얼마나 눈이 어둡고 귀가 어두웠던가? 모든 법을 여의하게 보고 아는 것, 그것이야말로 성공의 알파이자 오메가입니다.

부처님이 다시 수보리에게 이르시기를, 아뇩다라삼먁삼보리는 이와 같이 무실무허! 그 실체는 꼭 집어서 보여주거나 들려주거나 손으로 잡게 해줄 방법은 없지만, 결코 허망한 것은 아니라고 말씀하십니다. 많은 사람이 실속 있는 사람이 되고 싶어하고 실속 있는 일을 하고 싶어하고, 많은 사람이 헛된 일, 헛된 시간을 가지길 싫어합니다. 그러나 그것이 정말 우리 생각대로 그렇게 항상 실하고 헛된 것이었습니까?

잘 나가던 정치가, 잘 나가던 부자가 어느 한 순간 그 공덕이 다하면 그 동안 알차고 실속 있다고 보여지던 모든 평가가 뒤집어지고, 하찮은 기업이고 별 볼일 없는 사람인 줄 알고 쳐다보지도 않던 일, 사람, 기업이 우리를 놀라게 하는 일이 이 세상엔 얼마나 많습니까?

도대체 무슨 기준으로 실함과 허함을 논한단 말입니까? 부처님은 예언하십니다. 일체의 모든 법이 다 불법이라고. 뒤집어 말하면 불법이라는 것은 다름 아닌 일체의 모든 법을 통합해야 알 수 있는 법이라고. 이 일체법을 한꺼번에 통합해서 보는 상세한 노하우(know-how)를 곧 이어 부처님이 말씀하시는데, 이 분(分)의 이름을 소명 태자가 정말 기막히게 잘 지었습니다. 다음 분(分)의 이름은 '일체동관(一體同觀)'입니다. 그 뜻을 깨우치면 여러분은 제왕학의 본질을 보시게 됩니다.

할 돌멩이를 보배로 만드는 법

우리의 자상하신 부처님, 여기서 일체법이라고 하니까 또 '어떤 법이 일체법인가?' 하고 고정 관념을 찾는 어리석음을 범하는 것을 우려하셔서, 다시 《금강경》의 멋진 한문 글자 '비(非)'의 세계를 인용하십니다. 다시 말해 일체법은 눈에 보이는 일체법이 아니라, 마음으로 아는 일체법이기에, 내가 일체법이라고 말하는 것이라면서 우리에 대한 근심걱정을 놓지 않으십니다. 나는 학교 때 돌반에 배속되어 공부한 적이 있습니다. 그때 선생님이 자주 하시던 말씀이 있습니다. "돌을 보배로 만들려면 끊임없이 쪼는 수밖에 없다"고. 그런데 지금 훌륭한 선생님이신 부처님은 아주 우수한 특수반 강의를 하시는데도 계속 쪼고 계십니다. 참 부럽습니다.

"수보리야! 비유하면 몸이 아주 장대한 사람과 같으니라."

수보리가 말씀드렸다.

"세존이시여! 세존께서 몸이 장대하다고 말씀하시는 것은 그 몸체가 장대하다는 것이 아니라 그 마음자리가 장대한 사람이기에 장대한 사람이라고 이름하신 것입니다."

"수보리야! 보살이라는 것도 마찬가지니라. 만일 보살이라는 어떤 사람이 말하기를 '나는 무량한 중생을 다 멸도에 들게 하리라'고 말한다면 그 사람을 보살이라고 부를 수가 없느니라. 왜냐하면 수보리야! 실제로 보살이라고 부를(즉 어떤 사람이 보살이라고 할) 그 어떤 고정된 법이 없기 때문이니라. 그러한 고로 나 여래가 설한 일체법이라는 것은 아상도 없고 인상도 없고 중생상도 없고 수자상도 없는 그러한 일체의 상이 없는 상태에서의 일체의 법을 말하는 것이니라. 수보리야! 만일에 어떤 보살이 말하기를 '내가 불국토를 장엄하게 하리라'고 말한다면 그 사람을 보살이라고 부를 수 없느니라. 왜냐하면 나 여래가 말하기를 보살이 불토를 장엄하게 한다는 것은 불국토를 어떤 물질이나 재화로 장엄하게 하는 것이 아니라, 보살이 그 마음으로, 말없는 자리에서, 장엄하게 하는 것을 의미하기에 불토를 장엄하게 한다고 이름할 수 있는 것이기에 말이다. 수보리야! 만일에 어떤 보살이 무아법에 통달했다면, 여래는 그야말로 진짜 보살이라고 말할 것이니라."

"須菩提! 譬如人身長大." 須菩提言: "世尊! 如來說人

身長大, 卽爲非大身, 是名大身." "須菩提! 菩薩亦如是.
若作是言, '我當滅度無量衆生', 卽不名菩薩. 何以故?
須菩提! 實無有法名爲菩薩. 是故佛說一切法, 無我·無
人·無衆生·無壽者. 須菩提! 若菩薩作是言, '我當莊嚴
佛土', 是不名菩薩. 何以故? 如來說莊嚴佛土者, 卽非莊
嚴, 是名莊嚴. 須菩提! 若菩薩通達無我法者, 如來說名
眞是菩薩."

※ 譬如~: '如'는 '마치 ~와 같다'는 의미. 따라서 '비유하면 ~와 같다'는 뜻이
된다.

강설

이제 숨차게 올라오던 준비단계의 마지막에 왔습니다. 여기까지
준비하면 우리는 이제 다시 시작할 수 있습니다. 다 왔다고 방심 말
고 끝까지 안전운행 합시다!

'크다'는 '작다'라는 상대가 있을 때만 적용될 수 있는 말입니다.
'길다'는 의미의 '장(長)'도 '단(短)'이라는 짧다는 의미의 상대적 말
이 있을 때만 성립됩니다. 부처님에게 크다 작다가 있을까? 많다 적
다가 있을까? 삼천대천세계를 가득 채워 보시를 해도 부처님이 많
다고 하실까요? 물론 적다라는 말도 않으실 것입니다. 부처님의 세
계는 우리가 생각하는 그런 상대 유한적 세계를 떠난 세계입니다.
법정 스님이 요즘 절집에서 큰스님이라는 말을 많이들 하는데,

그럼 작은 스님도 있냐? 도대체 뭐가 크다는 거냐? 하고 어느 책에 쓰셨습니다. 법정 스님이 큰스님이라고 불리는 다른 스님을 폄하하신 것이 아닙니다. 내가 직접 뵙고 듣지는 못했지만 법정 스님께서는 '마음자리가 큰스님이 큰스님이지 한문의 대사를 번역해서 큰스님이라고 쓰듯이 함부로 그런 말 쓰지 마라'는 속뜻이 있으셨을 거라고 믿습니다.

보살도 마찬가지라고 부처님은 말합니다. '내가 너희들을 다 멸도하게 하리라'의 속뜻이 실로 존재할 때 보살의 그 뜻이 장하다고 할 수 있는 것이지, 말만 그렇게 한다고 해서 보살이라고 할 수 없다는 의미입니다. 그래서 우리는 일체법에서 불법을 배워야 합니다. 불법은 일체의 모든 법을 통관하는 하나의 큰 실체입니다. 나라든가, 너라든가, 우리라든가, 인간이라든가 하는 그러한 유한 상대적 '상' 자리를 떠나야 깨칠 수 있는 세계입니다.

그리고 보살의 행이 불토를 장엄하게 한다는 것이 도대체 무엇을 장엄하는 것이냐고 재차 물으십니다. 재물이나 물질이나 돈이나 꽃·쌀·향기가 아닌 마음자리를 밝게 하여 온 우주를 훤히 비추어서, 아직 눈 어두운 많은 중생들에게 빛과 광명을 주어 마음자리를 밝히게 하는 것, 그것이 불국토를 장엄하게 하는 것이라고 가르칩니다. 그리고 한마디 확실한 사자후를 합니다.
"만일에 어떤 보살이 무아법에 통달했다면, 여래는 그야말로 진짜 보살이라고 말할 것이니라(若菩薩通達無我法者. 如來說名眞是菩薩)."

정말 멋있는 말입니다. 그런데 이 부분을 잘못 마음속에 심으면 법이라는 글자에 현혹되어 무아법이 또 무슨 실체가 있는 줄 알고 길을 헤십니다. 불교에서의 법이라는 단어는 격식에 따라 만들어진 일체만상을 의미합니다. 그러므로 여기서의 무아법이라는 것은 그러한 인간세상의 격식에 따라 만들어진 일체만상에 '나'라고 하는 어떤 존재가 있다고 생각하지 말라는 정도로 정의할 수 있을 것입니다. 그리고 이러한 존재와 비존재의 상대적이고 유한한 상을 떠난 그 자리를 완전하게 깨닫는 사람, 즉 통달하는 사람이야말로 진짜 보살이라고 부처님께서 설파하셨습니다.

할 홀로 빛나는 것은 없다

이제 우리는 내가 무엇을 하기 위해서 무엇을 준비해야 하고 어떤 상태까지 준비해야 하는지 보았습니다. 여기서 보살을 영웅으로 생각해도 좋고, 부자로 생각해도 좋고, 대통령이라고 생각해도 좋고, 사장·회장·대학총장, 그리고 영업본부장·지점장·집안의 가장이라고 생각해도 좋습니다. 더불어 사는 세상에서의 최고가는 자리를 원하는 경우에 어떻게 준비해야 하는지 보았습니다. 물론 혼자 사는 직업도 있습니다. 화가·골프선수·학자·발명가·연구소 종사자 등등. 그러나 아라한도 부처님도 역시 그 시작은 혼자 가는 자리입니다. 그 시작은 혼자이지만 전 인류를 가슴에 안고 그 목표를 향해 가는 사람은 전 인류를 위한 일을 하고, 자기 나라를 위해 자기 나라를 가슴에 안고 가는 사람은 자신의 조국을 위한 일을 합니다.

만일 '존 내쉬'의 연구에 전 인류를 상대로 기여하겠다거나 보시하겠다거나 하는 마음이 없었다면, 그의 균형이론은 그야말로 여자

꼬시는 이론으로 남았을 것입니다. 내쉬의 평형·균형이론은 남자 친구 여러 명이 한 명의 여자를 꼬실 때 나중에 아무도 상처받지 않으려면 이렇게 해야 한다는 데서 시작되었습니다. 그의 '데이트 경쟁이론'은 '경매이론'으로 발전하였습니다. 그로부터 50년 후 내쉬의 평형이론은 미국 정부에 엄청난 부를 가져다 주었으며, 특히 클린턴 행정부 시절에는 그의 경매이론 하나가 순식간에 100억 불을 미국 정부에 가져다 주었습니다.

아름다운 음악이 아름다운 까닭은 많은 사람이 듣고서 그 아름다움을 공감하기 때문이고, 명작이 명작인 것은 많은 사람이 보고 그 아름다움이 전해지기 때문입니다. 이 세상에는 그 어느 것도 홀로 빛나는 것이 없습니다.《금강경》또한 누구에게나 보편적 진리, 대승의 참된 도리를 설파하기 때문에 종교와 국적을 불문하고 귀 있고 눈 있고 마음 열린 모든 사람의 사랑을 받고 있는 것입니다. 성공하기를 원하는 분은《금강경》을 읽어보십시오. 그대 마음의 눈으로!

18

일체를 하나로 보라

(一體同觀分)

이제 우리는 불법과 세상법이 둘이 아님을 확인해야 한다. 우리는 밝은 눈을 가지고 세상사의 기저에서 하나로 관통되는 불성을 보아야 한다.

우리는 어두운 눈 때문에 좋은 사람 나쁜 사람, 좋은 일 나쁜 일을 구별하고, 그 껍데기에 둘러싸여 살고 있다. 전생 그리고 금생의 습관대로 업대로만 살게 하는 안이비설신의라는 몸뚱이의 여섯 가지 도둑 같은 감각기관에 얼마나 휘둘리며 살아왔던가? 게다가 그 도둑 꼬임에 빠져 그 도둑을 사랑하고 속박당하는 것을 오히려 즐기지 않았던가? 왜 진정한 자유로부터 도피하여 그 도둑과 더불어 살고 있었던가? 소명 태자의 멋진 이 분(分)의 이름이 나에게 그 답을 제시해 주었다.

"너는 심안이 열리지 않아서 그러하니라."

심안(心眼) 곧 마음의 눈이 열리지 않아서 그렇다. 심안은 내게도 불성이 있다는 부처님 말씀에 의하면 바로 불안(佛眼)이다. 여기서 눈의 종류는 우리 인간들의 급수이기도 하다. 이제 부처님이 그 말씀을 시작하신다.

"수보리야! 네 뜻에 어떠하뇨? 나 여래가 너희들과 같은 육체의 눈을 갖고 있다고 생각하느냐?"

"그러합니다, 세존이시여! 여래도 우리와 같은 육체의 눈을 가지고 계십니다."

"수보리야! 네 뜻에 어떠하뇨? 나 여래가 하늘 신의 눈과 같은 천안을 갖고 있다고 생각하느냐?"

"그러합니다, 세존이시여! 여래께서는 천안을 가지고 계시옵니다."

"수보리야! 네 뜻에 어떠하뇨? 나 여래가 지혜의 눈, 즉 혜안을 갖고 있다고 생각하느냐?"

"그러합니다, 세존이시여! 여래께서는 지혜의 눈을 가지고 계십니다."

"수보리야! 네 뜻에 어떠하뇨? 나 여래가 일체만상을 다 아는 법안을 갖고 있다고 생각하느냐?"

"그러합니다, 세존이시여! 여래께서는 일체만상을 다 아는 법안을 갖고 계십니다."

"수보리야! 네 뜻에 어떠하뇨? 나 여래가 부처의 눈인 불안을 갖고 있다고 생각하느냐?"

"그러합니다, 세존이시여! 여래께서는 부처의 눈을 갖고 계십니다."

"須菩提! 於意云何? 如來有肉眼不?" "如是. 世尊! 如來有肉眼."

"須菩提! 於意云何? 如來有天眼不?" "如是. 世尊! 如

來有天眼."

"須菩提! 於意云何? 如來有慧眼不?" "如是. 世尊! 如
來有慧眼."

"須菩提! 於意云何? 如來有法眼不?" "如是. 世尊! 如
來有法眼."

"須菩提! 於意云何? 如來有佛眼不?" "如是. 世尊! 如
來有佛眼."

※ ~不?: 부사로서 의문을 나타내고, 긍정과 부정이 서로 교차하는 형식을 구성
한다. '~이 아닌가?' '~이 없는가?'로 번역하거나, '~인가, 아닌가?' '~이 있
는가, 없는가?'로 번역한다.

강설

우리가 갖고 있는 육안(肉眼)은 어떻습니까? 종이 한 장이라도
눈앞에 놓으면 아무것도 보지 못하고 색깔도 7가지 색깔밖에 못 보
는 한심한 눈입니다. 마음에 뭐라도 씌이면 아주 못생긴 추남도 미
남으로 보이고, 수십 년 예쁘게만 보이던 부인이 원수처럼 보이기
도 합니다. 자기 전 재산을 날릴지도 모르는 부동산이나 주식이 조
상님의 은덕이나 신이 부여한 선물로 보이기도 합니다. 자기를 망
칠지도 모르는 사람이 한없이 충성스럽게 보이기도 합니다. 도대체
우리의 육안은 무엇일까요? 이것을 믿어야 한단 말입니까?

천안(天眼)은 무엇일까요? 신의 눈, 즉 신통력이 작동하는 눈입

니다. 땅 밑이 훤히 보여 수맥도 보이고 명당자리도 잘 찾고 하는 등 한 차원 높게 모든 것을 봅니다. 장벽이 있어도 장벽을 뚫고 다 봅니다. 색깔도 7가지 이상의 갖가지 하늘의 색을 모두 볼 수 있습니다. 육안의 한계, 즉 앞을 보면 뒤를 못 보고, 왼쪽을 보면 오른쪽을 못 보고, 위를 보면 아래를 못 보고, 멀리 보면 가까이 있는 것을 못 보는 한심한 우리들의 눈, 게다가 결정적으로 안을 보면 밖은 못 보게 만들어 우리로 하여금 평생 속고 살 수밖에 없게 하는 이 한심한 육안의 단계를 모두 벗어난 눈이 천안입니다.

전후좌우를 살펴서 일을 무리없이 잘 처리하는 사람, 이름하여 천안이 열린 사람입니다. 의사로 이야기하면 심의(心醫)인데 사람을 한 번 보면 오장육부를 꿰뚫어 보고 처방을 내리고,《본 강목》이나《동의보감》에도 없는, 처음 보는 지구 반대편의 한 가지 풀을 보아도 그 쓰임새를 알 수 있습니다. 요컨대 마음에 장벽이 없어 그 본체를 즉각적으로 보는 단계가 천안입니다. 천안이 열리면 사람이나 사물, 혹은 주식시장·세계 경기 등을 한눈에 파악합니다. 천안을 달리 묘(妙)한 관찰의 지혜, 즉 묘관찰지(妙觀察智)라고도 합니다. 얼마든지 노력하면 얻을 수 있는 단계입니다. 흔히 견성했다는 사람들의 안목입니다. 흔히 이런 단계를 도사라고 합니다.

혜안(慧眼)은 무엇일까요?《반야심경》의 색불이공 공불이색(色不二空 空不二色)의 단계입니다. 즉 환경에 끄달리지 않고, 환경에 속박당하지 않고 물질에서 그 의식이 해방되어 일체의 차별상을 두지 않습니다. 1만 명을 호령하고, 수천만 명을 호령하고, 천하도 호령할 수 있습니다. 그 마음에 아무런 차별을 두지 않기 때문입니다.

자기의 감각기관에도 속지 않고 다른 사람의 감각기관도 속이지 않습니다. 무엇이든 훤히 밝게 비추어 명명백백하게 보는 그러한 안목입니다. 이런 단계는 성문(聲聞), 연각(緣覺)의 단계입니다.

 법안(法眼)은 혜안의 경지를 넘어섭니다. 불이(不二, 不異)의 단계가 아니라 색즉시공 공즉시색(色卽是空 空卽是色)의 단계입니다. 서로 다른 것을 알지만 차별상을 두지 않는 단계가 아니라 애시당초 차별을 느끼지도 않고 같게 봅니다. 모든 것을 주려 하고, 베풀려하고, 도우려 하고 그 부족함을 메워주려 합니다. 자비와 방편만을 생각하는 '나'라는 아상이 뚝 떨어진 무아법자(無我法者), 즉 진짜 보살의 단계입니다.

 불안(佛眼)! 이름하여 부처님의 눈입니다. 일체를 하나로 보는 눈, 사람이나 이 지구상의 생명체뿐만 아니라 전 우주법계의 모든 생멸하는 것들의 말, 생각, 행동 등 일체를 차별없이 볼 수 있는 눈입니다. 엄청난 것 같지만 우리는 육안·천안·혜안·법안·불안을 다 가지고 있습니다. 단지 순간적이고 지속적이지 않아서 우리 자신을 믿지 않을 뿐입니다. 우리가 불안으로 보는 것들은 고양이의 발걸음처럼 소리없이 우리 시야에 들어옵니다. 우리는 그것을 보되 보았다는 사실조차 의심합니다. 자기에게 자신감을 주지 않기 때문입니다. 끊임없는 수행과 자신의 마음자리가 청명하고 맑아 일체의 오염됨이 없이 우주만물의 모든 것을 비추어 깨달아 확연히 알 수 있는 단계! 여러분들도 스스로 한두 번쯤은 느껴본 그 안목의 단계가 바로 우리 자신의 불성(佛性)의 존재를 확인해주는 것입니다.

"수보리야! 네 뜻에 어떠하냐? 항하의 그 많은 모래알을 부처가 얘기한 적이 있더냐?"

"그러하옵니다. 세존이시여! 여래는 그 모래알에 대해 이야기하셨습니다."

"수보리야, 네 뜻에 어떠하뇨? 하나의 항하에 있는 모래알 그 모래알 수와 같은 수의 항하, 그리고 그 전부의 모래알 수와 같은 부처님 세계는 매우 많다고 하겠느냐?"

"무척이나 많사옵니다, 세존이시여!"

부처님이 수보리에게 이르셨다.

"그 많은 국토-부처님 세계에 있는 갖가지의 마음들을 여래는 다 알고 있느니라. 어째서 그러한가? 여래가 말하는 모든 마음이라는 것은 너희들이 생각하는 그런 마음을 말하는 것이 아니기에 마음이라고 이름하는 것이니라. 어째서 그러한가? 수보리야! 과거의 마음이라는 것도 얻을 수 없는 것이고, 현재의 마음이라는 것도 얻을 수 없는 것이고, 미래의 마음도 얻을 수 없는 것이기 때문이니라."

"須菩提! 於意云何? 恒河中所有沙, 佛說是沙不?"
"如是. 世尊! 如來說是沙." "須菩提! 於意云何? 如一恒河中所有沙, 有如是等恒河, 是諸恒河所有沙數佛世界, 如是寧爲多不?" "甚多. 世尊!" 佛告須菩提:
"爾所國土中所有衆生若干種心. 如來悉知. 何以故? 如來說諸心, 皆爲非心, 是名爲心. 所以者何? 須菩提!

過去心不可得, 現在心不可得, 未來心不可得."

※ 有如: 문장의 첫머리에 놓이며, '만일에' '만일에 ~한다면'의 뜻으로 해석된
다. / 寧: 항상 의문사인 '乎' '耶' 등과 어울려서 '설마(어찌) ~일 리가 있겠는
가'로 해석된다.

강설

정말이지 우리 마음은 삼천대천세계에 가득 차 있는 별의 숫자보
다도 종류가 다양합니다. 참선을 1분만 해도 오만 가지 생각이 다
떠오릅니다. 여러분은 어떻습니까? 여러분의 잡념도 영위다부(寧爲
多不) 하지 않으십니까?

여기서 영은 '어찌 영(寧)'이라는 글자이며, 영위(寧爲)는 강조부
사로 '얼마나 많겠는가' 하는 뜻입니다. 부처님은 우리들의 모든 마
음을 다 알고 계십니다. 말을 하든 가슴속에 품든, 심안의 세계·불
안(佛眼)의 세계에서는 보이지 않고 들리지 않는 것이 없기 때문입
니다. 그렇게 다 아시는 이유는 마음이라는 것은 우리가 생각하는
그러한 마음이 아니라 부처님의 마음, 항상 불변한 마음이기에 마
음이라고 이름한다는 것입니다.

개위비심(皆爲非心). 우리들의 마음이 그런 중생심의 마음이 아
니란 것이 무슨 소리일까요? 부처님은 이렇게 설하셨습니다.
"우리들의 마음은 저 넓은 바다와 같다. 그 넓고 넓은 바다에 파

도가 일고 있는데 파도는 바다에서 생기는 일순간의 현상일 뿐 파도를 바다라고 할 수는 없는 것 아닌가? 파도처럼 일어나는 그 모든 상념들은 과거에도 일어났고 지금도 일어나고 앞으로도 일어날 것이다. 그러나 그것은 파도일 뿐이다. 그것을 마음이라고 보고 자신을 학대하려 하지 말라. 파도 속에서 너 자신을 찾을 수는 없느니라. 껍데기에 휩쓸려 다니지 말라."

앞에서 약속한 대로 《금강경》에서의 아닐 비(非)자의 뜻을 설명하겠습니다. 여래설제심(如來說諸心), 개위비심(皆爲非心) 시명위심(是名爲心)을 '그는 나쁜 놈이다' '그런데 알고보면 혹은 마음은 나쁜 놈이 아니다' '그러나 하는 짓이 나쁘므로 나쁜 놈이다'라는 식으로 해석해야 합니다. 이것은 '불교가 무섭다'라는 말도 되고, 선사(禪師)들이 할(喝)과 방(棒)을 쓰는 이유가 되기도 하고,《천수경》의 "죄는 본래 없으므로 마음이 사라지면 죄도 사라진다."의 원천이 되는 이론입니다.

사실 과거·현재·미래라는 것은 존재하지 않습니다. 이것은 물리학의 발전에 따라 점점 밝혀지고 있습니다. 시간이라는 것이 존재하지 않기 때문입니다. 2차원의 세계에 사는 달팽이를 보면 그들의 행로가 우리 눈에 다 들어오듯이 저 위의 한 차원 높은 곳에서는 우리의 과거·현재·미래가 한눈에 들어옵니다. 즉 부처님의 세계에서는 모든 것이 한 순간에 포착되는 것입니다. 과거·현재·미래라는 현상계의 마음, 그 파도같은 마음을 떠나 실상의 마음, 즉 영원하고 항상한 그 마음자리가 바로 진정한 마음인 것입니다.

학교공부를 마치고 제일 먼저 해야 할 공부가 사람공부라면 학교 이전에 먼저 하는 공부가 마음공부입니다. 그런데 이 마음공부, 학교공부, 사람공부가 다 눈썰미가 있어야 하고 안목이 있어야 합니다. 큰 부자는 하늘에서 낸다고 하지만 작은 부자도 최소한 두 가지의 강점은 갖고 있어야 합니다. 그것은 다름 아닌 '배짱'과 '안목'입니다. 배짱은 일에 대한 눈이 있어야 저지를 수 있는 것이고, 안목은 사람에 대한 눈이 있어야 생기는 법입니다. 이래저래 눈이 중요합니다. 그것도 마음의 눈이 생겨야 내 마음의 불성을 보고 하늘이 낸 큰 부자의 길을 걸을 수 있습니다.

할 누가 우리 아이들을 망쳐 놓았는가? '나는 수학이 싫어요!'라니……

마음공부, 사람공부는 정말 중요함에도 불구하고 그것을 가르칠 유능한 선생님도 학교도 없습니다. 정작 별로 중요하지도 않은 학교공부는 학교, 학원, 과외 등으로 과외망국지병이라는 소리까지 들을 정도로 무수히 많습니다.

'이치 그대로, 있는 그대로 사물을 보라'던 제5분인 〈여리실견분(如理實見分)〉에서 영어공부에 대해서 이야기하였듯이 일체를 한꺼번에 보라는 이곳 〈일체동관분〉에서는 학창시절 그다지도 재미없었던 수학 이야기를 하고자 합니다. 저는 지금도 우리 나라의 대부분의 영어 선생님, 수학 선생님을 별로 좋아하지 않습니다. 그 이유는 둘 다 같습니다. 일주일이면 끝날 것을 한 달 혹은 몇 년을 끄는 반디지털적 사고와 망해 가는 아날로그 교육방식을 아직도 선생님들이 사용하시기 때문입니다. 영어를 5일 만에 끝내고 영어의 두려움이 없어진 학생들은 수학에서도 펄펄 날 수 있습니다.

어느 나라나 상관없이 수학과목은 계단식, 단계식 학습법으로 되어 있습니다. 그러다 보니 초등학교부터 시작하여 어느 단계, 즉 통계 분야의 도수분포라든지 도형 분야의 필요충분조건의 명제 등에서 막히면 당사자는 쩔쩔매고 선생님은 그 학생을 버리고 갑니다. 그 버려진 학생은 계단을 올라가다 발목을 삔 것뿐인데, 눈먼 의사격의 수학 선생님이 수학을 못하는 것 보니 머리가 안 따라오는 것 같다는 누명까지 부모님한테 뒤집어씌우는 경우도 있습니다. 사실은 수학의 용어가 일제시대부터 전해 내려오는 무지막지하게 조작된 한자어라서 그렇지 영어 단어로 설명하면 너무 쉬운 것이 수학 용어입니다. 서양에서 발달한 수학이 무엇이겠습니까? 말로 안 되는 세상사를 쉬운 숫자로 표시한 것이 수학인데 그 표현이 얼마나 쉽게 되었겠습니까? 그것을 쉽게 설명 못하는 선생님이 문제인데도 번번이 아이들이 죄인이 됩니다. 뭐든지 잘 아는 사람은 남한테 쉽게 설명하고, 자기도 잘 모르는 사람은 남에게 어렵게 설명하는 법입니다.

고등학교까지의 수학과정은 사실 아이들을 대상으로 하는, 아이들이 풀 수 있는 문제에 불과합니다. 부모님들이 자신들의 학창시절 잘못 배운 탓에 아이들이 못하면 열성인자의 유전일지도 모른다며 부부간의 서로 말못할 고민에 빠져 고액과외로 자위도 하고, 넌 누구 닮아서 그러냐고 시치미 떼며 혼내기도 합니다. 그러나 사실은 선생님한테 억지로 외워가며 배웠던 부모님들이 수학의 원리를 몰라 우왕좌왕하는 것에 불과한 것이며, 그 틈을 과외선생님들이 선무당 사람잡듯이 하는 것이 우리 나라의 수학 교육입니다.

탈레스가 피라미드의 높이를 재었고, 피타고라스가 모든 사물의 원형인 삼각형과 원에 대해 설명하며 시작된 서양 수학은 첫 번째로 도형, 두 번째로 수와 식, 세 번째로 방정식과 함수, 네 번째로 통계와 확률이 모두라고 해도 과언이 아닙니다. 집합, 경우의 수, 미적분, 행렬, 싸인과 코싸인, 경우의 수와 모집단 등 고등학교 3학년까지의 모든 학습과정도 전부 위의 네 가지 분야에서 파생된 것입니다. 아주 복잡하게 보이는 절의 단청 무늬도 알고 보면 원과 삼각형, 단 두 개의 조합에 불과합니다.

초등학교 5학년에서 수학 교육에 관한 한 부모와 선생님으로부터 버림받은 한 아이를 고등학교 2학년 때, 초등학교 과정 2일, 중학교 과정 3일, 그리고 고등학교 1학년 과정 2일, 고등학교 2학년 과정 1주일 동안에 다 가르치고 난 후 수학에 재미를 붙인 학생 스스로 약 15일간 너무나 재미있게 공부한 후 문제아가 모범생으로 변한 이야기는 제가 존경하는 일본 전문가이자 수학자인 김용운 선생님의 책에 나오는 이야기입니다. 이 이야기의 골자는 수학 문제와 교과서에 수백 개의 공식이 있는 것 같아도 출발점은 오직 4개이므로 4개의 분야를 하나로 꿰뚫어 보고, 즉 일체동관하고, 하나의 책을 4권으로 나누어 전체를 보면 줄기가 잡혀 아주 쉽다는 것이었습니다. 저는 그것을 보고 그대로 해보았는데 제가 해보아도 너무나 재미있어 사무실에서 인터넷으로 혼자 입시문제를 풀며 머리를 식힐 때도 있습니다.

중학생까지의 자녀가 있는 분들은 탈레스의 피라미드 높이 재기, 피타고라스의 삼각형, 그리고 원의 성질을 이용한 바퀴의 흔적이 없는 문명권의 멸망사 등의 스토리를 통해 원의 성질을 자녀에게 가르쳐 주십시오. 수와 식의 개념을 심어주기 위한 측량은 싸이즈가 일정한 신발을 신고서 합니다. 그러면 수와 식, 방정식과 함수를 써야 하는 이유를 설명해 주면 고등학교 수학은 수학에서의 약속된 기호의 변경 등에 불과하므로 그다지 어렵지 않습니다.

제가 장황하게 수학에 대해 말한 것은 제 영업 경험 때문입니다. 한마디로 말하면 '수학적 사고' 없이 성공한 사람은 단 한 사람도 없다는 사실입니다. 그렇다고 수학을 아주 잘해야 한다는 것은 아닙니다. 수학을 잘한다기보다는 수학을 좋아해야 한다는 것입니다. 제가 말하는 '수학적 사고'는 '방정식적 사고'입니다. 예를 들면 자기가 원하는 것을 좌변에 놓고 우변에는 목표를 달성하기 위한 조건을 놓습니다. 제가 만난 승자들을 관찰한 결과, 큰부자일수록 그 조건식이 간단하며, 양변이 일치하지 않을 경우에 생기는 불균형을 리스크(risk)로 보고 그것을 집중적으로 관리합니다. 단순함, 여기에 그들의 힘이 있습니다. 수학과 불교와의 관계를 이야기 하자면 한도 끝도 없어서 더 이상 긴 이야기는 하지 않겠습니다.

19

모든 법계는 하나로 통한다

(法界通化分)

우주법계는 결국 하나로 통한다.

미국의 최고 부자 카네기는 말했다. '거울을 보고 소리쳐 소원만 말해도 그 소원은 이루어 지는 법'이라고. 그는 법계통화의 원리를 알고 있었나 보다. 우주의 힘을 거울을 보고 2배 로 사용했다. 욕심도 많은 사람이다.

세계를 칠보로 꽉 채워 보시를 한 인연으로 인간세상에서 혹은 천상에서 받는 복은 유위 적이다. 그러나 무위를 다짐하며 행하는 보시도 이미 유위가 들어가 있는 것을 어쩌랴? 시인은 말한다. 그 길은 네 속에 있다고.

　　원을 긋고 달리면서 빠져나갈 구멍을 찾는단 말이냐
　　모르느냐 네가 달리는 것이 헛일이라는 것을
　　출구는 단 하나! 네 속으로 파고 들어라.

─〈덫에 빠진 쥐에게〉─

그렇다. 방법은 하나다. 우리 속으로 빠져 들어가는 것이다. 다행히 법계는 하나로 통해 있어서 우리가 살고 보는 현상계와, 우리가 살고 보되 보이지 않고 들리지 않는 진여 본체 의 세계는 하나로 통한다. 그러므로 우리의 보시와 우리의 선행과 우리의 소원과 우리의 모든 꿈은 통화의 공덕을 얻을 수밖에 없다.

"수보리야! 네 뜻에 어떠하뇨? 만일 어떤 사람이 삼천대천세계를 칠보로 가득 채워 보시한다면 이 사람은 이 인연으로 복을 많이 얻겠느냐?"

"그러하옵니다, 세존이시여. 이 사람은 이 인연으로 복이 심히 많을 것입니다."

"수보리야! 만일 이 복덕이 실제로 있다고 하면 나 여래는 복덕이 많다고 하지 않았을 것이다. 눈에 보이는 복덕이 없는 고로 여래는 복덕을 많이 얻는다고 하느니라."

"須菩提! 於意云何? 若有人滿三千大千世界七寶, 以用布施, 是人以是因緣, 得福多不?""如是. 世尊! 此人以是因緣, 得福甚多.""須菩提! 若福德有實, 如來不說得福德多. 以福德無故, 如來說得福德多."

강설

이 분은 왜 독립된 분이 되었고, 소명 태자는 왜 법계통화라는 엄청난 이름을 붙였을까?

먼저 그 내용을 보겠습니다. 부처님이 말씀하시길 "어떤 사람이 삼천대천세계를 칠보로 가득 채워 보시한다면 그 복이 많겠는가?" 하시는데, 아직 눈이 어두운 우리의 수보리 존자는 복이 많다고 말합니다. 그러나 부처님은 복덕이 실제로 보이는 것이라면(有實) 어떤 삼천대천세계가 아무리 크다 해도, 그 크기만큼의 한계는 이미 정해져 있는 것이기에 나는 많다고 이야기하지 않을 것이라고 하십니다. 이 복덕이 그 크기와 수량을 벗어나 무한한 까닭에, 나는 '복덕을 얻을 것이 많다'고 한다는 뜻을 품고 있습니다.

여기서의 무(無)는 무한하다는 의미가 적합하다고 봅니다. 제 아무리 크다 해도 부처님이 크다고 하는 것만 할까? 부처님은 유한한 세계는 상대도 안하십니다. 보시한 사람의 마음이 삼천대천세계를 덮고도 남을 정도로 무량하다고 보았습니다. 유한한 것은 시간이 지나면 언젠가는 소멸합니다. 소명 태자는 이 부분에서 보이지 않는 존재와의 대화 가능성을 확인한 것입니다. 마음 '심(心)'자가 한 번도 안 나온 이 부분을 뚝 떼어내어 없을 무의 같은 해석일 수 있는 무한할 무의 속뜻을 잡아낸 것입니다. '복덕무고(福德無故)'를 '복덕이 없기 때문에'가 아닌 '복덕이 무한히 많은 까닭에'로 해석하면 됩니다. 그렇습니다. 우리는 정화되고 순수한 마음 하나로 모든 복을 다 얻을 수 있습니다.

할 이 세상에 안 되는 일은 없다

정화수 한 잔 떠놓고 기도하시는 할머니, 허공에다 소리쳐서 부를 거머잡은 카네기, 목욕 후에 솟아오르는 김이 거울에 서리면 그 거울에 난 10억을 벌 것이라고 써놓았더니 결국 10억을 벌게 되더라는 나의 어느 고객. 우리의 정성은 하늘만 감동시키면 법계가 통화되어 있으므로 꼭 이루어집니다. 아닌 게 아니라 나쁜 일도 열심히 기도하면 이루어져 버립니다. 우리 역사책에 나오는 장희빈이

213

인현왕후를 해할 때 사용하던 방법이고 지금도 지구 도처에서 그런 일은 이루어지고 있습니다. 문제는 우주의 작용과 반작용의 법칙 때문에 그 화살을 자기가 다시 맞는다는 것입니다. 그것이 법계통화된 세상에서의 진리입니다. 오뉴월에 서리가 내리는 원리도 법계가 통화되어 있기 때문입니다. 저주의 화살이 날아다니는 이 법계에서 그 화살을 받지 않는 방법은 있습니다. 화살을 받을 만한 마음을 먹지 않는 것, 그런 일을 하지 않는 것입니다.

누군가 선물을 줄 때 그 선물을 받지 않으면 선물은 도로 준 사람의 것이 됩니다. 마찬가지로 누군가의 저주도 받지 않으면 그 저주를 준 사람이 가져갈 수밖에 없는 것입니다. 참회함으로써 화살을 쏘는 자를 멀리하든지 그 화살을 받지 말든지 하면 됩니다. 거꾸로 누군가에게 축복과 사랑과 깨달음을 마구 던져 보십시오. 상대방이 거절할 리 없고 상대방이 그것을 받는 순간 공덕은 완성되어 바라지 않아도 복덕은 있는 것이라고 부처님은 말씀하십니다.

20

색도 떠나고 상도 떠나라

(離色離相分)

색도 떠나고 상도 떠나라!

그렇다. 우리는 우리가 알고 있던 것, 우리 것이라고 생각하던 것에서 떠나야 한다. 안이비설신의(眼耳鼻舌身意)라는 별로 신통치 않고 성능마저 좋지 않은 그 색안경과 허울을 벗고 실체를 보아야 한다.

세상의 원리, 그것은 껍데기와 허울이라는 색과 상을 떠난 곳에 있다. 이렇듯 당연히 존재하는 실체를 못 보고 아견과 허상의 함정에 걸리는 사람이 이색이상의 사람에게 항상 지는 게임의 법칙이 적용되는 곳, 그곳이 전세계 금융경제시장이다.

음식점을 하든, 청소업을 하든, 출판업을 하든, 어떤 공장을 하든, 삶과 더불어 하는 모든 일에는 색과 상을 떠나서 그 실체를 보아야 한다.

"수보리야! 네 뜻에 어떠하뇨? 여래가 색신을 다 구족했다고 볼 수 있겠느냐?"

"그렇지 않습니다. 세존이시여! 여래는 색신을 다 구족했다고 볼 수 없습니다. 어째서 그러한가 하면 여래가 말씀하시는 색신을 구족했다는 것은 부처의 32상 80종호를 갖추어서 여래라는 것이 아니고, 그 마음이 구족되었기에 색신이 구족되었다고 하는 것입니다."

"수보리야! 네 뜻에 어떠하뇨? 여래가 모든 상을 다 구족했다고 볼 수 있겠느냐?"

"그렇지 않습니다. 세존이시여! 여래가 모든 상을 다 구족했다고 볼 수는 없습니다. 어째서 그러한가 하면 여래가 모든 상을 구족했다는 것은 부처의 32상 80종호를 다 갖추어서 여래라는 것이 아니고, 그 마음이 다 구족되었기에 모든 상을 구족했다고 하는 것입니다."

"須菩提! 於意云何? 佛可以具足色身見不" "不也. 世尊! 如來不應以具足色身見. 何以故? 如來說具足色身, 卽非具足色身, 是名具足色身." "須菩提! 於意云何? 如來 可以具足諸相見不" "不也. 世尊! 如來不應以具足諸相見. 何以故? 如來說諸相具足, 卽非具足, 是名諸相具足."

※ 具足: 具는 '모두' '완전히' 등의 뜻을 가진 부사로 쓰이며, '준비하다' '갖추다'로 뜻을 유추하여 사용한다. 그러므로 '具足'은 '완전히 갖추었다'는 뜻이다.

/ 不應: 應은 '생각하건대 마땅하다'는 의미. 따라서 '不應'은 '마땅하지 않다' '그렇지 않다'는 뜻.

이 부분은 책마다 해석이 상이합니다. 불(佛), 견(見), 구족색신 (具足色身), 혹은 제상(諸相)을 주어로 목적어로 보어로 하는 등의 해석방법이 모두 다릅니다. 감히 내가 어느 것이 옳다고 할 수는 없고 다만 그 뜻을 취하고 싶을 뿐입니다. 참고로 '부처가 색신 혹은 제상을 구족했다고 볼 수 있겠느냐?'와 '색신 혹은 제상을 구족함으로써 부처를 볼 수 있느냐?' 하는 것인데, 이거냐 저거냐 하는 것도 학문으로서는 타당하겠지만, 그 상에 걸리는 것이 아닐까, 우리는 그 뜻과 향기만을 취하는 것이 어떨까 싶습니다.

구족한다 함은 갖춘다는 말입니다. 이 분(分)에 나오는 색신(色身)은 육체의 껍데기를 의미하고 상(相)은 마음이나 생각의 껍데기를 의미합니다. 이러한 껍데기를 벗어나서 그 실체를 파악하는 것, 그것이 직지인심(直指人心)입니다. 부처님의 신체나 사상이 남보다 뛰어나서 부처가 된 것이 아니라, 부처가 되니 신체나 사상이 한 차원 높아지더라는 것입니다. 더 쉽게 이야기하면 멋진 집에 살고 좋은 차를 타서 부자가 된 것이 아니라, 부자가 되고 나니 멋진 집과 좋은 차를 타게 된다는 것입니다.

고객들을 분석하고 그들을 접하는 과정에서 저는 이런 간단한 원리조차 이해하지 못하고 그들의 말과 행동, 생각만을 보고 말았습니다. 그분들의 진정한 마음은 몰랐던 것입니다. 사업도 색과 상에 걸리면 실패하기 쉽고, 사람도 색과 상을 통해 사귀면 실망하기 쉽습니다. 주식투자도 색과 상에 빠지면 십중팔구 실패합니다. 스님, 신부님, 목사님을 뵐 때도 그분들의 눈에 보이는 모습뿐인 색과 상만 보면 존경심을 잃습니다. 이런 진리를 모르는 무지한 사람들이 지불해야 하는 대가는 손해입니다.

할 눈이 어두우면 허깨비만 보인다

고객 자산관리(wealth managing)라는 업무를 맡은 다음 저는 성공의 실적(track record)이 필요했습니다. 저는 제가 고객보다 지적으로 경험적으로 우위에 있어야 한다고 믿었으며, 새로운 시장·새로운 환경이 꽃밭인지 지뢰밭인지 알 수 있어야 한다고 믿었습니다. 그것은 끊임없는 자기 세뇌와 허풍이 동반되는 작업이었습니다. 그러나 이 세상엔 단 한 푼의 공짜도 없다는 것을 오랜 시간이 지난 다음에야 알았습니다. 고객분들 말씀으로는 아무리 봐도 아닌데 자꾸 제가 맞다고 하니 제가 걱정스러웠다는 것입니다.

눈이 어두우면 허깨비만 보는 법입니다. 그 허깨비에 속지 않는 것이 상을 떠나 그 실체를 보는 것이고, 그것이 《금강경》의 전 분(分)에 걸쳐서 전개되는 것이며 소명 태자가 이상적멸(離相寂滅)이라고 하는 것입니다.

《반야심경》 역시 동일합니다. 《반야심경》은 반야바라밀을 통해서 '원리전도몽상구경열반(遠離顚倒夢想究竟涅槃)'이라고 말합니다. 즉 전도된 꿈 같은 허깨비들을 멀리하고 궁극의 실체를 똑바로 직시하라고 가르칩니다.

제 직업은 남의 돈으로 먹고살며, 남의 돈을 관리하고, 남의 돈을 증식시켜 주겠다며 명함 파서 회사에서 월급 받으며 먹고사는 직업입니다. 그것이 자산관리인(Wealth manager)이고 개인 은행가(Private Banker)입니다. 금융기관 사람들은 명함에 타이틀만 다르지 저와 꼭 같은 일을 하는 사람들입니다. 그 사람들이 눈이 어두워 허깨비만 쫓아다닌다면 나라가 안 망할 도리가 없습니다. 저의 진정한 소원은 이제 눈이 밝아져 주변사람에게 즐거움과 편안함을 주는 공덕을 쌓는 것입니다.

■ 알고 갑시다

여래의 32상

위대한 인간이 가지는 32가지의 신체적인 특징을 32상(相)이라고 한다. 부처님과 전륜성왕만이 이 32가지의 특징을 모두 가지고 있다. 아시타 선인은 싯다르타가 집을 떠나서 숲으로 들어가서 위대한 정신적 스승이 되거나 아니면 전륜성왕이 된다고 예언했는데, 32가지 특징을 태어날 때부터 가지고 있었기 때문이었다. 32가지의 특징 중에 대표적인 것이 발바닥에 나타나는 천 개의 바퀴살이 달린 바퀴(차크라)인데, 이 무늬가 인도에서는 왕권의 상징으로 여겨진다. 부처님이 왕권을 포기했음에도 그의 정신적인 권위는 계속해서 바퀴의 이미지로 표현되고, 부처님의 가르침이 '진리의 바퀴를 굴린다'고 표현되는 것도 이 32상과 관련이 있다.

32상 중의 몇 가지를 들어보면, 육계라고 하는 정수리의 혹, 두 눈썹 사이에 난 터럭, 왼쪽에서 오른쪽으로 돌아간 짧은 곱슬머리, 40개의 완전한 모양을 갖춘 같은 크기의 하얀 치아, 똑바로 섰을 때 무릎 아래까지 내려오는 팔 등이 있다.

21

설한 것도 없고
설해진 바도 없다

(非說所說分)

설한 것도 없고 설해진 바도 없다.

부처님은 욕심이 많으신 분이다. 공덕을 짓기 위해 눈이 어두운 제자의 바느질을 가로채
서 하시었고, 행여 상(相)에 잡힐까 당신이 하신 모든 선행에 시치미 뚝 떼시는 것도 수준
급이다. 걸핏하면 '난 아무 일도 한 것이 없다'거나 '난 아무 말도 한 적이 없다'고 하셨다.
왜 그러셨을까? 답은 하나다. 말을 떠난 자리를 말로 하셨기 때문이다. 부처님도 예수님
도 마호메트도 소크라테스도 공자님도 다 저 진리를 보라고 하셨는데, 그분들 손가락만
보는 무지한 중생들이 그것만이 진리이고 길이라는 고정된 사고방식에 빠져 다툼을 일으
킬까 걱정하셨기 때문이다.

고정관념의 타파! 고식적이고 정해진 패러다임의 부정은 부처님의 위대함이 돋보이는 부
분이다. 불교에는 교리의 이단논쟁이 없다. 진리는 하나지만 루트는 다를 수도 있다고 보
기 때문이다. 단지 누가 더 빠른 길로 가느냐의 차이만 있을 뿐이다. 불교의 역사에 전쟁
이 없는 것은 부처님 자신이 시시비비의 기준 자체를 만들지 않으셨다는 데 있다.

분쟁은 절대 말과 글로써 해결되지 않는다.

"수보리야! 너는 '내가 마땅히 설한 바의 법이 있다'라고 여래가 생각한다고 말하지 말라. 그렇게 생각해서는 아니 된다. 왜냐하면 만일 어떤 사람이 '여래가 말한 바의 어떤 법이 있노라'고 하면 이것은 부처를 비방하는 것이니라. 그리고 내가 말한 바를 이해하지도 못한 것이니라. 수보리야! 설법이라는 것은 설해질 수 있는 어떤 고착된 법이 있는 게 아니기에 법을 설한다고 이름할 수 있는 것이니라."

그때 혜명 수보리가 부처님께 사뢰어 말씀드렸다.

"세존이시여! 퍽이나 많은 중생들이 오는 미래세에 이 법(금강경)이 설하여지는 것을 듣고 신심을 낼 수 있겠습니까?"

"수보리야! 그들은 중생도 아니고 중생이 아닌 것도 아닌 사람들이다. 왜냐하면 수보리야! 중생, 중생 하는 것은 여래가 말하기를 그렇게 고착된 개념에서의 중생(열등의 의미)이 아니기에 중생이라고 이름하는 것이니라."

"須菩提! 汝勿謂如來作是念, '我當有所說法', 莫作是念. 何以故? 若人言 '如來有所說法', 卽爲謗佛. 不能解我所說故. 須菩提! 說法者, 無法可說, 是名說法." 爾時, 慧命須菩提白佛言: "世尊! 頗有衆生, 於未來世, 聞說是法, 生信心不?" 佛言: "須菩提! 彼非衆生, 非不衆生. 何以故? 須菩提! 衆生衆生者, 如來說非衆生, 是名衆生."

※ 勿: '~해서는 안된다' '~하지 말라'는 뜻의 부사. '毋'나 '無'도 같은 의미로 쓰인다.

강설

부처님은 고정되고, 부실한 감각기관인 6근에 의하여 잘못 받아들여지는 견해를 제일 경계하셨습니다. 만일 어떤 법을 말씀하셨다면 후대에 부처님의 본래 뜻과 시대적·역사적 상황을 놓고 논쟁이 많았을 것이고 치열한 이단논쟁이 있었을 것입니다. 그러나 불교에는 정해진 것이 없습니다. 그것은 부처님의 뜻이 아니라 원래부터 없는 것이기에 없는 것입니다. 대부분의 경전은 '여시아문(나는 이렇게 들었노라)'으로 시작하며《금강경》도 그렇게 시작합니다.

여기서 아(我)는 부처님의 비서, 즉 시자였던 아난 존자가 부처님이 말씀하시던 것을 기억해 자신은 이렇게 들었다고 시작하는 것입니다. 곧 내용의 객관성을 미리 부여한 것입니다. 부처님은 부처님께서 전하고자 하는 메시지에 정해진 것이 있다고 한다면 자신을 비방하는 것이라고 단정하시며, 그러한 자는 내가 무슨 말을 해도 알아듣지 못할 것이라고 했습니다.

할 산은 산, 물은 물

저는 '정해진 것이 없다'는 부처님의 이 말씀이 가슴 절절히 와 닿습니다. 우리나라 금융기관이 다 그렇듯이 우리도 전국 지점장회의라는 것을 합니다. 말씀하시는 분은 사장님 혹은 담당임원입니다. 그런데 저녁에 다시 회의하면, 점장회의 참석자들이 귀담아 들은 부분은 각자의 이해관계에 따라 모두 다릅니다. 심지어 발언 내용의 해석도 모두 다릅니다. 그것을 통일한답시고 하루 이틀 후에 사장님의 말씀을 활자화해서 전체 직원에게 배포합니다. 그러나 그것을 읽어보면 그곳에 참석했던 제가 느꼈던 현장감은 전혀 없습니다. 물론 제가 느낀 현장감 역시 저 혼자만의 생각일 뿐입니다. 직원들은 자기 편한 대로 해석해서 취할 뿐입니다.

부처님은 이런 중생들의 사고방식을 너무 잘 알고 계셨습니다. 그리고 이 경전을 보고 있는 우리들은 사장님이 발언한 내용을 2∼3일 후에 문서로 받아 보는 직원들과 똑같을 것입니다. 그러니 저도 가끔은 이 경전 속의 부처님을 비방하는 결과를 초래하기도 합니다.

여하간 부처님께서 설해진 법이 없다고 하시니까 조급해진 수보리 존자는 그렇게 정해진 것이 없으면 후대의 중생들은 어떻게 신심을 낼 수 있겠느냐고 묻습니다. 말귀를 알아들을 만한 수보리 존자가 아둔한 소리만 하는 데 짜증이 나셨는지 자상하시던 부처님도 여기서는 한마디로 쏘아붙이시는 것 같습니다. 자꾸 중생, 중생 하는데 중생이라고 다 같은 중생인 줄 아느냐? 한마디로 알 사람은 다 안다는 소리입니다. 모르는 사람은 아무리 말해줘도 모른다는 소리이기도 합니다.

할 가장 큰 죄악은 무엇인가

원택 스님이 쓰신 《성철 스님 시봉 이야기》를 보면 성철 스님의 열반송에 나오는 한 구절, "평생 동안 남녀의 무리를 속여 그 죄악이 수미산을 덮는다."를 본 어느 목회자가 "그것 봐라. 불교의 우두 머리가 죽을 때 되서는 자신이 남을 속인 것을 이렇게 참회하고 갔 다더라"고 하면서 그 무지함으로 여기저기 전파하러 다녔답니다. 그 무지함으로 되려 불교 신자들에게 한마디씩 하니 거꾸로 그런 열반송을 남기신 성철 스님과 그것을 세상에 알린 종단을 원망하 는 불신자가 많았다고 합니다. 정말 웃지 못할 중생들의 이야기입 니다.

중생이 말썽을 많이 피우기는 하지만 세상에 그런 중생만 있는 것이 아닙니다. 부처님 말씀처럼 한 분, 두 분, 세 분 정도의 부처님 에게 선근을 심은 것이 아니라 천만 부처님의 처소에 착한 심성, 착 한 선근(善根)을 심은 중생들이 부지기수로 있으니 쓸데없는 걱정 하지 말라는 것입니다.

저는 확신합니다. 몰라서 못하고, 인연을 못 만나서 못한 것이지, 그들 마음에 선근이 없을 턱이 없다고 믿습니다. 저는 직업상 많은 사람을 만납니다. 어떤 때는 교회에 가기도 합니다. 목사님 설교 테 이프도 많이 선물 받았습니다. 제 경험에 비추어보면 사람이 문제 이지 종교는 문제가 없습니다. 간혹 황당할 때도 있습니다.

"어이, 미스터 우! 예수님 앞에서 약속해! 이젠 내 돈 더 이상 안 깨먹는다고 말이야!"

우리는 또 대답 하나는 확실하게 합니다.

"알겠습니다."

그런데 그게 거짓말이 아니었음에도 불구하고 잘 안 되는 것을 어쩌란 말입니까? 그래서 저는 마누라하고 애들 빼고 모든 것을 바꾸기로 했습니다. 목표는 하나입니다. 제발 눈 좀 밝아지자고.

사실 이 〈비설소설분(非說所說分)〉에서 중요한 것은 그렇게 지엽적인 것이 아닙니다. 고착된 것도 싫어하지만 진정한 것은 마음으로 전할 수밖에 없고 그 마음은 시공을 초월한다는 메시지를 이 분(分)은 담고 있습니다. 우리는 하루에도 수많은 사람들과 말하고 통화하고 행동하고 생각합니다. 그들의 마음에 어떤 씨앗을 심었을까? 미움, 원망, 사랑, 감사, 무덤덤, 억울함, 의심, 호기심, 용기……
오늘의 만남 속에 내가 심은 마음의 씨앗들! 그것이 언제 어떻게 싹이 돋아 올라올지 아직 나는 모릅니다. 다만 말과 행동과 생각을 조심하여 좋은 씨앗을 뿌리려는 노력만 하고 있습니다. 회사에서는 직원들과 상사들에게 '화이팅'이라는 마음의 씨앗을 심었는지 실망과 절망이라는 마음의 씨앗을 심었는지가 항상 중요합니다. 그리고 그들은 집안식구보다 더 자주 돌보아야 합니다. 그런데 사람들은 자기가 씨앗을 심고 있다는 사실도 모르는 것 같습니다. 그래서 그 과실이 열리면 순전히 운이거나 조상 탓인 줄 압니다.

예전에 모 기업에서 신경영 바람이 한창일 때 그 바람의 주인공은 나이가 지긋하신 임원들에게 숙제를 내주었습니다. "발언 내용을 테이프로 열 번 듣고 다시 이야기하자."고. 그때는 몰랐지만 지금 제가 보기에 소명 태자와 맞먹는 수준의 가르침이라고 생각합니다. 동아시아 역사상 말귀 못 알아들은 사람한테는 '소리를 버럭 지르고〔이것을 불교에서는 할(이라고 함)〕', '몽둥이로 두들겨 패는 것〔방(棒)〕'이 유일한 도구였습니다. 물론 부처님 같으신 분은 수백 번 설

226

명하셨지만 그래도 열 번까지 한 사람은 그분이 처음입니다. 건강하게 오래 사시길 바랍니다.

■ 알고 갑시다

부처님의 십대제자

부처님의 제자 가운데 생사를 초월하여 최고의 경지인 열반을 얻은 아라한이 1,250명이었다. 그 가운데서도 뛰어난 자가 500명이었는데, 보통 500 나한이라고 부른다. 다시 그 중에서 지혜와 신통, 도덕, 수행 등이 가장 뛰어난 열 명의 제자를 십대제자라고 한다. 십대제자는 존자(尊者)라고 하여 존칭을 붙여 부른다.

사리불 존자는 지혜가 가장 뛰어났던 지혜제일이었고, 목건련 존자는 사리불과 친구이면서 신통력이 뛰어난 신통제일이었고, 마하가섭 존자는 부처님이 꽃 한 송이를 들어 보인 뜻을 알아차린 염화시중(拈花示衆)의 주인공이자 두타제일(頭陀-수행)이었다. 아나율 존자는 장님이 되었지만 지혜의 큰 눈을 얻은 천안제일이었으며, 수보리 존자는 해공제일이었고, 부루나 존자는 언변이 뛰어나서 포교에 전념했던 설법제일이었다. 가전연 존자는 변방의 포교에 열심이었던 논의제일이었으며, 우파리 존자는 노예 계급으로 이발사 출신이면서도 계율을 잘 지켰던 지계제일이었다. 라후라 존자는 부처님의 친자식이면서 남이 보든 말든 수행에만 열심이었던 밀행제일(密行第一)이었으며, 아난다 존자는 가장 오랫동안 부처님을 모셨고 한 번 들은 것은 결코 잊지 않았던 다문제일(多聞第一)이었다.

227

특히 아난다 존자는 모든 경전의 첫머리에서 "나는 이와 같이 들었습니다." 할 때의 주인공이다. 오늘날까지 부처님 말씀이 온전히 전해질 수 있게 된 것은 부처님이 입멸하신 직후에 마하가섭 존자가 부처님의 가르침을 집성하는 결집대회를 주도하고, 그 결집장에서 아난다 존자가 자신이 들었던 부처님의 가르침을 그대로 암송해냈기에 가능했다.

22

얻을 수 있는 법이란 없다

(無法可得分)

내가 원하는 것을 얻을 수 있는 법이 있다면 얼마나 좋을까?

주식이나 투자를 해서 돈 버는 법이 있으면 얼마나 좋을까?

그러나 이 세상에는 버리기 위한 법은 있어도 얻기 위한 법은 없다. 그래서 소명 태자는 무법가득이라고 말한다. '얻을 수 있는 법이란 없다'는 의미이다.

진짜 명장은 부하직원의 장점만 본다. 의식적이 아니라 자신이 장점밖에 없기 때문에 남의 장점만 보이는 것이다. 이심전심으로 만드는 일체유심조(一切唯心造)의 세계에서는 단점이 나타나는 하찮은 법 따위는 설 자리가 없다.

우울한 마음엔 모든 것이 우울하고, 즐거운 마음에는 모든 것이 즐겁다. 욕심과 두려움이 없는 적멸의 상태, 그 무법가득의 상태는 허공 그 자체를 의미한다. 정말로 빈 마음의 상태를 말한다. 마음을 비우면 삶도 정확히 보고 자신도 정확히 본다. 그에게 실패는 존재하지 않는다.

수보리가 부처님께 사뢰었다.

"세존이시여! 세존께서 아뇩다라삼먁삼보리를 얻고도 아무 얻은 바가 없었다는 것입니까?"

"그렇다. 그렇다. 수보리야! 내가 아뇩다라삼먁삼보리 내지 그 어떤 작은 법도 얻음이 없었기에 아뇩다라삼먁삼보리라 이름하느니라."

須菩提白佛言: "世尊! 佛得阿耨多羅三藐三菩提, 爲無所得耶?" "佛言 如是! 如是! 須菩提! 我於阿耨多羅三藐三菩提, 乃至無有少法可得, 是名阿耨多羅三藐三菩提."

※ 爲A所B: 관용어구로 'A에 의하여 B하게 되다'는 뜻.

강설

얻을 바 없는 무법가득(無法可得)의 상태라 함은 초월자의 마음 가짐을 말합니다. 경영을 하든, 조직의 수장이 되든, 주식투자를 하든, 새로운 회사를 창업하든, 성공한 사람에게 물어보면 그들은 아무것도 내보이지 않습니다. 원래 깨달음이란 보일 수 있는 것이 아닙니다. 그게 무법가득입니다.

지금도 공부 잘하는 아이들은 자기가 왜 잘하는지를 남에게 설명하지 못합니다. 소크라테스는 말합니다. 자기가 지금 알고 있는 것은, 자기가 지금 아무것도 모르고 있다는 사실뿐이라고. 그래도 그는 사람들에게 가르쳤습니다. 잘난 척하지 말고 아는 척하지 말라고.

아뇩다라삼먁삼보리 곧 우리가 최상의 가치로 여기는 그 무엇을 얻고자 할 때도 똑 같습니다. 먼저 우리는 아무것도 모른다는 사실부터 인식해야 합니다. 그래서 마치 엄마들이 자기 아이들을 아낌없이 대가없이 지성으로 사랑하듯이, 소망이나 욕심을 성취하고자 하면 그렇게 해야 합니다. 왜 사랑하는지도 모르고 왜 정성을 들이는지도 모르고.

부처님은 길을 먼저 가보신 분입니다. 어디가 꽃길이고 어디가 지뢰밭인지 아시는 분입니다. 길눈 어두운 우리가 세상사에서도 '이제 이 정도면 되었다'고 하는 순간 위험이 기웃거립니다. 아뇩다라삼먁삼보리가 얻을 수 있는 법이 있고 경지가 정해져 있는 것이라면 우리에게도 위험이 다가올 수 있기에 미리 경계를 주신 것입니다. 그런 위험을 불교에서는 마장(魔障)이라고 합니다.

마장이라는 것은 악마의 장애를 의미합니다. 속세에서는 테크닉 혹은 술수로 인해 자기 꾀에 자기가 빠지는 경우에 발생합니다. 요사이 책방에 가면 공부 잘하는 법, 주식 도사가 되는 법, 3일 만에 영어를 완성하는 법, 부자 되는 법 등등의 작은 법(小法)들이 많습니다. 그런 것이 사기라고는 생각하지 않습니다. 그러나 그 책을 사서 보는 사람은 그 마장에 걸립니다.

아뇩다라삼먁삼보리를 얻는 방법은 그런 작은 법이 아닙니다. 영어 학습서 중《영어 공부 절대로 하지 마라!》는 책이 있었습니다. 그 책의 저자는 많은 돈을 벌었다고 들었습니다. 법을 판 것이 아니기 때문입니다. 그가 영어 공부의 원리를 팔았는지, 제목만 그랬는지 모르지만 그 제목은 매력적이었다고 봅니다.

    법은 절대로 일반적이 아니기에 부처님은 법을 버리라고 하셨습니다. '하물며 법이 아닌 것에 있어서랴?'의 의미로 '하황비법(何況非法)'이라는 말씀도 이미 앞에서 하셨습니다.

    "무법가득의 마음을 깨닫는 자는 미래를 보는 통찰력을 갖게 되리라. 마음의 장벽을 제거하고 한 차원 높은 세상에서 여러 중생의 길 안내자가 되리라." 터키와 몽고와 중국의 동양 파워에 400~500년간 힘도 못 쓰던 서양 사회가 100여 년 전부터 기승을 부려 최근에는 사회 각 부문에서 (케인즈의 이름으로 수십 년, 빌 게이츠의 이름으로 벌써 수십 여 년, 스티븐 스필버그의 〈쥬라기공원〉에서 또한 10여 년 등 다양한 분야에서) 다양한 원리로 변화를 창조하고 적용시켜가며 무법가득의 속성을 이해하고 창조하고 있습니다. 그런데 그 원리를 제시한 동양에서는 무엇을 하고 있습니까?

할 엄마들 아니면 한국 망한다

    무법가득의 부처님 세계에서 세계의 뛰어난 영웅호걸 보살을 만들 수 있는 사람은 교육인적자원부의 관리나 선생님들이 아닙니다. 바로 '엄마!'라는 어머니들입니다.

    제가 생각하기에, 우리 나라 많은 어머니들에게 무법가득의 정신만 채워지면 한국의 미래는 밝다고 생각합니다. 항상 남을 위해 기도하시는 사람이 우리들의 어머니입니다. 얼마 전에 세계평화와 이라크 어린이를 위한 3,000배 용맹정진에 참여한 적이 있었는데, 그때도 어머니 불자님들이 상당히 많은 것을 보고 저는 다시금 놀랐습니다. 나는 아드님이 군대 갈 나이는 아닌 것 같은 젊은 어머니들이 3,000배를 하는 것을 보고 혼자서 생각했습니다. 신랑들이 회사에서 명퇴당할 나이도 안되어 보이는데, 아니면 자제들이 대학시험 볼 나이도 안되어 보이는데, 생긴 것도 잘 생긴 것 봐서는 신랑이나 시댁이나 친정이나 제법 사는 것 같은데 왜 3,000배를 하지? 뭐가 아쉬운 게 있나? 그런 한심한 생각이나 하고 있었습니다.

나의 상(相)을 부수겠다고 절에 가서 3,000배 하는 중에도 남의 상(相)이나 그리고, 보고, 생각하고 있었으니 정말 너무 한심스러웠습니다. 그래서 또 반성하지 않을 수 없었습니다. 저 사람들은 세계평화와 이라크 어린이를 위해 기도 오신 분들인데 내가 도대체 무슨 생각을 하고 있는 것인가 하고 말입니다.

그러나 생각해보십시오. 그 어머니들이 기도해주는 타인들이 이웃이고, 내 아이와 경쟁하는 옆집아이이고, 그 타인들을 위해서 3,000배를 하고 돈 10,000원씩이라도 거두어서 보내고 하는 것이 나를 버리고 남을 위하는 보살의 마음을 발하는 발보살심이며 발아뇩다라삼먁삼보리심을 내는 것 아닌가? 그 어머니들이 한국의 사찰과 한국의 교회들을 이끌고 있습니다. 그분들이 소승적 종교인이 아니라 대승적 종교인이 되어 자라나는 새싹들에게 새로운 지평을 열어 준다면 그것이야말로 《금강경》의 발심과 같다고 할 수 있을 것입니다. 그러한 일이 본격적으로 일어나는 날 부처님과 그 제자들이 온갖 꽃과 향으로써 그 주위를 흩뿌린다는 《금강경》의 찬탄 구절을 실제로 느낄 수 있다고 생각합니다.

■ 알고 갑시다

일체유심조(一切唯心造)
원효 스님이 의상 스님과 함께 당나라로 유학의 길을 떠났다. 도중에 마을에서 떨어진 곳에서 날이 어두워졌다. 두 스님은 하룻밤 자고 갈 곳을 찾아 헤매다가 우연히 토굴을 하나 발견하고는 그곳에 들어가서 자게 되었다. 두 스님이 먼 길을 걸어와서 피곤했던 터라 아주 편안하게 잠을 잤다. 그런데 다음날 일어나 보니 두 스님이 하룻밤을 잔 곳이 무덤인 것을 알게 되었다. 마침 비가 아주 많이 내려서 길을 떠나지 못하고 하루를 더 같은 장소에서 머물게 되었다. 그런데 둘째 날 밤에는 도무지 잠이 오질 않고 마음이 좌불안석이라 불편하기 그지없었다. 이리저리 뒤척이던 원효 스님이 그 연유를 곰곰이 생각하다가 마침내 깨달음을 얻었다. 잠을 자는 장소가 문제가 된 것이 아니라 자신의 마음가짐이 달라졌기 때문이라는 것을.

모든 것은 오직 마음의 작용에 의해서 일어난다! 이 한마디를 원효 스님만큼 잘 체득한 사람도 드물고, 이 한마디를 원효 스님만큼 잘 활용한 사람도 드물 것이다. 결국 원효 스님은 유학을 가지 않았는데, 이 일체유심조란 말을 철저히 깨달았기 때문에 당나라에 갈 필요가 없어졌던 것이다. 그 길로 되돌아온 원효는 일체유심조의 입장에서 여러 경전을 연구한 끝에 중국 불교학자들을 능가하는 독창적인 사상가가 되었고, 그의 저술은 당시에 이미 티베트어로 번역될 정도였다.

23

상이 없는 깨끗한 마음으로 선을 행하라

(淨心行善分)

이 분(分)의 이름은 명령문으로 되어 있다. 소명 태자 제왕학의 행동강령인가 보다.

깨끗한 마음으로 선을 행하라 함은 무엇인가? 어느 도사님이 이르시기를,

"깨끗한 마음이라는 것은 번뇌가 없는 마음이고 그래서 자신있는 마음이다."

선을 행하라 함은 무엇인가? 또 도사님이 이르시기를,

"나에게 이로운 것은 다 악이고, 남에게 이로운 것 그것은 다 선이다."

카사노바가 홍등가를 가는 것은 악이 되고, 유마 거사가 홍등가를 가는 것은 선이 된다. 선악의 구분은 이렇듯 명확하지만 실제로 따라 하기는 무엇보다도 어렵다.

노자가 말했다.

"무엇이든 해서 좋은 일은 도(道)다. 그러나 상근기의 인간들은 도를 들으면 즉각 시행하고, 중근기의 보통 인간들은 도를 듣고도 반신반의하고, 하근기의 중생들은 도를 들으면 크게 웃는다. 그러므로 사람들이 웃지 않는 것은 도가 아니다."

이 〈정심행선분〉의 가르침에 그대들이 웃는다면 나는 정말 정심행선분의 가르침대로 그렇게 하리라. 노자의 말대로 그것이 도일 것이므로.

"또한 수보리야! 이 법은 누구에게나 평등해서 높고 낮음이 없느니라. 그래서 아뇩다라삼먁삼보리라 이름하느니라. 나라는 상도 없고, 인간이라는 상도 없고, 중생상도 없으며, 수자상도 없앰으로써 일체의 선법을 행하면 즉각 아뇩다라삼먁삼보리의 왕도를 얻게 되느니라. 수보리야! 이른바 선법이라는 것도 여래가 말하기를 눈에 보이거나 정해진 선법이 존재하는 것이 아니기에 선법이라고 이름하는 것이니라."

"復次須菩提! 是法平等, 無有高下, 是名阿耨多羅三藐三菩提. 以無我·無人·無衆生·無壽者, 修一切善法, 則得阿耨多羅三藐三菩提. 須菩提! 所言善法者, 如來說卽非善法, 是名善法."

강설

아뇩다라삼먁삼보리법이 사람에 따라 차별이 있는가?

백두산 올라가는 길이 사람 신분에 따라 다르냐고 묻는 것과 하나도 다를 바 없습니다. 중생은 자신의 업대로 살고, 보살은 자신의 원(願)대로 산다는 것이 부처님의 가르침입니다. 그런데 지금 부처님은 우리에게 불성이 있고, 또 보살·부처가 될 수 있다고 하십니다. 모든 격투기에는 체급이 있습니다. 씨름, 레슬링, 태권도, 유도 등등. 그러한 경기에 금메달은 각 체급마다 있는 것이지, 헤비급 금메달만 금메달이 아닌 것처럼 우리가 가는 바 자기 자리에서 금메달을 따면 되는 것입니다.

자신이 원하는 바를 분명히 하고 그 원하는 바를 아뇩다라삼먁삼보리라고 한다면, 깨끗한 마음으로 법을 행하면 이 법은 높고 낮음이 없으므로, 원하는 것을 성취할 수 있습니다. 단 자신의 체급을 정확히 알아야 합니다. 평소에 운동은 미들급 혹은 밴텀급에서 하다가, 승부수를 헤비급에 띄우는 어리석은 사람도 의외로 많습니다. 특히 한국 사람들에게 이런 면이 많다고 저는 보는데 우리는 체급이 없는 씨름문화만을 하던 민족이라서 그런 것이 아닌가 싶기도 합니다. 그러니 덩치 작은 사람이 이기고 싶을 때는 어떻게 하겠습니까? 생떼를 쓰든지 뭔가 묘수를 찾아야 하는 것이고, 시작부터 불공평했으니까 지고 나서도 졌다는 기분이 안 드는 것입니다. 누구라도 마찬가지일 것입니다. 거칠게 말하면 자신의 체급을 아는 것은 과거의 업보를 아는 것이고, 업보를 알면 분수를 알고, 분수를 아는 것은 현생과 내생을 잘 만들 수 있다는 것과 동일한 가르침입니다.

그런 다음 아상·인상·중생상·수자상 등 일체의 나를 내세우거나, '나 잘났다'는 마음을 없앰으로써, 일체의 선법(善法)을 닦으면 즉시 아뇩다라삼먁삼보리를 얻게 됩니다. 그러한 상이 없어지는 자리에는 '보이지 않는 손'이 와서 도울 수밖에 없다는 것이 부처님의 주장이며, 우주의 법도입니다.

할 **선과 악을 정확히 인식하라**

그리고 그러한 일체의 선법을 닦아야 한다고 하니, 또한 어떤 것이 선법이냐고 묻는 중생들이 걱정이 되어서, 다시 자상한 설명이 추가됩니다. 불법에서의 선과 악은 명확합니다. 부처님 당시의 모든 선인들의 가르침은《레미제라블》의 빵 도둑처럼 어찌할 수 없는 경우의 도둑질은 악이 아니라는 것이 일반적 가르침이었습니다.

그러나 부처님은 단호했습니다. 어떤 경우든 내가 이롭고자 하는 모든 말과 생각과 행동은 모두 악이라는 것입니다. 그것은 남과 나 사이의 장벽을 스스로 만든 행위이기 때문입니다. 반대로 남을 이롭게 하기 위한 모든 행위는 선이라는 것입니다. 그것은 남과 나 사이의 장벽을 허무는 행위이기 때문입니다.《금강경》의 선법은 그런 차원에서 각자가 할 수 있는 모든 행위를 포함합니다.

《금강경》은 우리에게 한자로 전해졌습니다. 그런데 이 '착할 선(善)'자로 알고 있는 글자는 조선시대의 한자자전(요즘의 사전)을 찾아보면 '좋을 선'으로 나와 있습니다. 그리고 '나쁠 악(惡)'으로 알고 있는 '선'의 반대되는 '악'은 '추할 오(惡)', '싫을 오(惡)'로 쓰여 있습니다. 우리가 지금 알고 있는 선악의 개념은 서양식 2분법 사고방식이고 '선남자 선여인' 혹은 '선재 선재'에서의 선(善)은 물론 '착할 선'이겠지만 그 부분을 제외한《금강경》의 '선'은 '좋을 선'과 '싫을 오'로 보면 됩니다. 그러한 의미로 여기서의 선법을 보면 남에게 좋은 것은 선이요, 남에게 싫은 것은 악이라고 보면 됩니다.

24

이 경을 지니는 복과 지혜가
가장 뛰어나다

(福智無比分)

아무런 상(相)이 없이 행한 재물 보시의 복덕은 헤아릴 수 없을 만큼 크다. 그러나 《금강경》의 가르침을 배우고 익히며, 남을 위해 그 가르침을 베풀어 깨닫게 해줄 때 생기는 복덕과 지혜는 재물 보시의 복덕과는 비교가 되지 않을 정도로 무량하다.

인간은 모두 죽는다. 억만금의 재물을 모은 사람도 죽음을 피할 수 없다. 그리고 그 많은 재물 중 가지고 갈 수 있는 것은 하나도 없다. 단 깨달음은 가져갈 수 있다. 그래서 자기 것이다. 재물은 자기 것이 아니기에 두고 간다.

깨달음 없이 재물만 쌓으면 이 생명이 다할 때 허망함을 느낀다. 그러나 재물이 없어도 깨달음을 얻으면 환희심만 있다. 이것은 성문, 연각의 길이다. 그러나 깨달음과 함께 재물과 명예가 따르면 그것은 보살, 부처의 길이다. 불교는 가난을 추구하는 종교가 아니다!

"수보리야! 만일 삼천대천세계에 있는 모든 수미산들만큼의 칠보 무더기로 어느 사람이 보시를 한다고 해도, 또 어느 사람이 이《금강경》내지 〈사구게〉 한 구절이라도 수지독송하고 다른 이에게 설한다면 칠보 무더기의 보시를 한 사람의 복덕은 수지독송 위타인설의 복덕에 비하면 백분의 일, 백천만억분의 일, 그리고 어떠한 숫자적 비유로도 미치지 못하느니라."

"須菩提! 若三千大千世界中, 所有諸須彌山王, 如是等七寶聚, 有人持用布施. 若人以此般若波羅蜜經, 乃至四句偈等, 受持·讀誦·爲他人說, 於前福德, 百分不及一, 百千萬億分, 乃至算數譬喩, 所不能及."

※ 不能: '~할 수 없다' '이르지 못하다'로 해석한다. '未能'도 이와 같다. 及: 본래는 '뒤따르다' '잘 맞추다'는 뜻의 동사이며, '이르다' '~에 미치다'로 유추되어 사용된다.

강설

부처님은 결코 재물 보시의 공덕을 과소평가하지 않으셨습니다. 그러나 재물 보시보다 깨달음과 그 깨달음의 보시가 비교할 수 없으리만치 중요하다는 것은 이 짧은《금강경》에서조차 몇 번이나 되풀이해서 강조합니다.

앞의 제8 〈의법출생분〉, 제11 〈무위복승분〉, 제13 〈어법수지분〉, 제15 〈지경공덕분〉, 제19 〈법계통화분〉에서 이미 그 중요성을 강조하셨으며, 뒤에서도 계속하여 제28 〈불수불탐분〉 그리고 마지막의 제32 〈응화비진분〉에서 깨달음과 그 보시의 공덕을 누누이 말씀하셨습니다.

깨달음을 얻기 위해 예수님은 황야에서, 부처님은 설산에서 고행을 하셨고, 장좌불와하여 가부좌로 앉아 계실 뿐 눕지도 자지도 않으시기를 수십 년 하신 분도 계십니다. 깨달음은 그만큼 중요합니다.

할 3전4기의 3,000배를 도와준 힘

누군가 3,000배를 꼭 하고 말겠다 하는 마음으로 하면 오히려 힘들어서 할 수 없고, 아무 생각 없이 하면 3,000배를 할 수 있다 하여 얼마 전에 해보았습니다. 1995년 720배에서 좌절, 2002년 1,600배에서 좌절, 2003년 설날 500배에서 좌절한 끝에 3전4기로 성공하였습니다. 그러나 그것은 저의 의지력 때문이 아니라 앞에서 북을 쳐주며 화이팅을 북돋아주던 어느 청년의 격려 덕분이었습니다. 3,000배를 하는 동안 저는 온갖 잡념에 시달렸으며, 별로 감동을 받은 책도 아닌《경호(Gung Ho)》라는 책의 기러기들이 자꾸 생각났습니다. 기러기들이 편대를 지어 날아갈 때 끼욱끼욱 하는 울음소리는 같이 편대를 지어서 비행하는 동료들의 화이팅을 위해서 내는 소리라는 그런 내용이었는데, 정말로 앞에서 들려오는 그 북소리가 제게는 기러기의 울음소리로만 들린 것 같았습니다.

그리고 《피쉬(Fish)》라는 책도 쉬는 중간 중간에 생각이 났는데, 그 책의 내용은 노량진이나 가락동 수산시장 같은 미국의 수산시장에서 상인들끼리 서로 경쟁하는 것이 아니라 큰 소리로 즐겁게 떠들고 놀고 하면서 고객을 즐겁게 하기 때문에 모든 사람이 잘 된다는 것이었습니다. 두 가지 책이 다 사람들의 힘을 하나로 모아 일심동체가 될 때 너와 나의 장벽 없이 진정한 하나가 될 때 엄청난 파워가 생긴다는 것입니다. 인간의 기본적 욕망과 호기심을 무시해가며 강압적으로 하는 것이 아니라 그냥 그렇게 저절로 할 수밖에 없도록 인도하는 그런 책들이었습니다.

제가 다니는 회사는 거의 매달 그런 황당한 책을 공짜로 마구 나누어 주어 3,000배 하는 와중에도 생각나게 하는 이상한(?) 회사인데, 사실 그것도 깨달음을 전파하는 한 방법일 것 같다는 생각을 합니다.

여러분이 세상을 살다가 좋은 책, 좋은 시집, 혹은 글 한 줄이라도 다른 사람에게 설해줄 수 있다면, 그야말로 물질적으로 제 아무리 큰 보시를 하는 것보다도 더 뛰어난 것이라고 부처님은 말씀하십니다. 이런 간단한 복을 여러분이 많이 지으시길 바랍니다. 다시 한 번 말씀드리지만, 저도 이 책이 수지독송의 첫 단추가 되도록 책을 편집했습니다. 뒷 페이지에 있는 것은 과감하게 뜯으시거나 복사를 하셔서, 지하철에서나 다른 약속 장소에서나 항상 지니고 읽으시기를 간절히 바랍니다.

이러한 깨달음을 서로서로 전해주어 나와 남을 하나로 만드는 것

은, 부처님과 예수님 제자들의 전도 혹은 포교전략이기도 하지만
제가 알고 있는 좋은 것을 남에게 가르쳐 준다는 것 자체가 큰 보시
입니다. 우리 나라의 지하철이나 길거리에서 '예수님 믿으라'고 고
래고래 소리지르는 사람이 저는 제일 싫었습니다. 그리고 그런 사
람들이 예수님 망치는 사람들이라고 생각했습니다. 그러나 《화엄
경》〈입법계품〉의 '선재동자 구도기'에 보면 이미 부처님 시절에도
불교를 믿으라며 떠들고 다니는 사람이 있었는데 그 역시 다른 신
자들에게 미움을 받았습니다. 그러나 부처님은 그를 나무라지 않았
습니다. 왜냐하면 당장은 그를 미워하지만 그를 미워하던 사람도
자기 혼자 해결할 수 없는 상황에 오면 그 미친 사람이 생각나서 '혹
시 정말 뭐가 있는 게 아닐까?' 하고 불법을 배우려고 하는 마음이
생기기에 그를 이해해 주라고 말씀하십니다. 사실 저는 《화엄경》을
이해할 수준이 안 되어 《만화로 보는 화엄경》에서 이 대목을 보았
는데, 내가 미워하는 대상을 하나라도 줄일 수 있는 계기가 되었기
에 조금 아는 척을 했습니다.

■ 알고 갑시다

보시의 종류
부처님은 보시의 공덕을 다음과 같이 설명하고 있다.
"큰 힘을 바라면 음식을 나누어 주고, 단정한 얼굴을 얻고자 하면 의
복을 나누어 주라. 안락을 바라면 수레를 보시하고, 밝은 눈을 얻고자 하
면 등불을 보시하라. 모든 것을 보시했다고 말하려면 무엇을 얻기 위해

서 찾아오는 손님을 기다려라. 더불어 진리를 중생에게 가르쳐주는 것보다 더 나은 보시가 없느니라."

보시는 나누고 베풀어준다는 말이다. 불교에서 가장 중요한 덕목의 하나이다. 보시에는 세 가지가 있는데, 재물을 나누어 주는 재시(財施), 진리를 가르쳐 주는 법시(法施), 두려움을 없애 주는 무외시(無畏施)가 그것이다.

보시에는 조건이 있는데, 주는 사람이나 받는 사람이나 주고받는 물건의 셋이 모두 깨끗해야 한다. 대가를 바라거나, 주고받는 사람의 마음에 부담이 되거나, 뇌물처럼 부정한 것을 주는 것은 보시가 아니다. 누누이 얘기한 대로 상(相)에 집착하지 않는 무주상(無住相) 보시가 아니면 공덕이 없다는 것도 명심해야 한다.

25

교화하되 교화하는 바가 없다

(化無所化分)

"교화하되, 교화하는 바가 없다."
교화는 한 사람이 다른 사람에게 영향력을 미치는 것을 말한다. '화(化)'는 화학적 결합을
의미한다. 즉 결합 이전의 나는 없어지고, 새로운 내가 되는 것이다. 주되 준다는 생각도
없고, 받되 받는다는 생각도 없이 하나가 됨 의미한다.
신념에 차고 확신에 찬 인간이 화무소화의 방법으로 이 세상을 얼마나 발전시켜 왔던가.
그 리더는 사심이 없고 자신을 내세우지 않는 사람이다. 중국과 한국 역사의 수많은 영웅
들—한나라의 유방·명을 세운 주원장·중국의 마오쩌둥·고려의 왕건·이순신·축구영웅 히
딩크—은 항상 나를 내세우지 않고 최하층의 병사와 생사고락을 같이했다.
부처님은 또 말씀하신다. '나는 단 한 명도 어느 중생도 제도한 적이 없노라'고. 성공한 기
업의 회장, 사장들은 늘 말한다. '직원들이 열심히 해준 덕일 뿐'이라고. 말과 행동이 다르
면 삼척동자도 안다. 화무소화도 어렵지만 그것을 유지하는 것은 더 어렵다. 유지하는 방
법은 단 하나다. 시치미 뚝 떼는 방법 밖에 없다. '난 아무 일도 한 것이 없다!'

"수보리야! 네 뜻에 어떠하뇨? 너희들은 '내가 응당히 중생을 제도
하였다'고 생각한다고 말하지 말라. 수보리야! 그러한 생각을 짓지 말
라. 왜냐하면 여래가 제도한 중생은 실제 하나도 없느니라. 만일 여래
가 제도한 중생이 있다면 여래가 아상·인상·중생상·수자상이 있는 것
이니라. 수보리야! 여래가 설하기를 내가 있다(유아) 함은 눈에 보이거
나 형상화할 수 있는 그러한 가짜 나가 아니라 진짜의 나를 의미하는
것이다. 그런데 범부중생들이 이 눈에 보이는 나(유아)에 집착하는구
나. 수보리야! 범부라 함도 여래가 설하기를 그러한 눈에 보이는 범부
를 말함이 아니고 이름이 범부일 따름이니라."

"須菩提! 於意云何? 汝等勿謂如來作是念, '我當度衆
生.' 須菩提! 莫作是念! 何以故? 實無有衆生, 如來度
者. 若有衆生, 如來度者, 如來則有我·人·衆生·壽者. 須
菩提! 如來說有我者, 則非有我. 而凡夫之人, 以爲有我.
須菩提! 凡夫者, 如來說卽非凡夫. 是明凡夫."

| 강설 |

부처님의 일갈이 다시금 돋보이는 대목입니다. 일체중생을 제도
하시기를 다 마친 다음 "난 단 한 명도 제도한 사람이 없다"고 하십
니다. 돌이켜보면 남의 윗자리에 앉아 어쩌다가 조직의 힘과 돈으
로 후배들에게 밥이나 술 한 번 사고 나서 그 후배가 조금이라도 서

운한 소리를 하거나 자신을 도와주지 않으면, 그 후배에게 별별 욕을 다하고, 그런 녀석은 절대로 잘 될 수가 없다는 등의 악구(惡口)·양설(兩舌)·망어(妄語)·기어(綺語)를 퍼붓는 곳이 회사의 생활입니다. 술 한 잔 산 것이 아니라 목숨을 구하고 생명을 주고 나서도 "내가 뭘? 누구신데 저 보고 그러시나요?" 정도가 되어야 한다는 것입니다.

할 부처님의 시치미 떼기 가르침이 몸에 배어 성공을 유지하는 사람들

실제 사회에서는 그런 사람들이 많습니다. 저는 제 고객들이 회사의 실제 오너인 경우가 있어 금융상품이나 주식의 브로커 역할 뿐 아니라 사람 브로커도 하는데, 취직 부탁을 많이 하는 편입니다. 물론 저도 신경을 써서 사람 추천을 하지만 그 사람이 합격하면 저에게 전화를 해서 "술 한 잔 하자. 좋은 사람 소개해줘서 고마워."라고 거꾸로 말하거나, 아니면 처음에 취직 부탁을 받을 때부터 못박는 분도 계십니다. "잘 되면 그 사람 복이고 안되면 그 사람 탓이야. 자네하고 나하곤 아무 관계없는 일이니 어디 지켜보자구."라며 미리 말씀하시는 분도 계십니다. 그런가 하면 실제로 사람도 보지 않고, "자네가 추천하는 사람인데 어련하려구."라고 하거나, "야, 그 녀석 참 공부 안 했더라. 술 한 잔 사!"라고 말씀하는 분도 있었습니다. 지금 부처님은 처음 케이스를 말씀하시는 것이라고 여겨집니다. 그런데 저도 처음 케이스를 흉내 내보아도 그게 잘 안됩니다. 꼭 와이프에게라도 자랑하고 생색내고 싶어하는 제 모습을 보고야 맙니다. 한마디로 지어 놓은 복 다 까먹고 마는 것입니다.

지금 부처님은 그러한 것이 전부 상(相)에서 벗어나지 못하는 것이라고 하십니다. 자신의 몸이라고 하는 것은 안·이·비·설·신·의의 여섯 허깨비로 구성되어 있는, 임시방편의 부모 인연 따라 모인 허깨비 나일 뿐이라는 것입니다.

내가 친구를 취직시켜 주는 경우 내가 그를 취직시킨 것이 아니라, 내가 나를 취직시킨 것입니다. 왜냐하면 그가 바로 나이고, 그러기에 내가 나를 위해서 한 것이지 내가 아무런 연관 없는 남을 위해서 무엇을 한 것이 절대 아니라는 것입니다. 그리고 나와 아무런 상관이 없는 남, 그런 사람들을 범부중생이라고 하는데 여래설즉 비범부라! 이것은 상관없는 사람 역시 범부가 아니라는 것입니다. 왜냐하면 나와 상관없는 사람이라는 것은 애당초 존재하지 않으므로 범부라고 부를 존재 그 자체가 없다는 것입니다.

이렇듯 〈화무소화분〉은 내가 남을 위한 일체의 행동이 나를 위한 것이며, 동시에 우주와 법계 자체를 위한다는 뜻을 품고 있습니다.

26

법신은 상이 아니다

(法身非相分)

《금강경》에서 가장 유명한 〈사구게〉가 있는 분이다.

《금강경》에서 부처님이 자신을 우상으로 만들거나, 숭배하지 말라고 하신 바로 그 부분이다. 우리는 법을 얻으려 하면 안 된다고 수없이 부처님께 꾸지람을 들어오고 있다. 이제 헛된 법 얻음을 그만두고, 원리를 찾아 원리를 타고 원리와 내가 하나가 되는 것이다. 이것은 어느 종교에서도 찾아볼 수 없는 가장 강력한 경고이자 정(正)과 사(邪)의 기준을 제시한 것이기도 하다. 후대에 선불교가 그 특유의 자유분방함으로 세계문화사에 큰 족적을 남길 수 있었던 원천도 여기에 있다. 추운 겨울 부처님을 태워 방을 데우기도 하고, 불상을 팔아 가난한 사람의 끼니를 해결해주기도 하는 선사상의 자유로움이 이 말씀에서 비롯되었다. 종교의 신성함이란 그 가르침에 있는 것이고 행동에 있는 것이지, 형상이나 말에 있지 않다. 그러므로 항상 그 핵심을 보아야 하고 원리를 깨우쳐야 하며, 묘관찰지(妙觀察智)를 얻어야 한다. 소명 태자가 〈일체동관분〉부터 시작하여 일관되게 주장하고 있는 것은 일체만물의 그 실체를 '관(觀)'하라는 것이다.

"수보리야! 네 뜻에 어떠하뇨? 32상으로 여래를 관할 수 있는 것이냐?"

수보리가 답하였다.

"그러합니다. 그러합니다. 32상으로 여래를 관할 수 있습니다."

부처님께 말씀하셨다.

"수보리야! 만일 32상으로 여래를 관한다면, 전륜성왕도 즉시 여래이겠구나."

수보리가 부처님께 사뢰어 말하였다.

"내가 부처님의 말씀하시는 바를 해석해보면 32상으로 여래를 관할 수 없겠사옵니다."

그때 세존께서 게송으로 말씀하셨다.

"만일 나를 형상으로 보기를 원하거나, 음성으로 구하고자 한다면, 그 사람은 잘못된 도(사도)를 행하고 있는 것이므로 결코 나를 보지 못할 것이다."

"須菩提! 於意云何? 可以三十二相觀如來不?" 須菩提言: "如是! 如是! 以三十二相觀如來." 佛言: "須菩提! 若以三十二相觀如來者, 轉輪聖王, 則是如來." 須菩提白佛言: "世尊! 如我解佛所說義, 不應以三十二相觀如來." 爾時, 世尊而說偈言: "若以色見我 以音聲求我 是人行邪道 不能見如來."

우리 얄궂은 부처님, 제5 〈여리실견분〉에서 물어보았던 것을 다시 물으십니다. 32상으로 부처를 볼 수 있는 것이냐고. 그런데 이상하게도 수보리 존자가 이 질문에 걸려듭니다.

수보리 존자가 여기서 왜 부처님의 함정이 놓여 있는 질문에 걸려들었을까? 제가 참고한 많은 《금강경》은 여기서 수보리가 아직도 부처님보다 한 수 낮아서 그렇다는 설명을 하고 있습니다. 그리고 앞에서는 견(見)으로 물었는데 여기서는 관(觀)으로 물으셨기에 수보리가 함정에 걸려들었다는 해석도 있습니다. 모두 맞을 수 있는 이야기입니다. 불교에서는 본디 맞다 그르다가 없는 법이기에 말입니다.

그런데 이 부분을 청담 스님께서 제일 멋있게 해석하셨습니다. 즉 수보리의 32상으로 여래를 볼 수 있다는 대답은 "조금 전에 일체법이 모두 불법이라고 설명하셨는데, 어찌 32상으로 부처를 못 보겠습니까? 관(觀)하면 다 볼 수 있는 것 아니겠습니까?"라는 의미라는 것입니다. 32상을 껍데기로 보면 여래를 못 보지만 32상을 불법으로 관하면 여래를 볼 수 있다고 대답했다는 것입니다. 얼마나 수보리를 위한 멋있는 해석입니까?

그런데 우리의 이상스럽게 얄궂은 부처님. "그래? 그러면 32상(相)으로 여래를 본다면 32상을 갖추고 있는 전륜성왕도 관(觀)하면 여래라고 볼 수 있다는 말이냐?" 하고 되물으십니다. 여기서 수보리 존자, "일체가 다 불성을 가지고 있고 전륜성왕도 불성을 가지고 있으니 어찌 전륜성왕에게서 여래를 보지 못하겠습니까?" 하면 될 것을, "제가 부처님의 말씀하신 바의 의도를 마음으로 헤아려 보니 32상으로 부처를 볼 수 없겠습니다." 하고 앞에 했던 대답을 바꿉니다. 즉 전륜성왕의 힘차고 성스러운 모습은 단지 그의 모습일 뿐, 그 모습이 여래와 같이 성스럽고 힘차다고 해서 그가 여래가 아니듯이 껍데기만을 보고 실상이라고 생각해서는 안 되는 것이라는 부처님의 가르침이 지금 이 순간의 질문에서 묻어 나오는 본심이라는 것을 늦게나마 알아차린 것입니다. 그 선생님에 그 제자라! 말의 세계에 더 이상 끌려 다니지 않는 것입니다. 상대방이 말 하고자 하는 의미를 알았으면 더 이상 메시지 전달기능 자체가 부실한 말이나 글에 끌려 다닐 일이 아니기 때문입니다. 그때 세존께서 게송으로 이르십니다.

약이색견아(若以色見我)　이음성구아(以音聲求我)
시인행사도(是人行邪道)　불능견여래(不能見如來)
만일 형상으로 나를 보고자 한다거나
소리로써 나를 얻어 구하려고 한다면
이 사람은 그릇된 도를 행하고 있는 것이니
능히 나를 볼 수가 없느니라.

할 아는 만큼 보인다

이 얼마나 아름다운 자기선언입니까? 이 세상 어느 성인이 자신에 대해서 이렇듯 솔직할 수 있겠습니까? 그런데 조선 500년의 숨어 지낸 민중불교의 훈습 탓인지, 이 아름다운 가르침을 뒤로 한 채 조선 500년도 부족해서 서양 물 조금 들은 계몽주의자에게 저급한 동양철학으로, 가볍고 천박한 종교 대접을 받기 시작한 이래 아직까지 그런 대접을 받고 있으니 참으로 안타까운 일입니다. 아날로그 시대의 검증과 확인이라는 절차를 중시하는 학문 풍토에서, 수학과 과학의 개념 부족으로 불교의 가르침을 증명하지 못해 수난을 당한 것으로 충분하건만…… 이제 과정 없이 결론만 제시하는 속도 지상주의의 디지털 시대에도 서양 사람들은 다시 불교에서 많은 해답을 찾고 있는데 우리는 무엇을 하고 있는지 통탄할 지경입니다.

이것은 우리들이 풀어야 할 몫입니다. 근대의 고승 경허 스님께서, "득기지야(得其志也)하면 가중한담(街中閑談)이 상전법륜(常轉法輪)한다." 하셨는데, "그 뜻을 얻으면 길거리에서 얘기하는 농담, 음담패설이 전부 법륜을 굴리는 것"이고, 그 뜻에 막혀 버리면, "실어언야(失於言也)에 용궁장경(龍宮藏經)이 일장매어(一場寐語)라" 즉 "말끝에서 그 뜻이 헷갈리면 용궁에 있는 팔만대장경이 한바탕 꿈속의 소리"라는 이야기입니다. 그대 알겠는가? 그 뜻을 얻어야 한다는 이《금강경》의 가르침을, 그리고 부처님의 형상으로 나를 보려 하지 말라는 그 깊은 뜻을……. 암울한 불교 600년의 새로운 광명 찾기를 자신의 아뇩다라삼먁삼보리로 짊어질(荷擔) 분들이 많이 나와 부처님의 가르침을 위타인설(爲他人說) 하시기를 바랍니다.

이 분(分)에 나오는 전륜성왕은 한 부처님 시대에 한 명만 나온다는 세속의 위대한 왕인데 인도의 아쇼카왕이 전륜성왕이라고 평가받는다고 합니다.

아쇼카왕은 기원전 32년 찬드라 굽타가 세운 마우리아 왕조의 인도 역사상 가장 큰 영토를 지배했던 왕으로, 형제를 99명이나 죽이고 왕위에 올랐습니다. 인도의 칼링가라는 지역에서 처참할 정도의 정복전쟁을 치른 다음에 마음을 고쳐 먹고 자이나교에서 불교로 개종하였고, 불교를 인도 밖으로 포교를 한 인물입니다. 스리랑카에 불교를 전하여 인도에서 소멸된 불교경전을 현재까지 전해지게 하고, 그 이후 중국·한국에 까지 불교가 전해지는 데도 기여하였고, 당시에 이미 그리스까지 포교사를 파견했던 인물입니다. 아쇼카왕의 문장이 인도에서는 아직도 국가의 상징으로 사용될 정도로 인도 역사와 불교에서는 아주 존경받는 인물입니다.

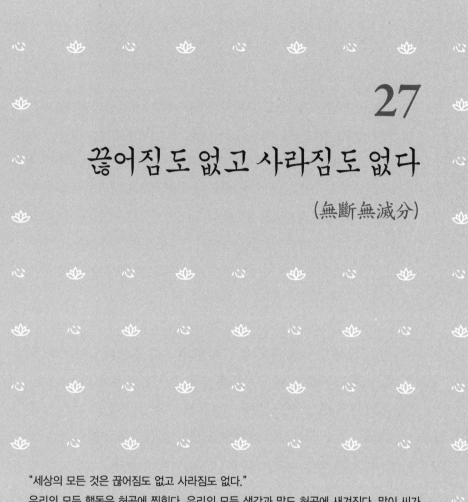

27

끊어짐도 없고 사라짐도 없다

(無斷無滅分)

"세상의 모든 것은 끊어짐도 없고 사라짐도 없다."

우리의 모든 행동은 허공에 찍힌다. 우리의 모든 생각과 말도 허공에 새겨진다. 말이 씨가 되는 원리이며, 낮말은 새가 듣고 밤말은 쥐가 듣는 원리이다. 그래서 하늘이 알고 땅이 안다고 하는 것이다. 절대로 끊어지거나 사라지는 '단멸'이라는 것은 이 우주 어느 곳에도 없다.

세상을 함부로 살지 말라. 우리가 말하고 생각하고 행동하는 모든 것들은 결코 멈추거나 사라지지 않는다. 남을 함부로 욕하거나 비난하지 말라. 그것은 그들을 비수와 창으로 공격하는 것이다.

자신을 함부로 낮추거나 비하하지 말라. 그대는 우주가 그대에게 부여한 과제를 수행하고 있는 성실한 수행자이기 때문이다. 희망을 이야기하는 자 희망을 보고, 절망을 이야기하는 자 절망을 본다.

"수보리야! 네가 만일 '여래는 상을 구족하지 않고서도 아뇩다라삼
먁삼보리를 얻었구나'라고 생각한다면, 수보리야! 여래는 상을 구족
하지 않음으로써 아뇩다라삼먁삼보리를 얻은 것이라고 그렇게 생각
하지 말아라. 수보리야! 네가 만일 '아뇩다라삼먁삼보리의 마음을 내
는 자는 제법의 단멸상을 설한다'고 그렇게 생각한다면, 수보리야! 절
대로 그렇게 생각하지 말아라. 어째서 그러한가 하면 아뇩다라삼먁삼
보리의 마음을 내는 자는 어떤 법에 의해서도 상을 단멸한다고 설하지
않기 때문이니라."

"須菩提! 汝若作是念, '如來不以具足相故, 得阿耨多
羅三藐三菩提', 須菩提! 莫作是念, '如來不以具足相故,
得阿耨多羅三藐三菩提.' 須菩提! 汝若作是念, '發阿耨
多羅三藐三菩提者, 說諸法斷滅', 莫作是念. 何以故? 發
阿耨多羅三藐三菩提心者, 於法不說斷滅相."

강설

32상을 구족하였다고 부처가 되는가? 전륜성왕의 예로 여러분은
그렇지 않다는 것을 알 것입니다. 그러면 32상을 구족하지 않더라
도 '아뇩다라삼먁삼보리'를 얻을 수 있다는 것인가? 그 역시 그렇지
않습니다. 이유는 이렇습니다. '아뇩다라삼먁삼보리'를 얻으면 32
상은 저절로 갖추어지는 것이기는 하지만, '아뇩다라삼먁삼보리를

얻었기에'라는 전제조건이 붙은 다음, 32상을 얻었다고 한다면, 이미 그 전제조건이라는 자체가 이미 무위(無爲)가 아닌 유위(有爲)가 되므로 진정 원하는 것을 얻지 못하게 됨을 의미합니다.

막작시념(莫作是念)의 '막'과 여래불이(如來不以)의 '불'은 이중 부정으로 해석해야 합니다. 그리고 그 다음 부분은 여러 스님들 간에 해석이 많이 다릅니다. 즉 단멸을 존재나 현상의 부정으로 보는 것, 즉 생각 자체를 끊고 멸하는 것으로 해석들을 하시는데 그 해석이 천차만별입니다. 그렇지만 이 분(分)의 제목이 '무단무멸(無斷無滅)'이라는 것을 생각해보면 '없어지지도 사라지지도 않는다'는 의미입니다.

할 | 말·생각·행동을 함부로 하지 말라

정말입니다. 세상의 모든 것, 그 중에서도 말·생각·행동은 정말 조심해야 하고 절대로 함부로 다룰 것이 아닙니다. 미국에서 9.11 테러가 나기 전 미국의 한 영화사는 비행기를 하이재킹해서 건물을 폭파하는 영화를 다 찍고 상영준비를 하다가 실제 9.11을 맞았습니다. 사실 영화인이든 예술인·수학자이든 광기 어린 신과의 대화가 있는 사람만이 다른 사람의 영혼을 공명시킬 수 있는 작품을 만들 수 있습니다. 다시 말해 예술인들의 염력은 우리 보통의 민간인들보다 강할 것이라고 저는 생각하는데, 그 광기의 강한 염력을 가진 사람들이 그러한 부정적 아이디어로 '야, 이거 히트 칠 것 같다'며 그 작품을 만들었으니, 허공에다 소리쳐도 허공이 그 소리에 감응해 오더라는 카네기의 말처럼 어찌 그런 테러에 대한 생각이 그들 머리에만 있었을 것인가 말입니다. 부정적 인간의 부정적 생각이 때가 되어 액션화되어 터져 버린 것, 그것이 9.11이고 대구지하철 사고입니다.

왜 다 좋은 생각 두고 그런 생각들 하시는지 모르겠습니다. 〈벤허〉〈사운드 오브 뮤직〉〈쿼바디스〉〈타이타닉〉〈서편제〉, 이런 사람과 신과 인류와 문화에 대한 사랑을 찍은 영화는 성공하고 끝도 좋은데, 〈친구〉니 〈조폭 마누라〉니 이런 자극적 영화는 만들어서 순간 반짝했지만, 그리고 큰 돈 벌었다고 주간지에 났지만 지금도 좋던가요? 그들이 그 성공을 다른 사람에게 주던가요?

이 27분(分)의 〈무단무멸분〉은 《금강경》의 핵심사상인 발(發)아뇩다라삼먁삼보리심(心)의 발심(發心), 즉 '그 뜻을 굳게 세움'이 후반부에 들어 다시 등장한 분(分)입니다. 이 〈무단무멸분〉은 긍정적 사고는 긍정적 결과를 낳고 부정적 사고는 부정적 결과를 낳는다는 것을 설하고 있기에 발심의 중요성이 다시 강조되는 부분입니다.

'생각만 하면 모든 것은 이루어진다'라는 사상을 담은 심상사성(心想事成)이라는 4자성어는 중국인들이 아주 좋아하는 글귀인데, 말과 행동도 함부로 하면 안 되지만 '생각도 함부로 하면 안 된다'라는 가르침을 담고 있습니다. 그 이유가 무단무멸입니다.

성공하고 싶은 분, 항상 긍정적 생각을 하십시오.

28

받지도 않고 탐내지도 않는다

(不受不貪分)

최고의 강자는 누구인가? 그리고 최고의 부자는 누구인가?

이 분(分)에서는 말한다. 진짜 부자는 받으려는 마음도 없고, 탐내는 마음도 없는 자라고. 최고의 강자는 오직 주기만 할 뿐, 그 어떤 것도 부족함을 모르는 자들이라고.

보시에 대한 마음가짐이 다시 한 번 강조되는 자리다. 마음속에 나와 남이 있고, 나는 중생이고 저 사람은 부처라는 열등의식이 남아 있는 한, 무엇인가 달라고 하고, 무엇인가 받으려고 한다면, 아무리 물질적 복덕을 많이 짓는다고 하여도, 준 만큼밖에 못 받는 세간사의 장사 결과가 나온다. 그래서 그것은 작은 상인의 일이고 큰 상인은 그렇게 하지 않는다.

불수불탐이란 생사에 머무는 세간사의 작은 거래가 아니다. 주관과 객관을 초월하여 선악·유무 등의 시비 경계를 초월하여, 너와 내가 없는 '참 나'의 자리에서 우주법계를 상대로 하는 비즈니스를 말한다.

천하를 상대로 건곤일척의 승부를 원하는 자, 아름답고 추하고 사랑하고 미워하는 그 자리를 떠나 일체의 내가 없음을 보면, 불수불탐을 얻는다. 조급해 하지 말며, 침묵하고 기다려라. 마치 닭이 알을 품고 있듯이.

"수보리야! 만일 보살이 항하사 모래알 수와 같은 수의 세계를 칠보로 보시한다고 하자. 그리고 또 어떤 사람이 일체법에 내가 없음을 알아 참음을 이룰 수 있다고 하면, 이 보살은 칠보를 보시한 보살의 얻은 바 공덕보다 더 큰 공덕을 얻는 것이니라. 그러나 수보리야! 이 모든 보살들은 복덕을 받지는 않느니라."

수보리가 사뢰어 여쭈었다.

"세존이시여! 어째서 보살은 복덕을 받지 않는다는 것입니까?"

"왜냐하면 수보리야! 보살은 복덕을 짓되 그것을 탐내거나 집착하지 않느니라. 그래서 복덕을 받지 않는다고 이르는 것이니라."

"須菩提! 若菩薩以滿恒河沙等世界七寶持用布施. 若復有人, 知一切法無我, 得成於忍, 此菩薩勝前菩薩所得功德. 何以故 須菩提! 以諸菩薩不受福德故." 須菩提白佛言: "世尊! 云何菩薩不受福德?" "須菩提! 菩薩所作福德, 不應貪著, 是故說不受福德."

※ 得: 동사 앞이나 뒤에서 '~할 수 있다'는 뜻으로 쓰인다. 앞서의 '能'이 주관적 의미에서의 가능성이라면, '得'은 객관적 상황에서의 가능성을 나타낸다. / 於: 목적격의 전치사로 볼 수 있다. '~을(를)'로 해석한다.

물질은 항상 한정적이며 그 수명이 있습니다. 그러기에 물질을 가지고 있으면서도 그것에 빠지지는 않습니다. 원하기만 하면 얼마든지 취할 수 있기에 탐닉하거나 집착하지도 않습니다. 그것을 명확히 깨닫고 있어서 '나'라고 내세울 만한 것도 없고 '내 것'이라고 할만한 것도 없음을 안다면, 그래서 득성어인(得成於忍), 즉 모든 눈에 보이는 망상에 대해서 참음을 이룰 수 있다면, 그러한 깨달음의 복덕은 한정적 복덕과 비할 수 없을 정도로 큽니다. 더구나 복덕이 오면 오는 것일 뿐, 그것을 원하거나 바라거나 집착하지도 않습니다. 그냥 온 것이지 누가 준 것이 아니기에 받은 것도 아니라는 것입니다. 강자들은 작은 것에 연연하지 않습니다. 큰 것을 원하는 자는 작은 것에 연연하지 않습니다. 자신을 잊고 자신의 길을 가면 모든 것이 올 뿐입니다. 그것을 바란 것도 아닙니다.

그러나 어디서 그런 인재를 구한단 말입니까? 여러 사람이 더불어 사는 조직은 나라든 회사든 조직원들의 하나 됨이 있어야 합니다. 저는 한국의 교육이 너무도 걱정스럽습니다. 우리 나라의 미래를 그리 안정적이라고 보지 않는 많은 사람들은 그 이유를 교육 시스템의 부재 탓으로 봅니다. 부처님 같은 선생을 배출할 만한 교육 시스템이 없기 때문입니다. IMF 이후에 급작스레 서구화 아니 미국화 되어 가는 우리 사회는 지금까지의 부실한 교육 때문에 키워 놓은 인재가 그다지 많지 않아, 외부 인력의 아웃 소싱(out-sourcing)과 인재 수집에 혈안이 되어 있습니다. 그러나 외부의 인재는 기존의 조직에 자신이 누구라는 것을 입증해야만 합니다. 나를 내세울

261

수밖에 없는 것입니다. 그것이 외부 인력의 불행이며 그는 조직의 하나된 힘을 만들기도 어렵습니다. 시간도 그를 기다려 주지 않습니다. 히딩크 같은 외부 인력도 초창기에 얼마나 고생이 많았습니까?

교육이 부실한 우리 나라 사회에서 제대로 교육 받고 수련 받은 내부 인력을 구하기는 힘듭니다. 사실 일체법(一切法)에서 무아(無我)로 득성어인을 이루는 천재들은 각자의 깨달음을 통해 달성되는 것이지, 회사나 학교나 국가가 만들 수 있는 것이 아니기에 조직을 나무랄 수도 없습니다. 그것은 고등학교 시절에 이루어져야 하는 교육입니다. 이《금강경》도 부처님 당시의 고등학교 수준의 강의였습니다. 부처님 당시의 대학은《법화경》《열반경》을, 대학원은《화엄경》을 소의경전으로 하고 있습니다.《금강경》은 말합니다. 영웅은 환경이 만드는 것이 아니라, 그 스스로 환경을 개척해야 한다고.

할 빨리빨리가 디지털이기에 한국이 성공하기 쉽다고요?

우리는 영웅의 자질을 많이 갖고 있습니다. 그러나 단 한 가지, 기다릴 줄 모르는 것이 문제입니다. 제가 세상에 나와 스님들을 만나면서 제일 먼저 당황했던 것이 스님들의 시간 관념이었습니다. 어떤 것은 잠시도 지체하지 않습니다. 즉각 그 자리에서 끝나야 하는 것입니다. 그러나 또 어떤 것은 최소한 3년입니다. 예를 들면 이렇습니다.

"어이, 우 거사! 우리 다음에 미국 가서 같이 포교나 해 볼까?"

"예, 좋습니다. 스님, 언제요?"

262

"음 3년 후에……."

"예? 3년 후에요?"

"그래! 3년 후에."

"에이 - 스님! 저는 또 뭐 다음 달 쯤인 줄 알았습니다."

"그런 게 세상에 어딨어? 중은 뭐 하나 하면 1,000일 기도는 끝내고 하는 거야. 3년이면 잠깐이지 뭐."

"……."

우리 나라의 조급증은 명품을 만들지 못하는 원인이 되기도 합니다. 술과 친구는 오래되면 될수록 좋다는 말이 있습니다. 우리 나라의 위스키 소비량은 세계 1위를 기록하기도 하고 한국 사람들만을 위한 위스키를 제조하기도 하지만 정작 우리는 위스키 원액을 만들지 못합니다. 사실 위스키가 소주하고 다를 게 무엇이 있습니까? 위스키도 소주처럼 맑은 흰 증류수일 뿐입니다. 그것을 영국 사람들이 참나무통에다 12년, 15년, 17년, 18년, 21년, 30년, 100년 이렇게 넣어 두니 양주에 참나무 색이 배어들어, 색이 참나무 색상이 나며 숙성되어서 부드러운 것입니다. 그런데 우리는 아무도 후임 사장을 위한 원액을 만들지도, 몇 십년 그 땅을 놀릴 창고용 부지를 만들 생각도 하지 않습니다. 기다릴 줄 모른다는 소리입니다.

3대에 걸쳐 에밀레종이 만들어지고, 40년에 걸쳐 팔만대장경이 만들어졌습니다. 우리도 시간을 들여서 이룬 무엇이 있다는 자긍심을 갖게는 하지만, 대체로 역사에 비해 너무 드물다는 생각을 숨기기 힘듭니다. 뭔가 생각이 있어도 그 생각을 밖으로 실현할 수 없었던 역사의 그림자라고 생각합니다.

언제부터인지 "옛 성현이 말씀하시기를……" 하는 식의 애당초 검증 불가능, 토론 불가능한 대상의 훌륭한 말씀을 주야장창 외워야 하는 주입식 교육이 시작되고, 그 교육이 일본식 식민지 문화, 건국기의 군대문화로 이어지면서 지금도 그 여파가 남아 있습니다. 애나 어른이나 '생떼 쓰기'나 '큰 목소리 내기'가 세상살이의 중요한 보검으로 자리잡은 나라가 우리 나라라고 생각하는 것은 나뿐만이 아닐 것입니다.

한국 사람들의 이 '생떼 쓰기'는 세계적으로 유명합니다. 그러나 한국의 '생떼 쓰기'는 어느 순간에 사라져 버리고 긍정적 폭발력으로 바뀌기도 하는데, 그래서 저는 한국이 좋기도 합니다. 그렇지만 생떼는 이제 그만 쓰고, 이 분(分)의 이름처럼 불수불탐할 수 있는 보스, 리더가 많이 나왔으면 좋겠습니다.

일본의 메이지유신을 만든 사람들이 20세기 초에 이러한 멸사봉공의 불수불탐의 정신으로 순식간에 러시아나 중국을 능가하는 초강대국이 되었다던데, 국가에서건 기업에서건 가정에서건 그런 사람들이 많았으면 좋겠습니다.

29
여래의 위의는 적정하다
(威儀寂靜分)

소명 태자는 이 분(分)에서 무엇을 보았을까? 오고, 가고, 앉고, 눕고 이 4가지 행동만 똑
떼어 단 2줄을 하나의 분으로 만들었다. 그리고 위의(威儀)는 적정(寂靜)이라는 큰 타이틀
을 달았다.

선의 세계가 추구하는 것은 단순함을 통해 얻는 직관의 밝은 눈이다. 에덴의 동산에서 선
악과를 따먹고 선악, 우열, 미추, 호오 등의 분별심이 생겨버린 우리들은 머리가 바쁘고
몸이 바빠(忙), 세상을 보는 기준을 다 망(亡)가뜨려 버렸다. 바쁘면 망(亡)한다. 망(忙)하면
망(亡)하는 것이다. 위풍당당한 풍모는 망령되이 움직이지 않는다. 번뇌가 없기 때문이다.
적정은 번뇌가 없는 상태를 말한다. 행·주·좌·와·어·묵·동·정에 항상 물 흐르듯이 사는
상태, 분별을 떠난 세계다. 사람들은 왜 오고 가는 것일까? 마음에 구하는 것이 있고 번뇌
가 있기 때문이다. 눈으로 보고, 발로 뛰고, 손으로 만져 보고, 얻은 깨달음을 움직이지도
않고 한 자리에 앉아 손에 올려놓고 천하를 호령한다. 중국인의 만만디가 소명 태자가 본
것이라면, 나 역시 한국민의 위기와 한국민의 호기가 다 여기 위의적정함에 있다고 본다.

"수보리야! 만일 어떤 사람이 말하기를 여래가 오는 듯, 가는 듯, 앉아 있는 듯, 누워 있는 듯하다고 말한다면, 이 사람은 내가 말하는 바를 헤아리지 못하는 것이니라. 왜냐하면 여래는 어디서부터 온 것도 아니고 또한 어디로 가는 것도 아니기 때문이니라. 그래서 여래라 이름하는 것이니라."

"須菩提! 若有人言, 如來若來若去, 若坐若臥, 是人不解我所說義. 何以故? 如來者, 無所從來, 亦無所去, 故名如來."

※ 若: '혹은' '어쩌면'의 뜻으로, 선택이나 병렬의 의미이다.

강설

여래가 오는 듯, 가는 듯하다고 생각한다는 것은 무엇일까요? 이 사람은 여래의 껍데기, 즉 상(相)과 모습만을 본 것입니다. 여래가 앉은 듯, 누운 듯하다고 생각하는 것은 무엇일까요? 이 사람도 여래의 존재라는 허울만을 본 것에 불과합니다.

오는 곳도 없고 가는 곳도 없이 항상 그 자리, 즉 이 우주천지에 꽉 차서 계신 분이 여래입니다. 한 자리에서도 천하를 관찰하고 무량 우주의 백천만억 중생을 다 실제로 보고, 실제로 무슨 일이 일어나는지를 알고 계십니다. 나와 남이 없고, 물질 경계가 다 무너진 마음의 세계를 완전히 통찰하는 자가 무슨 까닭으로 오고 감이 있겠습니까?

할 영어자폐증 환자가 많은 나라

그런데 이 분(分)이 한국 혹은 한국민과 무슨 관련이 있느냐고 묻는 사람이 있을 것입니다. 제 생각은 이렇습니다. 저는 한국이 머지아 세계 강국이 된다고 믿어 마지 않는 사람입니다. 한국 사람들은 굉장히 다혈질이고 남한테는 안 그렇지만 자기들끼리 있을 때는 한국 사람처럼 당당한 사람들이 없습니다. 외국에 나가서는 혹은 외국 사람 앞에서는 한마디도 못하면서 자기 식구들 앞에서만 대장노릇 하려 한다고 비난도 받습니다. 그러나 그것은 하느님 잘못이지 한국 사람들 잘못이 아닙니다.

세계의 7대 혹은 8대 불가사의는 모두 동양에 있습니다. 서양 사람들 생각으로는 불가사의하지만 동양 사회에서는 뭐 그럴 수도 있는 것인데, 서양인들이 자신들이 보기에 대단한 것이라고 여겼는지 심사위원에는 동양인들 하나 없이 자기들끼리 7대니 8대니 하면서 불가사의하다고 생각하는 것을 모으다 보니 전부 동양 것이라서, 동양 비슷한 자기들의 원래 고향인 이태리에서 피사의 사탑을 하나 집어넣고 신문에 쓰고 잡지에 써서 관광객을 모으는 것이 그 불가사의한 유적들이라는 것입니다.

그런데 왜 그것이 하느님 잘못인가 하면, 만일에 바벨탑이 남아 있었으면(사실 그것도 동양이지만) 그것이야말로 불가사의였을 것입니다. 그런데 그런 높은 건물 하나 지었다고 "니들이 감히 나랑 맞

먹을려구 그래?" 하면서 "앞으로 니들 뭉쳐 다니지 마!" 그러면서
전 세계의 말을 다 다르게 만드신 분이 하나님이랍니다.

솔직히 "니들 힘 합치지 말고 니들끼리 계속 싸우라."고 싸움을
부추기신 것입니다. 한국 사람들이 어쩌다 하고 싶은 말은 많은데
그것을 바벨탑 사건 이후로 한마디도 못하다 보니 소위 정신병의
일종인 자폐증에 걸린 것이라고 나는 생각합니다. 정신병이 별 것
입니까? 할 말은 많은데 한마디도 못하는 것, 그것이 정신병의 기본
인 자폐증이라는 것입니다. 그런 자폐증 현상이 좀 있을 뿐입니다.

그러나 한국 사람들은 항상 솔직함을 좋아하고, 그래서 손해 보
면서도 솔직한 것을 무척 좋아합니다. 사실 "솔직하게 말하면 용서
해 줄께!"라는 말도 우리에게만 있는 말입니다. 서양에서 솔직한 사
람의 대표적 인물로 꼽히는 미국의 조지 워싱턴도 도끼로 나무를
찍은 사실을 아버지한테 솔직히 이야기하고 용서받은 것이 아니라
벌을 받았던 것입니다. 다시 말해서 한국 사람들은 중국이나 일본
이나 서양 사람들처럼 '싫은데도 싫어하는 내색을 하면 저 사람도
나를 싫어하니까 좋아하는 척 해야지' 하는, 우리 기준에서 사기꾼
들이나 하는 생각을 에티켓이라고 배워야 한다는 자체가 열 받는다
는 것입니다. 그러다 보니 여기저기서 투덜대고 불만을 이야기하고
에티켓을 지키지 않는데, "왜 그러냐?"고 하면 자기 마음을 영어로
잘 설명하지 못합니다. 하고 싶은 말은 많아도 영어로 할 수 없으니
까……. 그래서 국제기준으로는 우리가 좀 이상하게 보일 만도 하
다고 이해됩니다.

그러나 실상 한국 사람처럼 배우기 좋아하고 배우려는 자세로 충만한 나라가 어디 있는가? 우리는 자기가 납득할 수 없는 것은 절대 받아들이지 않습니다. 그러나 자기만 수긍하면 그때부터는 열심입니다. 대부분의 다른 나라는 아닙니다. 처음부터 잘 받아들이는 척은 하지만 나중까지 본 다음 결정하는 여우의 의심, 즉 '호의불신(狐疑不信)' 스타일입니다. 쉽게 말해서 그들은 우리보다 마음속의 상(相)이 훨씬 세게 박혀 있는 것입니다. 그러니 결국 호의불신하는 무리들은 보살이 될 수 없다는 부처님의 말씀대로라면 우리가 그들을 이길 수밖에 없지 않겠는가 말입니다. 세계 최고의 부자가 나올 수밖에 없는 토양이 있는 것입니다.

중국 사람들이 한국을 두려워하는 공한증(恐韓症)은 축구에서 생긴 것이 아닙니다. 적어도 우리 한민족은 중국 한족들한테 져본 적이 단 한 번도 없는 나라입니다. 고조선시대부터 삼국시대, 신라시대, 고려시대, 조선시대를 보십시오. 우리는 우리와 같은 동이족 출신인 몽고족, 거란족, 만주족, 일본의 왜인족 등을 깔보다가 한 방 맞은 적은 있어도 한족과 싸워서 진 적은 없습니다. 그 이유는 하나입니다. 기본적으로 우리 나라 사람은 사기꾼 기질이 없기 때문에 항상 맞짱 뜨는 것을 좋아하고 당당하기 때문입니다. 한국인들의 이 위의가 월드컵 4강도 만들고, 지금의 한국도 만들었으며, 힘찬 미래도 만들 것이라고 부처님의 나라에서 온 어떤 스님이 1930년도에 예언하시고 가셨습니다.

불교에서는 부처님의 몸에서 나온 사리를 진신사리(眞身舍利)라고 합니다. 그 진신사리는 신라시대 자장율사에 의해서 우리 나라 오대산 등에 전해진 것이 처음입니다. 우리 나라가 일본 강점기의 암울하던 시절에 인도의 어느 한 스님이 태국 왕실에 가셨다가 태국 왕실에 모셔져 있던 부처님 사리 중 일부를 장차 불법이 성할 나라에 잘 모셔서 그 나라에 불법이 흥했으면 좋겠다는 그 당시 태국 왕의 소원을 들었습니다. 그 태국 왕의 소원을 들어준다고 중국과 한국, 일본을 다니다가 '바로 이곳이다!' 싶어서 전해주고 간 사리가 조계사 경내의 석탑에 모셔져 있습니다. 즉 조계사는 부처님의 진신이 와 계신 아주 성스러운 곳이라는 것입니다.

일제시대에 인도의 타고르라는 시인이 '동방의 빛나던 등불―그 불꽃이 다시 피는 날 동방의 아름다운 불빛이 되리라'고 읊은 시가 같은 식민지 국가의 설움 받는 백성들한테 하는 덕담이라고 생각하기 쉽지만, 그것은 앞을 통찰한 성인의 예언이라고 저는 믿습니다.

30
하나의 이치
(一合理相分)

모으나 나누나, 합하나 부수나, 본디 하나의 본체인 것이 일합(一合)이요, 이(理)는 마음의 세계요, 상(相)은 물질의 세계다. 마음의 세계와 물질의 세계가 알고 보면 다 하나의 일합상(一合相)이라는 뜻이다.

일합상은 일체유심조(一切唯心造)의 세계를 말한다. 마음과 물질은 같은 것이다. 자기 마음을 크게 내는 사람은 물질의 세계도 크게 갖는다. 자기 마음을 넓게 갖는 자는 물질의 땅덩이도 넓게 지배한다. 그 마음의 넓이와 폭이 모든 것을 결정한다.

하늘과 땅이 한바탕 요동칠 정도로 그대들의 꿈을 크게 가져라. 큰 마음 한 번 내어 그대 인생에서 건곤일척의 싸움을 준비하라. 우리는 건곤일척의 승부를 보기 위해 여기까지 왔다. 하늘과 땅의 싸움! 승부처는 단 하나다! 누가 먼저 구름 넘어 상대방을 보느냐에 있다. 구름은 번뇌요, 망상이요, 그대들의 업장이다. 싸워서 이길 적들이 아니다. 싸우지 않고 항복 받는 것으로만 유일하게 이길 수 있는 적들이다. 제갈공명의 칠종칠금이 어찌 남 오랑캐들에게만 적용되리요. 끝내 이기리라!

"수보리야! 만일 선남자 선녀인이 삼천대천세계를 가루로 부수어 먼지로 만든다면, 네 뜻에 어떠하뇨? 이 먼지는 많다고 하겠느냐?"

수보리가 답하였다.

"아주 많사옵니다. 세존이시여! 왜냐하면 만일 이 먼지들이 실제로 눈에 보이는 먼지라면 부처님께서 먼지라고 말씀하시지 않으셨을 것입니다. 어째서 그러한가 하면, 부처님이 말씀하시는 미진이라는 것은 그러한 물질로서의 먼지가 아니라 마음으로서의 미진을 말씀하신 것이기에 미진이라고 이름하셨을 것이기 때문입니다."

"須菩提! 若善男子·善女人, 以三千大千世界碎爲微塵. 於意云何? 是微塵衆, 寧爲多不?" "甚多. 世尊! 何以故? 若是微塵衆實有者, 佛則不說是微塵衆. 所以者何? 佛說微塵衆, 則非微塵衆, 是名微塵衆."

강설

그렇습니다. 부처님께서 미진이 많다고 하실 분이 아닙니다. 눈에 보이는 세계의 한정적인 것에 '많다' '적다'라는 유한 상대적 생각을 하실 분이 아니라는 것을 이제 수보리 존자가 다시 그 자신의 대답으로서 우리에게 확인해 줍니다.

먼지 수만큼이나 많은 물질들, 혹시 이 지구상에 존재하는 이름

272

붙여진 명사의 수는 얼마나 될까? 종이, 자동차, 텔레비전, 컴퓨터, 《금강경》, 삼성전자, 신문사, 청와대, 백악관, 일본의 호류사, 타지마할, 함무라비 법전, 나폴레옹 기념관, 만리장성, 그런 것이 왜 이 땅에 존재할까? 이 삼천대천세계를 꽉 채운 물질들은 누군가가 그것을 만들겠다는 마음을 내고서, '이렇게 만들어야지' 하고 마음먹은 대로 형상화한 것에 불과합니다.

우리 조상들은 눈이 어두워 비행기를 만들 마음을 못 내고, 신학문을 받아들일 마음을 못 내고, 나라를 총 한 번 안 쏘고 일본에 내주었습니다. 을사 5적이라는 장관들이 나라 내주고 일본 벼슬이라도 유지해야겠다고 마음먹고 찍어 준 도장, 그 도장이 우리의 36년 치욕의 역사를 만들었습니다. 그 마음들이 치욕의 근대사를 만들었습니다.

모든 것은 마음 먹기에 따라 달라집니다. 여러분! 우리 나라를 최강국으로 만들겠다고 마음을 먹으면 대통령을 포함한 각계 각층의 리더가 될 것이고, 여러분이 우리 나라 최고의 부자가 되겠다고 마음먹으면 그런 부자가 될 것이고, 내가 다 쓰러져 가는 불교집안 다시 일으켜 세우겠다고 마음먹으면 그렇게 될 것입니다.

이 말이 틀렸다고 안 믿는 사람은 그 사람 믿음대로 살 것이고, 나도 그렇게 살아야겠다고 마음먹은 사람은 그렇게 될 것입니다. 그것이 일합상이요, 일체유심조의 세계입니다.

"세존이시여! 여래가 말하는 바 삼천대천세계도 눈에 보이는 세계를 말하는 것이 아니기에 세계라고 이름하신 것입니다. 어째서 그러한가 하면, 만일 세계가 고정된 실체로 있는 것이라면 그것 또한 일합상, 즉 마음과 물질이 하나인 세계일 것입니다. 여래가 설하시는 바 일합상이라는 것은 물질덩어리만의 일합상이 아니라 마음덩어리의 일합상을 의미하는 것이고, 그러기에 일합상이라고 말씀하시는 것일 것입니다."

"수보리야! 일합상이라고 하는 것은 말로 표현될 수 없는 것임에도 불구하고 단지 범부중생들은 그러한 일합상에 탐내고 집착하는 것이니라."

"世尊! 如來所說三千大千世界, 卽非世界, 是名世界. 何以故? 若世界實有者, 卽是一合相. 如來說一合相, 卽非一合相, 是名一合相." "須菩提! 一合相者, 卽是不可說, 但凡夫之人, 貪著其事."

※ 但: '단지' '다만'의 뜻. 문장 끝에 '耳'가 함께 오면, '단지 ~에 지나지 않는다' '~에 불과하다'의 뜻이 된다.

강설

조그마한 미진들이 마음으로 시작된 것이라면 삼천대천세계도 마음으로 이루어진 것입니다. 과거 우리 나라와 중국의 역사에서 많이 보이는 하층민들의 봉기에서 항상 쓰이던 말이 있습니다. '왕후장상하유종호(王侯將相何有種乎)리요.' '어찌 미리 정해진 것이 있겠는가?' 하는 의미입니다. 마음먹기에 달려 있다는 이야기입니다. 일개 나무꾼이었던 6조 혜능이 수천 년을 두고 천하를 호령하는 큰 스승이 되고 감방생활 20년의 흑인 독립운동가이며 지독한 맹목적 쇼비니스트인 줄 알았던 만델라는 수백 년의 증오를 녹여 버렸습니다. 그의 용서는 내 머리로서는 이해가 가지 않을 정도입니다. 가난한 농부의 아들이 우리 나라의 대통령도 되었습니다. 마음씀씀이에 따라 삼천대천세계까지는 아니더라도 세상을 만든 사람들의 이야기입니다.

보살이 무엇이고 영웅이 무엇인가? 온갖 중생 다 구제하겠다는 큰마음 한 번 내어 많은 고통을 이겨내고 온갖 번뇌와 후회하는 마음, 미워하는 마음, 시기 질투하는 마음, 겁내는 마음, 두려워하는 마음 등 온갖 부정적 마음의 장벽을 다 부수어 보십시오. 그대 앞에 펼쳐지는 세계가 삼천대천세계요, 그대가 군림하는 세계가 삼천대천세계인 것입니다.

일합상의 세계는 한정적 세계가 아닙니다. 마음을 바탕으로 한 무궁무진의 세계! 이것을 어떻게 말로 표현할 수 있겠습니까? "말로 표현할 수 없는 무궁무진의 세계를 범부중생들이 크다 많다고 탐착하여 함부로 왈가왈부 하는구나."라고 부처님은 말씀하십니다.

할 씨앗을 키워라!

대통령이 부럽거나 밉다면, 당신은 대통령이 될 씨앗이 마음에 있는 것입니다. 부자가 부럽거나 밉다면, 당신은 부자가 될 씨앗이 마음에 있는 것입니다. 공부 잘하는 것이 부럽다면, 당신은 공부 잘할 수 있는 씨앗이 마음에 있는 것입니다. 국회의원이 부럽다면, 당신은 국회의원이 될 씨앗을 갖고 태어난 것이기에 마음만 먹으면 이루어집니다.

저는 박찬호 선수, 박지은 선수, 최희섭 선수, 배우 장나라, 박세리 선수, 배우 윤석화씨 같은, 우리를 자랑스럽게 하는 스타들을 좋아하지만 그들에게 부러움을 느끼지는 않습니다. 저는 운동을 잘하거나, 악기를 잘 다루거나, 연기를 잘할 씨앗이 마음에 없기 때문입니다. 그런데 빌 게이츠나 일본 교세라 그룹의 이나모리 가즈오 (우장춘 박사 사위)나 그 밖의 금융계의 스타들은 부럽습니다. '아마 나도 그들처럼 멋있는 기업가가 될 수 있는 씨앗을 가지고 있다.' 그렇게 생각하는 훈련을 해보십시오. 반드시 꿈은 이루어집니다.

여러분들 마음의 씨앗은 무엇입니까? 당신이 부러워하거나, 미워하거나, 싸우는 대상이나, 그 무엇이든지 간에 당신의 마음속에서 출렁이는 것! 그것이 씨앗입니다.

씨앗이 없으면 여러분의 마음은 전혀 동요하지 않습니다. 부정적인 것은 하나도 남김없이 뽑아 버리고 좋은 묘목을 골라 큰 재목으로 성장시키시기를 기원합니다. 그리고 그 씨앗이라는 미진의 세

계를 삼천대천세계로 확대 성장시키십시오. 그것이 이 분(分)의 가르침입니다

맑은 마음으로 미래를 보는 자만이 용감하고 당당하게 나아갈 수 있습니다.

■ 알고 갑시다

삼천대천세계

삼천대천세계는 일체의 모든 세계를 말한다. 이 전세계를 모두 모아서 소천(小千)세계라고 한다. 이 소천세계가 천 개가 모이면 중천(中千)세계가 된다. 다시 중천세계가 천 개 모이면 대천(大千)세계가 된다. 곧 천을 세 번 말했기에 삼천대천세계이다. 수학적으로 얘기하면 천의 삼승이 되는 숫자의 세계가 모여서 일체 모든 세계를 말하는 명칭이 된 것이다. 다른 말로는 천백억세계라고도 한다. 부처님이 일체의 모든 세계에 모습을 나투는 것도 천백억 화신으로 나툰다고 말한다. 이때의 천백억은 천의 삼승과 같은 수이다. 곧 십억이 된다. 십억을 천백억이라고 한 것은 경전들이 번역될 당시의 수의 체계에서 억이 지금보다 한 단계 낮은 단위였던 데서 비롯한다. 그리고 앞의 천은 천을 단위로 했기 때문에 붙여진 것이다. 어쨌든 천백억이나 삼천대천은 일체의 모든 것을 포함해서 말하는 무량수(無量數)에 해당된다.

삼계(색계·욕계·무색계)

불교에서는 우주는 무한정이고 살아 있는 존재들 또한 무한정이라고

한다. 모든 존재들은 자신들의 도덕적·비도덕적 행위(業)의 결과에 따라서 각기 다른 세계에 나타나게 되는데, 그런 세계는 모두 31개(三十一天)가 있다. 이 31개의 세계는 정신적 측면과 물질적 측면에 따라서 욕계(欲界)와 색계(色界), 무색계(無色界)의 셋으로 다시 나누어진다.

지옥·축생·아귀·아수라의 4가지 불행한 상태와 인간계와 여섯 하늘로 이루어진 7가지 행복한 세계는 감각적인 욕망이 있는 세계(욕계)이다. 이 감각적 욕망을 포기하면 선정의 기쁨을 얻는 세계가 있는데, 이것을 색계라고 한다. 여기에는 선정(禪定)이나 무아경(無我境)을 닦은 자가 태어난다. 첫 번째 선정을 닦은 자부터 불환과(不還果)를 얻은 자까지가 이 색계에 태어난다. 색계의 위에 다시 4개의 다른 세계가 있는데, 물질이나 육체가 없는 세계이므로 무색계라고 한다. 재미있는 것은 색계와 무색계에서는 성(性)의 구분이 없다는 점이다. 알아두어야 할 것은 이것이 우주론은 아니라는 점이다. 부처님은 가르침을 자신의 이성적 판단으로 옳다고 여겨질 때만 받아들이라고 하신다. 그렇지만 자신의 제한된 능력으로 이해할 수 없다고 해서 무엇이든지 거절하는 것도 바람직하지는 않다는 사실도 염두에 두어야 한다.

31

알았다는 생각을 내지 말라

(知見不生分)

부처님의 시치미 뚝 떼시는 것이 총정리 되는 분이다.

첫 부분부터 자신이 가르치신 모든 것에 대해 일체의 지견을 내지 말라고 하신다. 그 지견이 그대를 해칠 것이라고 하신다.

지견은 '내가 드디어 알았다'고 하는 견해이다. 그곳은 위험이 시작되는 자리이다. 최고의 강자는 '오직 모를 뿐'이라고 말한다. 그는 그 말 한마디를 항상 머리에, 입에, 가슴에 담고 있다.

우수한 개인이 우수한 조직을 만든다. 부처님도 말씀하신다. 여우와 승냥이의 무리들은 상대하지 않겠노라고.

"수보리야! 만일 어떤 사람이 말하기를 '부처가 아견·인견·중생견·
수자견을 말했다'고 한다고 하자. 수보리야, 네 뜻에 어떠한가? 이 사
람은 내가 말한 바의 뜻을 이해하고 있다고 할 것이냐?"

　"세존이시여! 이 사람은 부처님이 말씀하신 바의 뜻을 이해하지 못
한 것입니다. 어째서 그러한가 하면, 세존께서 말씀하시는 아견·인견·
중생견·수자견이라는 것은 곧 아견·인견·중생견·수자견이 아니라 그
이름이 아견·인견·중생견·수자견이기 때문입니다."

　"須菩提! 若人言, '佛說我見·人見·衆生見·壽者見.'
須菩提! 於意云何? 是人解我所說義不?" "不也尊! 是人
不解如來所說義. 何以故? 世尊說我見·人見·衆生見·壽
者見, 卽非我見·人見·衆生見·壽者見, 是名我見·人見·
衆生見·壽者見."

　정말 그렇습니다. 부처님께서 내가 최고라는 우월 의식(아견), 우
리는 영장동물인 인간이라는 차별 의식(인견), 나는 중생일 뿐이라
는 열등 의식(중생견), 그리고 '한 세상 그냥 살다가는 거지' 하는 한
계 의식(수자견)을 갖지 말라고 하신 것을 문자에만 얽매여 부처님
의 가르침을 그릇되게 받아들이지 않도록 말씀하신 것입니다. 문자

에만 얽매여 생각한다면 그 사람은 부처님의 가르친 뜻을 제대로 헤아리고 있다고 할 수 없습니다.

우리들 마음에 장벽을 만들고 눈을 어둡게 하는 견해를 부처님은 네 가지 혹은 법상(法相), 비법상을 포함하여 여섯 가지로 예를 드시며 우리에게 가르쳤을 뿐입니다.

그러한 생각은 회사로 치면 '자기만 잘났다'는 생각을 하거나, 자기가 실세 그룹이라는 생각(아상), 자기가 어디 어디 출신, 어디 어디 팀원이라는 생각(인견), 자기도 월급쟁이일 뿐이라고 생각하거나 자기는 시키는 일만 하면 된다든지, 혹은 배당되는 일만 하면 그만이라는 생각(중생견), 그리고 자기도 결국 회사 영원히 다니는 것이 아니라거나 일할 때나 잘하면 그만이라는 생각(수자견), 그러한 네 가지 견해뿐만 아니라 그 조직의 살아 있는 생명체의 일원으로서 아주 적극적으로 모든 일을 다 해내야만 함에도 불구하고 자신만을 위하고 남에게 기여함이 없는 모든 얄팍한 견해를 다 이야기하신 것입니다.

'안다는 견해를 내지 말라'는 뜻은 쉽게 이야기하면 '내 방식이 맞다'는 법상을 내거나 '네 방식은 틀렸다'는 비법상을 내지 말라는 뜻입니다. 자기 방식만이 옳다고 하는 견해는 어디에서도 환영받지 못합니다. 세상의 모든 것은 변화하며 고정 불변인 것은 없습니다. 세존께서 '즉비 아견, 인견, 중생견, 수자견'이라 하심은 그 4가지 견해만이 우리의 발전을 저해하는 것이 아니라, 우리의 생각과 행동과 사고를 한 곳에 묶어 흐르지 않는 물이 썩듯이 우리의 발전을 저

해함을 걱정하시기에 하시는 말씀입니다. 위대한 리더는 세상사의 흐름을 사소한 것에서도 잡아채서 그 다음 세상을 창조하고 준비합니다. '지금 알고 있는 것만이 최고'라고 생각하면 '성공의 히스토리를 가진 자가 실패하는 법이다'라는 경영학의 말과 환경변화에 적응 못한 공룡의 갑작스런 멸망이야기가 자기 이야기가 될 수 있습니다.

할 왜 자유를 두려워하는가

모든 익숙했던 것들과의 이별! 진정한 자유로부터의 도피! 우리 사회가 언제부터인가 자유와 변화를 두려워하고 있다는 것은 슬픈 일입니다. 미국에서, 유럽에서, 그 외의 많은 서양 사회에서 에베레스트(ever-rest), 즉 영원한 안식처를 찾아 선(禪)불교로, 티베트불교로, 중국의 노자사상과 풍수로, 심지어는 한국 및 동양 사회의 무속 등에까지 기웃거립니다. 어느 것에도 속박당하지 않는 자유로움과 새로운 질서와 변화를 두려워하지 않는 그들의 자유분방함이 보이지 않는 세계 속에 있는 그 무엇을 찾아 우리 동양인들보다 또 먼저 기웃거리고 있다는 사실은 우리 자신을 되돌아볼 것을 요구하고 있습니다. 10년 전에 진 것으로 충분합니다. 실패도 거듭되면 업이 됩니다.

수학은 우주질서를 숫자로 푸는 학문입니다. 수학의 발달이 서양에서는 카오스 이론으로 그 끝에 도달하였습니다. 북경에 나비가 펄럭이면 뉴욕에 비가 오는 것은 알겠는데 그 연관관계를 숫자로 풀지 못해서 혼란스럽다는 함수가 카오스 함수입니다.

그 카오스 함수만 풀리면 우리는 많은 일을 다시 할 수 있습니다. 그러나 카오스 함수의 해결책은 둥근 깨달음의 길,《원각경(圓 覺 》에 이미 어느 정도 기술되어 있습니다. 외국 증권회사에서 카오스 이론을 들고 나왔습니다. 외국인들이 먼저 맑은 눈을 가지게 되었다는 사실에 가슴 답답함을 느낍니다. 시간은 없고, 부르지 않은 흰머리는 소리 없이 찾아옵니다.《금강경》의 '비(非)'의 세계가 많은 사람들의 의식의 범위를 자꾸만 넓혀 주고 있음에 감사할 뿐입니다.

"수보리야! 아뇩다라삼먁삼보리의 마음을 낸 자는 모든 일체만상의 법을 마땅히 이와 같이 알 것이며, 이와 같이 볼 것이며, 이와 같이 믿고 이해해야 하느니라. 꼭 이것이 맞다고 하는 법상을 내지 말 것이니라. 수보리야! 이른바 법상이라고 하는 것은 여래가 설하는 바 눈에 보이는 대로의 고정된 법이 아니라 마음으로 형상화되는 법상이며, 그래서 법상이라고 이름하는 것이니라."

"須菩提! 發阿耨多羅三藐三菩提心者, 於一切法, 應如是知, 如是見, 如是信解, 不生法相. 須菩提! 所言法相者, 如來說卽非法相, 是名法相."

강설

지견을 내지 않고 아뇩다라삼먁삼보리라는 이 세상 최고의 가치를 얻으려고 발심(發心)한 사람은 이《금강경》의 다이아몬드와 같이 영롱하고 보배롭고 단단한 반야의 지혜를 듣고는 '이런 것이 반야바라밀이로구나'라는 법(法)에 대한 집착을 가져서는 안 됩니다. 여시여시(如是如是)하게 알고, 여시여시하게 보고, 여시여시하게 받아 지니고 깨달아서 '일체의 내가 옳다'라는 법상을 멀리 하고 '여시여시'하게 행동하라는 것입니다. 즉 '있는 그대로 보라'는 것이고 '있는 그대로 깨달으라'는 것입니다. 그러니 이 법상(法相)이라는 말, 다시 말해 '이것만이 옳다'라던가 '드디어 알았다'라던가 하는 일체의 지견에 절대 끌려 다니지 말라고 강의가 끝날 무렵인 지금에도 또 한 번의 부탁을 하십니다.

다시 한번 이야기하자면, 부처님이 다시금 경전이 끝나가는 지금도 말씀하시는 발심(發心)이라는 것은 발(發)아뇩다라삼먁삼보리심(心)의 줄임말입니다. 부처님이 계속 발(發)아뇩다라삼먁삼보리심(心)을 말씀하시는 것은, 그 마음을 한 번 내기가 아주 어렵고, 그 마음을 한 번 내는 사람도 흔하지 않고, 이《금강경》에 나오는 말로 하면 너무나도 희유한 사람이기에, 이왕 하려면 제대로 해 주었으면 하는 부처님의 간절한 바람도 담고 있다고 할 수 있습니다. 여기서 발(發)과 심(心) 사이에 자기가 되고자 하는 자신의 미래상을 넣어서 이《금강경》을 읽는다면 여러분은 여러분이 원하는 것을 다 성취할 수 있을 거라고 저는 믿습니다. 단 자신의 미래상이 여러 사람에게 도움이 되는 보살의 행로이기만 하면 됩니다.

할 보스가 되려면 다투지 말라

위대한 보스가 되고자 한다면 우리는 싸우면 안 됩니다. 싸울 필요도 없고 싸울 대상도 없습니다. 사실 싸움이 무엇입니까? 한마디로 말이 안 통하는 것이 싸움입니다. 말은 하나의 도구이며 그나마 별로 신통치 못한 도구입니다. 훌륭한 목수가 연장을 잘 다루듯이 말을 잘 다듬는 것은 아름다움과 평화를 창조합니다.

그러나 훌륭한 목수가 많지 않듯이 우리는 이 불편하고 기능도 시원치 않은 말을 잘 다룰 수 있는 사람이 많지 않다는 사실을 이제는 알고 있습니다. 그렇다면 상대방의 표현 미숙 때문에 빚어진 오해 때문에 다툴 필요가 없습니다.

"기운 센 아들보다 말 잘하는 아들을 두라"는 말이 있습니다. 그렇게 해서라도 자신을 잘 설명할 수 있는 것이 중요하다고 많은 부모들이 생각하기 때문입니다.

"야, 너 지금 뭐라고 했어?"

"너, 지금 한 말 다시 한 번 해봐!"

"너, 그 따위 소리 한 번만 더하면 가만히 안 둬!"

이러한 말 때문에 온갖 오해가 분쟁의 씨앗이 되어 우리들 사이에 두터운 장벽을 쳐버립니다.

법상(法相)은 '내가 주장하는 내 말만이 맞다'라고 생각하는 것에 대한 표현이며, 비법상(非法相)은 '남이 주장하는 그의 표현이 틀렸다'라고 생각하는 우리들의 자만심을 나타내는 부처님의 표현입니다. 모든 게임의 법칙에서 패배자는 자신의 미욱한 힘만 믿고 시세의 흐름에 역류하는 자들입니다. 승자들은 다투지 않습니다. 단지 대응할 뿐입니다. 무쟁삼매(無諍三昧)를 깨달으면 새로운 세계가 열립니다.

32

응신과 화신은
참된 것이 아니다

(應化非眞分)

우리는 먼 길을 왔다. '사람 몸 받기 어렵고 불법 만나기 어렵다'는 그 어려움을 다 겪고 오늘 이 자리에 있다. 우리 마음에 있는 참된 나, 우리가 가지고 있다는 진여불성, 보이지 않고 들리지 않고 믿기지 않는 참된 나를 만나기 위해 여기까지 왔다. 그래서 우리가 그를 만났든 못 만났든, 믿든 안 믿든 간에 그는 우리와 같이 있다. 우리가 보고, 듣고, 만나고, 생각하고, 사랑하기도 하고, 미워하기도 하고, 간혹 원망하기도 하는, 우리와 너무나 친숙한 우리는, 참된 우리가 아니다.

부처님의 응신(應身)과 화신(化身)도 부처님의 참된 모습이 아니다. 허깨비일 뿐이다. 이제 《금강경》의 최고 결론이 설파되는 자리다. 부처님이 보여주시는 모든 것, 들려주셨던 모든 것이 허깨비 같고, 꿈 같고, 아침이슬 같고, 번갯불 같다는 것이다. 눈 깜박일 때 잠깐 있는 것처럼 보였을 뿐, '여여한 그것'이 아니라는 것이다.

어떤 상도 취하지 말고 그대로 여여하며 흔들리지 말라(不取於相 如如不動)! 제왕학에서 우주와 사람과 일체만물을 단 한마디로 제압할 수 있는 유일한 방책은 이것 하나밖에 없다.

"수보리야! 만일 어떤 사람이 무량아승지 세계를 칠보로 가득 채워 보시를 한다고 치자. 만일 선남자 선여인이 있어 보살심을 낸 사람이 이 《금강경》 혹은 〈사구게〉 하나만이라도 받아 지니고 수지독송하며 다른 사람들을 위해 설명해준다면 그 복이 앞의 복보다 더 많으리라. 어떤 것이 다른 사람들을 위하여 설명하는 것이냐? 어떤 상도 취하지 말고 있는 그대로 여여하여 움직이지 않는 것이니라."

"須菩提! 若有人以滿無量阿僧祇世界七寶, 持用布施. 若有善男子·善女人 發菩薩心者, 持於此經, 乃至四句偈 等, 受持·讀誦·爲人演說, 其福勝彼. 云何爲人演說? 不 取於相, 如如不動."

강설

《금강경》의 마지막 종강을 앞두고 부처님의 최후 연설이 시작됩니다. 끝까지 부처님은 발(發)보살심(心)을 낸 제자들에게 사랑을 아끼지 않습니다. 그리고 그 발심을 한 훌륭한 제자들이 다시 한 번 나와 남의 장벽을 없애고, 모든 중생세계를 하나로 보고, 왼 손이 한 일을 오른 손이 모르도록 보시할 것을 강조하시고 있습니다. 그 보시도 마음을 작게 내어 작은 마음 낸다고 해서 나쁘거나 부족한 것은 아니지만, 이왕지사 한 번 크게 내어서 온 인류뿐만 아니라 온 우주의 삼천대천세계를 가득 채울 수 있는 정도의 큰마음을 한 번 내어서 그 마음을 쓰라는 것입니다.

　마음은 쓸수록 커지고, 마음은 쓸수록 넓어지며, 마음은 쓸수록
높아집니다. 소멸하고 닳아지는 것도 아닙니다. 그러나 누가 달라
고 줄 수 있는 것도 아니고, 사라지지도 않습니다. 무한한 자원임에
도 불구하고 얼마나 큰 자원이고 밑천인지도 잘 모릅니다. 그런 모
든 자원을 동원하여 항상 남을 위해 베풀며 살라고 일갈하시는 것
입니다.
　그러나 그마저도 시간과 공간의 제약을 받는 한정적인 것일 뿐!
준다는 것도 받는다는 것도 결국은 내가 있고 남이 있는 것이니, 이
《금강경》의 가르침이라든지 아니면 《금강경》의 한 구절 게송만이
라도 우리들 마음으로 깊이 이해하고 그것을 다른 사람을 위해 전
해준다면 그 공덕은 어떠한 공덕보다 더 뛰어난 것이라고 말씀하십
니다.

할 Let by gones, be by gones-여여하게 행동하라
　우리의 수보리는 이 길고 긴 강의가 결국은 지혜마저 다른 사람
과 나누어야 한다는 것을 깊이 깨닫고 그 깨달음을 나누어 쓰는 방
법이 무엇이냐고 묻습니다. 후세의 많은 선현들이 천하제일의 가르
침이라고 칭하는 최후의 선언이 시작됩니다.

　불취어상 여여부동(不取於相 如如不動)!
　어떤 상도 취하지 말고, 흔들리지 말라!

불교에서의 여(如)는 항상되고 변함 없음을 이야기합니다. 그리고 부동(不動)이라는 것은 꼼짝없이 앉은 채 면벽 수도만 하라는 것이 아닙니다. 우리말로 하면 동요하지 않는 것, 흔들리지 않는 것, 언행일치의 말없는 자리에서 느낄 수 있는 그 사람의 분위기를 말하는 것입니다.

그 사람이 어떤 행동을 하든, 그 사람이 어떤 걸음걸이로 뛰어가든 쉬어가든, 그 사람이 어느 좌석에 어떠한 모습으로 앉아 있든, 그 사람이 어느 곳에 어떻게 누구와 누워 있든, 그 사람이 어떻게 말하며, 그 사람이 언제 어떻게 침묵하는지, 그 사람이 어떠한 움직임을 보이고, 그 사람이 언제 움직임을 멈추는지, 그 행(行)·주(住)·좌(坐)·와(臥)·어(語)·묵(默)·동(動)·정(靜)에 항시 변함 없이 느낄 수 있는 그 향취 그대로 포착하라는 것입니다.

"어째서 그러한가?

'이 세상의 모든 일체의 유위법은

마치 꿈과 같고 물거품 같고

마치 아침 이슬 같고 번갯불과도 같으니

마땅히 이와 같이 세상을 관할지라'."

부처님이 이 경을 설하시기를 마치시자 장로 수보리와 모든 비구·비구니, 재가 남녀신도들, 그리고 일체 세간의 하늘나라 사람과 아수라들이 부처님이 설하시는 것을 듣고 모두 크게 환희심을 내며《금강반야바라밀경》을 믿고 받들어 섬기며 행하였다.

"何以故?

'一切有爲法   如夢幻泡影

如露亦如電   應作如是觀'"

佛說是經已. 長老須菩提及諸比丘·比丘尼·優婆塞·優婆夷·一切世問·天·人·阿修羅, 聞佛所說, 皆大歡喜, 信受奉行, 金剛般若波羅蜜經.

강설

이제 부처님은 그러한 여여(如如)한 가르침을 주어야 하는 이유에 대해서도 설명합니다. 일체의 모든 유위법(有爲法)은 그것이 좋은 취지든, 나쁜 취지든, 교육을 위해서든, 선을 행하기 위해서든, 일체의 우리가 의도하고 도모하는 모든 것은 본디 항상되지 못하고 변할 수밖에 없다는 것입니다.《금강경》의 마지막 부분에서도 부처님은 발심(發心)과 무위(無爲)의 세계를 설하시는 것입니다. 큰 꿈을 가지고 온갖 선한 일을 행하되 무엇을 바라거나 의도함이 없이 무위의 세계에서 순수하게 하라는 것입니다. 그것이 부처의 길로 가는 것이고, 그것이 영웅의 길로 가는 것이라고 말하시며, 우리가 보는 허깨비 같은 유위(有爲) 세계의 실상을 보여주시는 것입니다.

할 보이는 것에 속지 말고 자신에게 속지 말라

일체유위법 여몽환포영(一切有爲法 如夢幻泡影)
여로역여전 응작여시관(如露亦如電 應作如是觀)

《금강경》의 마지막 휘날레를 장식하는 이 멋진《금강경》〈사구게〉 아리아는 우리가 어린시절 이발소건 미용실이건 어디를 가나 걸려 있던 푸쉬킨의 〈삶이 그대를 속일지라도〉라는 시처럼 〈달마도〉가 걸려 있으면 그 그림 한 귀퉁이에 나와 있는 유명한 말입니다. 그러나《금강경》을 읽어 오면서 저의 가슴을 울렸던 많은 구절들—심주어법 이행보시 여인입암 즉무소견 심부주법 이행보시 여인유목 일광명조 견종종색(제14분), 통달 무아법자 진시보살(제17분), 그리고 수학적 사고 없이 절대 성공할 수 없다던 제18의 〈일체동관분〉, 이러한 모든 것들은 뗏목처럼 갖다 버려도 되는 위의《금강경》아리아가 실제 우리 세상에서 성공과 실패를 가르는, 부자와 가난한 자를 나누는 그러한 것이라는 것을 저는 백일기도 3번째가 끝나는 날 알 수 있었습니다. 제가 과거에 왜 그리도 많은 실패를 하였는지도 알 수 있었습니다.

저는 이 네 구절을 해석하거나 설명할 수 없습니다. 아무도 가르쳐 주지 않지만 누구나 알 수 있는 것이기에 말입니다. 세상을 사는 가르침은 어디에나 있습니다. 산이 높으면 골짜기도 깊은 것이 우리의 삶입니다. 그런데 알고 보면 산도 내가 만든 것이고 골짜기도 내가 만드는 것입니다. 어두운 거리에서 앞이 안 보이던 시절, 어머니가 주신 책 구석에 있던 맹자의 한 구절을 오랫동안 가슴에 품고 있었습니다.

"하늘이 장차 이 사람에게 대임(大任)을 맡기려 할 때에는 반드시 먼저 그 심지(心志)를 괴롭게 하고, 그 살과 피를 괴롭게 하며, 그 신체와 피부를 앙상하게 하고, 그 몸을 궁핍하게 하며, 또한 그가 하는 일마다 어긋나고 뒤틀어지게 하는데, 그렇게 함으로써 그의 마음을 분발시키고 타고난 성정(性情)을 강인하게 만들며 그의 부족한 능력을 키워주는 것이다."

저는 《금강경》의 가르침에 비하면 족탈불급(足脫不及)인 이 맹자님 말씀을 가슴에서 내려놓던 날 나의 행복한 날은 시작되었다고 봅니다. 행복이라는 것이 그렇게 험악하거나 억지로 참는다고 얻어지는 것이 아님을 알았다고나 할까요? 저도 지견(知見)을 내지는 않으렵니다. 여지껏 아는 척하고 지견(知見)을 내었던 것도 복 까먹는 일인데, 그리고 부처님이 제발 그러지 말라고 하셨는데 이

제 제가 할 일은 그 행복을 여러분에게 송두리째 하나도 남김없이
드리는 것이라고 믿습니다. 부디 복 많이 지으시고 성불하시기 바
랍니다.

진언(眞言)

나모바 가바떼 쁘라갸
那謨婆 伽跛帝 鉢喇壤

빠라미따예
波羅弭多曳

옴 이리띠 이실리 슈로다
唵 伊利底 伊室利 輸盧駄

비사야 비사야 스바하
毘舍耶 毘舍耶 莎婆訶

금강반야바라밀경
(金剛般若波羅蜜經)

법회인유분 제일
法會因有分 第一

여시아문 일시 불 재사위국기수급고독원 여대비구중
如是我聞 一時 佛 在舍衛國祇樹給孤獨園 與大比丘衆

천이백오십 인구 이시 세존 식시 착의지발 입사위대
千二百五十人俱 爾時 世尊 食時 著衣持鉢 入舍衛大

성 걸식 어기성중 차제걸이 환지본처 반사흘 수의발
城 乞食 於其城中 次第乞已 還至本處 飯食訖 收衣鉢

세족이 부좌이좌
洗足已 敷座而坐

선현기청분 제이
善現起請分 第二

시 장로수보리 재대중중 즉종좌기 편단우견 우슬착
時 長老須菩提 在大衆中 卽從座起 偏袒右肩 右膝著

지 합장공경 이백불언 희유세존 여래 선호념제보살
地 合掌恭敬 而白佛言 希有世尊 如來 善護念諸菩薩

선부촉제보살 세존 선남자선여인 발아뇩다라삼먁삼
善付囑諸菩薩 世尊 善男子善女人 發阿耨多羅三藐三

보리심 응운하주 운하항복기심 불언 선재 선재 수보
菩提心 應云何住 云何降伏其心 佛言 善哉 善哉 須菩

리 여여소설 여래선호념제보살 선부촉제보살 여금제
提 如汝所說 如來善護念諸菩薩 善付囑諸菩薩 汝今諦

청 당위여설 선남자선여인 발아뇩다라삼먁삼보리심
聽 當爲汝說 善男子善女人 發阿耨多羅三藐三菩提心

응여시주 여시항복기심 유연 세존 원요욕문
應如是住 如是降伏其心 唯然 世尊 願樂欲聞

대승정종분 제삼
大乘正宗分 第三

불고수보리 제보살마하살 응여시항복기심 소유일체
佛告須菩提 諸菩薩摩訶薩 應如是降伏其心 所有一切

중생지류 약난생 약태생 약습생 약화생 약유색 약무
衆生之類 若卵生 若胎生 若濕生 若化生 若有色 若無

색 약유상 약무상 약비유상 비무상 아개령입무여열
色 若有想 若無想 若非有想 非無想 我皆令入無餘涅

반 이멸도지 여시멸도무량 무수무변중생 실무중생득
槃 而滅度之 如是滅度無量 無數無邊衆生 實無衆生得

멸도자 하이고 수보리 약보살 유아상인상중생상수자
滅度者 何以故 須菩提 若菩薩 有我相人相衆生相壽者

상 즉비보살
相 卽非菩薩

묘행무주분 제사
妙行無住分 第四

부차 수보리 보살 어법 응무소주 행어보시 소위 부주
復次 須菩提 菩薩 於法 應無所住 行於布施 所謂 不住

색보시 부주성향미촉법보시 수보리 보살 응여시보시
色布施 不住聲香味觸法布施 須菩提 菩薩 應如是布施

부주어상 하이고 약보살 부주상보시 기복덕 불가사
不住於相 何以故 若菩薩 不住相布施 其福德 不可思

량 수보리 어의운하 동방허공 가사량부 불야 세존 수
量 須菩提 於意云何 東方虛空 可思量不 不也 世尊 須

보리 남서북방 사유상하 허공 가사량부 불야 세존 수
菩提 南西北方 四維上下 虛空 可思量不 不也 世尊 須

보리 보살 무주상보시복덕 역부여시 불가사량 수보
菩提 菩薩 無住相布施福德 亦復如是 不可思量 須菩

리 보살 단응여소교주
提 菩薩 但應如所教住

여리실견분 제오
如理實見分 第五

수보리 어의운하 가이신상견여래부 불야 세존 불가
須菩提 於意云何 可以身相見如來不 不也 世尊 不可

이신상 득견여래 하이고 여래소설신상 즉비신상 불
以身相 得見如來 何以故 如來所說身相 卽非身相 佛

고수보리 범소유상 개시허망 약견제상비상 즉견여래
告須菩提 凡所有相 皆是虛妄 若見諸相非相 則見如來

정신희유분 제육
正信希有分 第六

수보리백불언 세존 파유중생 득문여시 언설장구 생
須菩提白佛言 世尊 頗有衆生 得聞如是 言說章句 生

실신부 불고수보리 막작시설 여래멸후 후오백세 유
實信不 佛告須菩提 莫作是說 如來滅後 後五百歲 有

지계 수복자 어차장구 능생신심 이차위실 당지 시인
持戒 修福者 於此章句 能生信心 以此爲實 當知 是人

불어일불이불삼사오불 이종선근 이어무량천만불소
不於一佛二佛三四五佛 而種善根 已於無量千萬佛所

종제선근 문시장구 내지일념 생정신자 수보리 여래
種諸善根 聞是章句 乃至一念 生淨信者 須菩提 如來

실지실견 시제중생 득여시무량복덕 하이고 시제중생
悉知悉見 是諸衆生 得如是無量福德 何以故 是諸衆生

무부아상인상중생상수자상 무법상 역무비법상 하이
無復我相人相衆生相壽者相 無法相 亦無非法相 何以

고 시제중생 약심취상 즉위착아인중생수자 하이고
故 是諸衆生 若心取相 即爲著我人衆生壽者 何以故

약취법상 즉착아인중생수자 약취비법상 즉착아인중
若取法相 即著我人衆生壽者 若取非法相 即著我人衆

생수자 시고 불응취법 불응취비법 이시의고 여래상
生壽者 是故 不應取法 不應取非法 以是義故 如來常

설 여등비구 지아설법 여벌유자 법상응사 하황비법
說 汝等比丘 知我說法 如筏喩者 法尙應捨 何況非法

302

무득무설분 제칠
無得無說分 第七

수보리 어의운하 여래 득아뇩다라삼먁삼보리야 여래
須菩提 於意云何 如來 得阿耨多羅三藐三菩提耶 如來

유소설법야 수보리언 여아해불소설의 무유정법 명아
有所說法耶 須菩提言 如我解佛所說義 無有定法 名阿

뇩다라삼먁삼보리 역무유정법 여래가설 하이고 여래
耨多羅三藐三菩提 亦無有定法 如來可說 何以故 如來

소설법 개불가취 불가설 비법 비비법 소이자하 일체
所說法 皆不可取 不可說 非法 非非法 所以者何 一切

현성 개이무위법 이유차별
賢聖 皆以無爲法 而有差別

의법출생분 제팔
依法出生分 第八

수보리 어의운하 약인 만삼천대천세계칠보 이용보시
須菩提 於意云何 若人 滿三千大千世界七寶 以用布施

시인 소득복덕 영위다부 수보리언 심다 세존 하이고
是人 所得福德 寧爲多不 須菩提言 甚多 世尊 何以故

시복덕 즉비복덕성 시고 여래설복덕다 약부유인 어
是福德 卽非福德性 是故 如來說福德多 若復有人 於

차경중 수지내지사구게등 위타인설 기복승피 하이고
此經中 受持乃至四句偈等 爲他人說 其福勝彼 何以故

수보리 일체제불급제불 아녹다라삼먁삼보리법 개종
須菩提 一切諸佛及諸佛 阿耨多羅三藐三菩提法 皆從

차경출 수보리 소위불법자 즉비불법
此經出 須菩提 所謂佛法者 卽非佛法

일상무상분 제구
一相無相分 第九

수보리 어의운하 수다원 능작시념 아득수다원과부
須菩提 於意云何 須陀洹 能作是念 我得須陀洹果不

수보리언 불야 세존 하이고 수다원 명위입류 이무소
須菩提言 不也 世尊 何以故 須陀洹 名爲入流 而無所

입 불입색성향미촉법 시명수다원 수보리 어의운하
入 不入色聲香味觸法 是名須陀洹 須菩提 於意云何

사다함 능작시념 아득사다함과부 수보리언 불야 세
斯陀含 能作是念 我得斯陀含果不 須菩提言 不也 世

존 하이고 사다함 명일왕래 이실무왕래 시명사다함
尊 何以故 斯陀含 名一往來 而實無往來 是名斯陀含

수보리 어의운하 아나함 능작시념 아득아나함과부
須菩提 於意云何 阿那含 能作是念 我得阿那含果不

수보리언 불야 세존 하이고 아나함 명위불래 이실무
須菩提言 不也 世尊 何以故 阿那含 名爲不來 而實無

래 시고 명아나함 수보리 어의운하 아라한 능작시념
來 是故 名阿那含 須菩提 於意云何 阿羅漢 能作是念

아득아라한도부 수보리언 불야 세존 하이고 실무유
我得阿羅漢道不 須菩提言 不也 世尊 何以故 實無有

법 명아라한 세존 약아라한 작시념 아득아라한도 즉
法 名阿羅漢 世尊 若阿羅漢 作是念 我得阿羅漢道 卽

위착아인중생수자 세존 불설아득무쟁삼매인중 최위
爲著我人衆生壽者 世尊 佛說我得無諍三昧人中 最爲

제일 시제일이욕아라한 아부작시념 아시이욕아라한
第一 是第一離欲阿羅漢 我不作是念 我是離欲阿羅漢

세존 아약작시념 아득아라한도 세존 즉불설 수보리
世尊 我若作是念 我得阿羅漢道 世尊 則不說 須菩提

시요아란나행자 이수보리 실무소행 이명수보리 시요
是樂阿蘭那行者 以須菩提 實無所行 而名須菩提 是樂

아란나행
阿蘭那行

장엄정토분 제십
莊嚴淨土分 第十

불고수보리 어의운하 여래석재연등불소 어법 유소득
佛告須菩提 於意云何 如來昔在然燈佛所 於法 有所得

불야 세존 여래재연등불소 어법 실무소득 수보리 어
不也 世尊 如來在然燈佛所 於法 實無所得 須菩提 於

의운하 보살장엄불토부 불야 세존 하이고 장엄불토
意云何 菩薩莊嚴佛土不 不也 世尊 何以故 莊嚴佛土

자 즉비장엄 시명장엄 시고 수보리 제보살마하살 응
者 則非莊嚴 是名莊嚴 是故 須菩提 諸菩薩摩訶薩 應

여시생청정심 불응주색생심 불응주성향미촉법생심
如是生淸淨心 不應住色生心 不應住聲香味觸法生心

응무소주 이생기심 수보리 비여유인 신여수미산왕
應無所住 而生其心 須菩提 譬如有人 身如須彌山王

어의운하 시신위대부 수보리언 심대 세존 하이고 불
於意云何 是身爲大不 須菩提言 甚大 世尊 何以故 佛

설비신 시명대신
說非身 是名大身

무위복승분 제십일
無爲福勝分 第十一

수보리 여항하중소유사수 여시사등항하 어의운하 시
須菩提 如恒河中所有沙數 如是沙等恒河 於意云何 是

제항하사 영위다부 수보리언 심다 세존 단제항하 상
諸恒河沙 寧爲多不 須菩提言 甚多 世尊 但諸恒河 尚

다무수 하황기사 수보리 아금실언고여 약유선남자선
多無數 何況其沙 須菩提 我今實言告汝 若有善男子善

여인 이칠보 만이소항하사수삼천대천세계 이용보시
女人 以七寶 滿爾所恒河沙數三千大千世界 以用布施

득복다부 수보리언 심다 세존 불고수보리 약선남자
得福多不 須菩提言 甚多 世尊 佛告須菩提 若善男子

선여인 어차경중 내지수지사구게등 위타인설 이차복
善女人 於此經中 乃至受持四句偈等 爲他人說 而此福

덕 승전복덕
德 勝前福德

존중정교분 제십이
尊重正教分 第十二

부차 수보리 수설시경 내지사구게등 당지차처 일체
復次 須菩提 隨說是經 乃至四句偈等 當知此處 一切

세간천인아수라 개응공양 여불탑묘 하황유인 진능수
世間天人阿修羅 皆應供養 如佛塔廟 何況有人 盡能受

지독송 수보리 당지시인 성취최상제일희유지법 약시
持讀誦 須菩提 當知是人 成就最上第一希有之法 若是

경전소재지처 즉위유불 약존중제자
經典所在之處 則爲有佛 若尊重弟子

여법수지분 제십삼
如法受持分 第十三

이시 수보리백불언 세존 당하명차경 아등 운하봉지
爾時 須菩提白佛言 世尊 當何名此經 我等 云何奉持

불고수보리 시경명위금강반야바라밀 이시명자 여당
佛告須菩提 是經名爲金剛般若波羅蜜 以是名字 汝當

봉지 소이자하 수보리 불설반야바라밀 즉비반야바라
奉持 所以者何 須菩提 佛說般若波羅蜜 則非般若波羅

308

밀 시명반야바라밀 수보리 어의운하 여래유소설법부
蜜 是名般若波羅蜜 須菩提 於意云何 如來有所說法不

수보리백불언 세존 여래무소설
須菩提白佛言 世尊 如來無所說

수보리 어의운하 삼천대천세계 소유미진 시위다부
須菩提 於意云何 三千大千世界 所有微塵 是爲多不

수보리언 심다 세존 수보리 제미진 여래설비미진 시
須菩提言 甚多 世尊 須菩提 諸微塵 如來說非微塵 是

명미진 여래설세계 비세계 시명세계 수보리 어의운
名微塵 如來說世界 非世界 是名世界 須菩提 於意云

하 가이삼십 이상 견여래부 불야 세존 불가이삼십이
何 可以三十 二相 見如來不 不也 世尊 不可以三十二

상 득견여래 하이고 여래설삼십 이상 즉시비상 시명
相 得見如來 何以故 如來說三十 二相 卽是非相 是名

삼십이상 수보리 약유선남자선여인 이항하사등신명
三十二相 須菩提 若有善男子善女人 以恒河沙等身命

보시 약부유인 어차경중 내지수지사구게등 위타인설
布施 若復有人 於此經中 乃至受持四句偈等 爲他人說

기복심다
其福甚多

이상적멸분 제십사
離相寂滅分 第十四

이시 수보리 문설시경 심해의취 체루비읍 이백불언
爾時 須菩提 聞說是經 深解義趣 涕淚悲泣 而白佛言

희유세존 불설여시심심경전 아종석래 소득혜안 미증
希有世尊 佛說如是甚深經典 我從昔來 所得慧眼 未曾

득문여시지경 세존 약부유인 득문시경 신심청정 즉
得聞如是之經 世尊 若復有人 得聞是經 信心淸淨 則

생실상 당지시인 성취제일희유공덕 세존 시실상자
生實相 當知是人 成就第一希有功德 世尊 是實相者

즉시비상 시고 여래설명실상 세존 아금득문여시경전
則是非相 是故 如來說名實相 世尊 我今得聞如是經典

신해수지 부족위난 약당래세 후오백세 기유중생 득
信解受持 不足爲難 若當來世 後五百歲 其有衆生 得

문시경 신해수지 시인 즉위제일희유 하이고 차인 무
聞是經 信解受持 是人 卽爲第一希有 何以故 此人 無

아상 인상 중생상수자상 소이자하 아상 즉시비상 인
我相 人相 衆生相壽者相 所以者何 我相 卽是非相 人

상 중생상수자상 즉시비상 하이고 이일체제상 즉명
相 衆生相壽者相 卽是非相 何以故 離一切諸相 則名

제불 불고수보리 여시여시 약부유인 득문시경 불경
諸佛 佛告須菩提 如是如是 若復有人 得聞是經 不驚

불포불외 당지시인 심위희유 하이고 수보리 여래설
不怖不畏 當知是人 甚爲希有 何以故 須菩提 如來說

제일바라밀 비제일바라밀 시명제일바라밀 수보리 인
第一波羅蜜 非第一波羅蜜 是名第一波羅蜜 須菩提 忍

욕바라밀 여래설비인욕바라밀 하이고 수보리 여아석
辱波羅蜜 如來說非忍辱波羅蜜 何以故 須菩提 如我昔

위가리왕할절신체 아어이시 무아상 무인상 무중생
爲歌利王割截身體 我於爾時 無我相 無人相 無眾生

상 무수자상 하이고 아어왕석 절절지해시 약유아상
相 無壽者相 何以故 我於往昔 節節支解時 若有我相

인상중생상수자상 응생진한 수보리 우념 과거어오백
人相眾生相壽者相 應生瞋恨 須菩提 又念 過去於五百

세 작인욕선인 어이소세 무아상 무인상 무중생상 무
世 作忍辱仙人 於爾所世 無我相 無人相 無眾生相 無

수자상 시고 수보리 보살 응리일체상 발아뇩다라삼
壽者相 是故 須菩提 菩薩 應離一切相 發阿耨多羅三

막삼보리심 불응주색생심 불응주성향미촉법생심 응
藐三菩提心 不應住色生心 不應住聲香味觸法生心 應

생무소주심 약심유주 즉위비주 시고 불설보살 심불
生無所住心 若心有住 則爲非住 是故 佛說菩薩 心不

응주색보시 수보리 보살 위이익일체중생 응여시보시
應住色布施 須菩提 菩薩 爲利益一切衆生 應如是布施

여래설일체제상 즉시비상 우설일체중생 즉시비중생
如來說一切諸相 卽是非相 又說一切衆生 卽是非衆生

수보리 여래 시진어자 실어자 여어자 불광어자 불이
須菩提 如來 是眞語者 實語者 如語者 不誑語者 不異

어자 수보리 여래소득법 차법 무실무허 수보리 약보
語者 須菩提 如來所得法 此法 無實無虛 須菩提 若菩

살 심주어법 이행보시 여인입암 즉무소견 약보살 심
薩 心住於法 而行布施 如人入闇 則無所見 若菩薩 心

부주법 이행보시 여인유목 일광명조 견종종색 수보
不住法 而行布施 如人有目 日光明照 見種種色 須菩

리 당래지세 약유선남자선여인 능어차경 수지독송
提 當來之世 若有善男子善女人 能於此經 受持讀誦

즉위여래 이불지혜 실지시인 실견시인 개득성취무량
則爲如來 以佛智慧 悉知是人 悉見是人 皆得成就無量

무변공덕
無邊功德

312

지경공덕분 제십오
持經功德分 第十五

수보리 약유선남자선여인 초일분 이항하사등신보시
須菩提 若有善男子善女人 初日分 以恒河沙等身布施

중일분 부이항하사등신보시 후일분 역이항하사등신
中日分 復以恒河沙等身布施 後日分 亦以恒河沙等身

보시 여시무량백천만억겁 이신보시 약부유인 문차경
布施 如是無量百千萬億劫 以身布施 若復有人 聞此經

전 신심불역 기복승피 하황서사수지독송 위인해설
典 信心不逆 其福勝彼 何況書寫受持讀誦 爲人解說

수보리 이요언지 시경 유불가사의 불가칭량 무변공
須菩提 以要言之 是經 有不可思議 不可稱量 無邊功

덕 여래 위발대승자설 위발최상승자설 약유인 능수
德 如來 爲發大乘者說 爲發最上乘者說 若有人 能受

지독송 광위인설 여래 실지시인 실견시인 개득성취
持讀誦 廣爲人說 如來 悉知是人 悉見是人 皆得成就

불가량 불가칭 무유변 불가사의공덕 여시인등 즉위
不可量 不可稱 無有邊 不可思議功德 如是人等 則爲

하담 여래 아뇩다라삼먁삼보리 하이고 수보리 약요
荷擔 如來 阿耨多羅三藐三菩提 何以故 須菩提 若樂

소법자 착아견인견중생견수자견 즉어차경 불능청수
小法者 著我見人見衆生見壽者見 則於此經 不能聽受

독송 위인해설 수보리 재재처처 약유차경 일체세간
讀誦 爲人解說 須菩提 在在處處 若有此經 一切世間

천인아수라 소응공양 당지차처 즉위시탑 개응공경
天人阿修羅 所應供養 當知此處 則爲是塔 皆應恭敬

작례위요 이제화향이산기처
作禮圍繞 以諸華香而散其處

능정업장분 제십육
能淨業障分 第十六

부차 수보리 선남자선여인 수지독송차경 약위인경천
復次 須菩提 善男子善女人 受持讀誦此經 若爲人輕賤

시인 선세죄업 응타악도 이금세인 경천고 선세죄업
是人 先世罪業 應墮惡道 以今世人 輕賤故 先世罪業

즉위소멸 당득 아뇩다라삼먁삼보리 수보리 아념과거
則爲消滅 當得 阿耨多羅三藐三菩提 須菩提 我念過去

무량아승지겁 어연등불전 득치팔백사천만억나유타
無量阿僧祇劫 於然燈佛前 得值八百四千萬億那由他

제불 실개공양승사 무공과자 약부유인 어후말세 능
諸佛 悉皆供養承事 無空過者 若復有人 於後末世 能

수지독송차경 소득공덕 어아소공양제불공덕 백분불
受持讀誦此經 所得功德 於我所供養諸佛功德 百分不

급일 천만억분 내지산수비유 소불능급 수보리 약선
及一 千萬億分 乃至算數譬喻 所不能及 須菩提 若善

남자선여인 어후말세 유수지독송차경 소득공덕 아약
男子善女人 於後末世 有受持讀誦此經 所得功德 我若

구설자 혹유인문 심즉광난 호의불신 수보리 당지시
具說者 或有人聞 心卽狂亂 狐疑不信 須菩提 當知是

경 의불가사의 과보역불가사의
經 義不可思議 果報亦不可思議

구경무아분 제십칠
究竟無我分 第十七

이시 수보리백불언 세존 선남자선여인 발아녹다라삼
爾時 須菩提白佛言 世尊 善男子善女人 發阿耨多羅三

막삼보리심 운하응주 운하항복기심 불고수보리 약선
藐三菩提心 云何應住 云何降伏其心 佛告須菩提 若善

남자선여인 발아뇩다라삼먁삼보리심자 당생여시심 아
男子善女人 發阿耨多羅三藐三菩提心者 當生如是心 我

응멸도 일체중생 멸도일체중생이 이무유일중생 실멸
應滅度 一切衆生 滅度一切衆生已 而無有一衆生 實滅

도자 하이고 수보리 약보살 유아상인상중생상수자상
度者 何以故 須菩提 若菩薩 有我相人相衆生相壽者相

즉비보살 소이자하 수보리 실무유법 발아뇩다라삼먁
則非菩薩 所以者何 須菩提 實無有法 發阿耨多羅三藐

삼보리심자 수보리 어의운하 여래어연등불소 유법득
三菩提心者 須菩提 於意云何 如來於然燈佛所 有法得

아뇩다라삼먁삼보리부 불야 세존 여아해불소설의 불
阿耨多羅三藐三菩提不 不也 世尊 如我解佛所說義 佛

어연등불소 무유법득 아뇩다라삼먁삼보리 불언 여시
於然燈佛所 無有法得 阿耨多羅三藐三菩提 佛言 如是

여시 수보리 실무유법 여래득 아뇩다라삼먁삼보리
如是 須菩提 實無有法 如來得 阿耨多羅三藐三菩提

수보리 약유법여래득 아뇩다라삼먁삼보리자 연등불
須菩提 若有法如來得 阿耨多羅三藐三菩提者 然燈佛

즉불여아수기 여어래세 당득작불 호 석가모니 이실
則不與我受記 汝於來世 當得作佛 號 釋迦牟尼 以實

316

무유법 득아뇩다라삼먁삼보리 시고 연등불 여아수기
無有法 得阿耨多羅三藐三菩提 是故 然燈佛 與我受記

작시언 여어래세 당득작불 호 석가모니 하이고 여래자
作是言 汝於來世 當得作佛 號 釋迦牟尼 何以故 如來者

즉제법여의 약유인 언 여래득아뇩다라삼먁삼보리 수보
卽諸法如義 若有人 言 如來得阿耨多羅三藐三菩提 須菩

리 실무유법 불득 아뇩다라삼먁삼보리
提 實無有法 佛得 阿耨多羅三藐三菩提

수보리 여래소득 아뇩다라삼먁삼보리 어시중 무실무
須菩提 如來所得 阿耨多羅三藐三菩提 於是中 無實無

허 시고 여래설일체법 개시불법 수보리 소언일체법
虛 是故 如來說一切法 皆是佛法 須菩提 所言一切法

자 즉비일체법 시고 명일체법 수보리 비여인신장대
者 卽非一切法 是故 名一切法 須菩提 譬如人身長大

수보리언 세존 여래설인신장대 즉위비대신 시명대신
須菩提言 世尊 如來說人身長大 卽爲非大身 是名大身

수보리 보살 역여시 약작시언 아당멸도무량중생 즉
須菩提 菩薩 亦如是 若作是言 我當滅度無量衆生 卽

불명보살 하이고 수보리 실무유법 명위보살 시고 불
不名菩薩 何以故 須菩提 實無有法 名爲菩薩 是故 佛

317

설일체법 무아 무인 무중생 무수자 수보리 약보살 작
說一切法 無我 無人 無衆生 無壽者 須菩提 若菩薩 作

시언 아당장엄불토 시불명보살 하이고 여래설장엄불
是言 我當莊嚴佛土 是不名菩薩 何以故 如來說莊嚴佛

토자 즉비장엄 시명장엄 수보리 약보살 통달무아법
土者 卽非莊嚴 是名莊嚴 須菩提 若菩薩 通達無我法

자 여래설명 진시보살
者 如來說名 眞是菩薩

일체동관분 제십팔
一體同觀分 第十八

수보리 어의운하 여래유육안부 여시 세존 여래유육
須菩提 於意云何 如來有肉眼不 如是 世尊 如來有肉

안 수보리 어의운하 여래유천안부 여시 세존 여래유
眼 須菩提 於意云何 如來有天眼不 如是 世尊 如來有

천안 수보리 어의운하 여래유혜안부 여시 세존 여래
天眼 須菩提 於意云何 如來有慧眼不 如是 世尊 如來

유혜안 수보리 어의운하 여래유법안부 여시 세존 여
有慧眼 須菩提 於意云何 如來有法眼不 如是 世尊 如

래유법안 수보리 어의운하 여래유불안부 여시 세존
來有法眼 須菩提 於意云何 如來有佛眼不 如是 世尊

여래유불안 수보리 어의운하 여항하중소유사 불설시사
如來有佛眼 須菩提 於意云何 如恒河中所有沙 佛說是沙

부 여시 세존 여래설시사 수보리 어의운하 여일항하
不 如是 世尊 如來說是沙 須菩提 於意云何 如一恒河

중소유사 유여시사등항하 시제항하 소유사수불세계
中所有沙 有如是沙等恒河 是諸恒河 所有沙數佛世界

여시영위다부 심다 세존 불고수보리 이소국토중 소
如是寧爲多不 甚多 世尊 佛告須菩提 爾所國土中 所

유중생 약간종심 여래실지 하이고 여래설제심 개위
有衆生 若干種心 如來悉知 何以故 如來說諸心 皆爲

비심 시명위심 소이자하 수보리 과거심 불가득 현재
非心 是名爲心 所以者何 須菩提 過去心 不可得 現在

심 불가득 미래심 불가득
心 不可得 未來心 不可得

법계통화분 제십구
法界通化分 第十九

수보리 어의운하 약유인 만삼천대천세계칠보 이용보
須菩提 於意云何 若有人 滿三千大千世界七寶 以用布

시 시인 이시인연 득복다부 여시 세존 차인 이시인연
施 是人 以是因緣 得福多不 如是 世尊 此人 以是因緣

득복심다 수보리 약복덕유실 여래불설득복덕다 이복
得福甚多 須菩提 若福德有實 如來不說得福德多 以福

덕무고 여래설득복덕다
德無故 如來說得福德多

이색이상분 제이십
離色離相分 第二十

수보리 어의운하 불 가이구족색신견부 불야 세존 여
須菩提 於意云何 佛 可以具足色身見不 不也 世尊 如

래 불응이구족색신견 하이고 여래설구족색신 즉비구
來 不應以具足色身見 何以故 如來說具足色身 即非具

족색신 시명구족색신 수보리 어의운하 여래가이구족
足色身 是名具足色身 須菩提 於意云何 如來可以具足

320

제상견부 불야 세존 여래불응이구족제상견 하이고
諸相見不 不也 世尊 如來不應以具足諸相見 何以故

여래설제상구족 즉비구족 시명제상구족
如來說諸相具足 卽非具足 是名諸相具足

비설소설분 제이십일
非說所說分 第二十一

수보리 여물위 여래작시념 아당유소설법 막작시념
須菩提 汝勿謂 如來作是念 我當有所說法 莫作是念

하이고 약인언 여래유소설법 즉위방불 불능해아소설
何以故 若人言 如來有所說法 卽爲謗佛 不能解我所說

고 수보리 설법자 무법가설 시명설법 이시 혜명수보
故 須菩提 說法者 無法可說 是名說法 爾時 慧命須菩

리백불언 세존 파유중생 어미래세 문설시법 생신심
提白佛言 世尊 頗有衆生 於未來世 聞說是法 生信心

부 불언 수보리 피비중생 비불중생 하이고 수보리 중
不 佛言 須菩提 彼非衆生 非不衆生 何以故 須菩提 衆

생중생자 여래설비중생 시명중생
生衆生者 如來說非衆生 是名衆生

무법가득분 제이십이
無法可得分 第二十二

수보리백불언 세존 불득아뇩다라삼먁삼보리 위무소
須菩提白佛言 世尊 佛得阿耨多羅三藐三菩提 爲無所

득야 불언 여시여시 수보리 아어 아뇩다라삼먁삼보리 내
得耶 佛言 如是如是 須菩提 我於阿耨多羅三藐三菩提 乃

지무유소법가득 시명 아뇩다라삼먁삼보리
至無有少法可得 是名 阿耨多羅三藐三菩提

정심행선분 제이십삼
淨心行善分 第二十三

부차 수보리 시법평등 무유고하 시명 아뇩다라삼먁
復次 須菩提 是法平等 無有高下 是名 阿耨多羅三藐

삼보리 이무아 무인 무중생 무수자 수일체선법 즉득
三菩提 以無我 無人 無衆生 無壽者 修一切善法 即得

아뇩다라삼먁삼보리 수보리 소언선법자 여래설즉비선
阿耨多羅三藐三菩提 須菩提 所言善法者 如來說即非善

법 시명선법
法 是名善法

322

복지무비분 제이십사
福智無比分 第二十四

수보리 약삼천대천세계중 소유제수미산왕 여시등칠
須菩提 若三千大千世界中 所有諸須彌山王 如是等七

보취 유인지용보시 약인 이차반야바라밀경 내지사구
寶聚 有人持用布施 若人 以此般若波羅蜜經 乃至四句

게등 수지독송 위타인설 어전복덕 백분불급일 백천
偈等 受持讀誦 爲他人說 於前福德 百分不及一 百千

만억분 내지산수비유 소불능급
萬億分 乃至算數譬喩 所不能及

화무소화분 제이십오
化無所化分 第二十五

수보리 어의운하 여등 물위여래작시념 아당도중생
須菩提 於意云何 汝等 勿謂如來作是念 我當度衆生

수보리 막작시념 하이고 실무유중생 여래도자 약유
須菩提 莫作是念 何以故 實無有衆生 如來度者 若有

중생 여래도자 여래 즉유아인중생수자 수보리 여래
衆生 如來度者 如來 卽有我人衆生壽者 須菩提 如來

설유아자 즉비유아 이범부지인 이위유아 수보리 범
說有我者 卽非有我 而凡夫之人 以爲有我 須菩提 凡

부자 여래설즉비범부 시명범부
夫者 如來說卽非凡夫 是名凡夫

법신비상분 제이십육
法身非相分 第二十六

수보리 어의운하 가이삼십 이상 관여래부 수보리언
須菩提 於意云何 可以三十二相 觀如來不 須菩提言

여시여시 이삼십이상 관여래 불언 수보리 약이삼십
如是如是 以三十二相 觀如來 佛言 須菩提 若以三十

이상 관여래자 전륜성왕 즉시여래 수보리백불언 세
二相 觀如來者 轉輪聖王 卽是如來 須菩提白佛言 世

존 여아해불소설의 불응이삼십이상 관여래 이시 세
尊 如我解佛所說義 不應以三十二相 觀如來 爾時 世

존 이설게언 약이색견아 이음성구아 시인행사도 불
尊 而說偈言 若以色見我 以音聲求我 是人行邪道 不

능견여래
能見如來

무단무멸분 제이십칠
無斷無滅分 第二十七

수보리 여약작시념 여래 불이구족상 고득아뇩다라삼
須菩提 汝若作是念 如來 不以具足相 故得阿耨多羅三

막삼보리 수보리 막작시념 여래불이구족상 고득아뇩
藐三菩提 須菩提 莫作是念 如來不以具足相 故得阿耨

다라삼먁삼보리 수보리 여약작시념 발아뇩다라삼먁
多羅三藐三菩提 須菩提 汝若作是念 發阿耨多羅三藐

삼보리심자 설제법단멸 막작시념 하이고 발아뇩다라
三菩提心者 說諸法斷滅 莫作是念 何以故 發阿耨多羅

삼먁삼보리심자 어법불설단멸상
三藐三菩提心者 於法不說斷滅相

불수불탐분 제이십팔
不受不貪分 第二十八

수보리 약보살 이만항하사등 세계칠보 지용보시 약부유인
須菩提 若菩薩 以滿恒河沙等 世界七寶 持用布施 若復有人

지일체법무아 득성어인 차보살 승전보살 소득공덕
知一切法無我 得成於忍 此菩薩 勝前菩薩 所何以故

하이고 수보리 이제보살 불수복덕고 수보리백불언 세존 운
須功德 須菩提 以諸菩薩 不受福德故 須菩提白佛言 世尊 云

하보살 불수복덕 수보리 보살 소작복덕 불응탐착 시
何菩薩 不受福德 須菩提 菩薩 所作福德 不應貪著 是

고 설불수복덕
故 說不受福德

위의적정분 제이십구
威儀寂靜分 第二十九

수보리 약유인 언 여래 약래약거약좌약와 시인 불해
須菩提 若有人 言 如來 若來若去若坐若臥 是人 不解

아소설의 하이고 여래자 무소종래 역무소거 고명여래
我所說義 何以故 如來者 無所從來 亦無所去 故名如來

일합이상분 제삼십
一合理相分 第三十

수보리 약선남자선여인 이삼천대천세계 쇄위미진 어
須菩提 若善男子善女人 以三千大千世界 碎爲微塵 於

의운하 시미진중 영위다부 수보리언 심다 세존 하이고
意云何 是微塵衆 寧爲多不 須菩提言 甚多 世尊 何以故

약시미진중 실유자 불즉불설시미진중 소이자하 불설
若是微塵衆 實有者 佛即不說是微塵衆 所以者何 佛說

미진중 즉비미진중 시명미진중 세존 여래소설삼천대
微塵衆 即非微塵衆 是名微塵衆 世尊 如來所說三千大

천세계 즉비세계 시명세계 하이고 약세계실유자 즉
千世界 即非世界 是名世界 何以故 若世界實有者 則

시일합상 여래설일합상 즉비일합상 시명일합상 수보
是一合相 如來說一合相 即非一合相 是名一合相 須菩

리 일합상자 즉시불가설 단범부지인 탐착기사
提 一合相者 即是不可說 但凡夫之人 貪著其事

지견불생분 제삼십일
知見不生分 第三十一

수보리 약인 언 불설아견인견중생견수자견 수보리
須菩提 若人 言 佛說我見人見衆生見壽者見 須菩提

어의운하 시인 해아소설의부 불야 세존 시인 불해여래소
於意云何 是人 解我所說義不 不也 世尊 是人 不解如來所

327

설의 하이고 세존 설아견인견중생견수자견 즉비아견
說義 何以故 世尊 說我見人見眾生見壽者見 卽非我見

인견중생견수자견 시명아견인견중생견수자견 수보
人見眾生見壽者見 是名我見人見眾生見壽者見 須菩

리 발아뇩다라삼먁삼보리심자 어일체법 응여시지 여
提 發阿耨多羅三藐三菩提心者 於一切法 應如是知 如

시견 여시신해 불생법상 수보리 소언법상자 여래설
是見 如是信解 不生法相 須菩提 所言法相者 如來說

즉비법상 시명법상
卽非法相 是名法相

응화비진분 제삼십이
應化非眞分 第三十二

수보리 약유인 이만무량아승지세계칠보 지용보시 약
須菩提 若有人 以滿無量阿僧祇世界七寶 持用布施 若

유선남자선여인 발보살심자 지어차경 내지사구게등
有善男子善女人 發菩薩心者 持於此經 乃至四句偈等

수지독송 위인연설 기복승피 운하위인연설 불취어상
受持讀誦 爲人演說 其福勝彼 云何爲人演說 不取於相

328

여여부동 하이고
如如不動 何以故

일체유위법 여몽환포영 여로역여전 응작여시관
一切有爲法 如夢幻泡影 如露亦如電 應作如是觀

불설시경이 장로수보리 급제비구비구니 우바새우바
佛說是經已 長老須菩提 及諸比丘比丘尼 優婆塞優婆

이 일체세간천인아수라 문불소설 개대환희 신수봉행
夷 一切世間天人阿修羅 聞佛所說 皆大歡喜 信受奉行

금강반야바라밀경
金剛般若波羅蜜經

지은이 우승택

한국외국어대학교를 졸업하고 캐세이퍼시픽, 유화증권을 거쳐 삼성증권 PB 연구소장 및 자산 클리닉 센터장을 역임했고, 숭실대학교 국제통상대학원 PB학과 겸임교수를 지냈다. 현재 생生테크 연구소 대표이자 솔라파크 글로벌 I&D 대표이다.

저서로는 《금강삼매경 소》, 《해설 금강삼매경》, 《심상사성 금강경》, 《사마천의 화식열전 1. 2》, 《사랑하면 보인다 우승택 투자》, 《날줄 원각경》 등을 집필하였고 《주식투자 최적의 타이밍을 잡는 법》을 번역했으며 유튜브 "우승택의 生테크 연구소"를 운영하고 있다.

심 상 사 성   금 강 경

2005년 10월 15일 초판 1쇄 발행
2024년 5월 10일 개정판 1쇄 발행

지은이 우승택
펴낸이 이규만
디자인 아르떼203
펴낸곳 불교시대사

출판등록 제1-1188호(1991년 3월 20일)
주소 서울시 종로구 인사동 7길 12 백상빌딩 1305호
전화 02-730-2500
팩스 02-723-5961
이메일 kyoon1003@hanmail.net
ⓒ 우승택, 2024
ISBN 978-89-8002-186-4 03220